高等职业教育校企合作新形态系列教材——轨道交通类
轨道交通 1+X 证书培训用教材

轨道交通供配电系统识图与制图

（新型活页式）

张灵芝 ◎ 著

活页式　资源库　视频　微课

西南交通大学出版社
·成　都·

图书在版编目（C I P）数据

轨道交通供配电系统识图与制图 / 张灵芝著. 一成都：西南交通大学出版社，2021.8
高等职业教育校企合作新形态系列教材. 轨道交通类
ISBN 978-7-5643-8177-6

Ⅰ. ①轨… Ⅱ. ①张… Ⅲ. ①城市铁路－供电系统－工程制图－识图－高等职业教育－教材②城市铁路－配电系统－工程制图－识图－高等职业教育－教材 Ⅳ. ①U239.5

中国版本图书馆 CIP 数据核字（2021）第 157803 号

高等职业教育校企合作新形态系列教材——轨道交通类
Guidao Jiaotong Gongpeidian Xitong Shitu yu Zhitu
轨道交通供配电系统识图与制图

张灵芝　著

责任编辑　何明飞
封面设计　何东琳设计工作室

出版发行　西南交通大学出版社
（四川省成都市金牛区二环路北一段 111 号
西南交通大学创新大厦 21 楼）
邮政编码　610031
发行部电话　028-87600564　028-87600533
网址　http：//www.xnjdcbs.com
印刷　四川玖艺呈现印刷有限公司

成品尺寸　185 mm × 260 mm
印张　12.25
插页　10
字数　294 千
版次　2021 年 8 月第 1 版
印次　2021 年 8 月第 1 次
定价　58.00 元
书号　ISBN 978-7-5643-8177-6

课件咨询电话：028-81435775
图书如有印装质量问题　本社负责退换

前言
PREFACE

轨道交通供配电系统的识图、制图是电力工程及其自动化、电气化铁道技术、铁道供电、城市轨道交通供配电、城轨机电等专业学生必须掌握的技能。而传统教材往往将制图和识图分开，将通用识图和专业识图割裂，学生的学习缺少连贯性和系统性。

本书全面系统地展示了轨道交通供配电系统有关典型内容图纸的制图和识读学习过程。全书内容包括制图的基本知识和技巧，供电系统典型图纸 CAD 简单制图，供配电系统常用的图形符号和文字符号，供配电系统的识读，变电所和配电系统主接线的识读，变配电所二次回路图的识读，接触网平面图的识读，接触网供电示意图的识读，接触网设备安装图的识读，电力箱变主接线图的识读，电力箱变二次图的识读等。全书共有 16 个任务，一图一讲，采用 30 余份来自轨道交通现场的典型图纸展开针对性讲解，帮助读者系统地掌握轨道交通供配电系统相关图纸的识读技巧和绘制方法。

本书不仅有大量来自现场的图纸作为原创讲解案例，还提供了配套的拓展图纸，并根据书中对应内容制作了识图动画微课、典型图纸制图全过程演示视频，采用活页式作业指导书形式，具有可读性强和操作性强的特点。同时，结合了最新的学术研究成果，体现了前沿性特点。本书还有超过 800 余个配套资源在作者主持的国家职业教育铁道供电技术专业资源库“供电系统电气识图与制图”课程里，可作为本书的拓展学习内容。

本书除用作高校教材外，也可作为轨道交通接触网检修工、变电检修工、变电值班员相关证书的培训教材，还可作为轨道交通 1 + X 证书培训或业务进修用书。

本书前面 3 个任务涉及 AutoCAD 软件及使用，参考了 AutoCAD 官网和网络相关内容，但配套视频均为原创。其余任务图文皆结合轨道交通现场的识图和制图应用情况进行撰写，书中个别案例的编写得到了广州铁路（集团）刘翔、罗勇、罗建群、苏宇荣、李先笔、周白冰，长沙城市轨道交通运营公司彭定波、罗永俊、唐汇一，武汉电化局集团夏琨，武汉高速铁路训练段胡志刚的帮助，在此表示感谢。受作者水平所限，书中难免存在疏漏和不足之处，恳请广大读者批评指正，方便再版时修订。

作　者

2021 年 3 月

国家资源库配套课程　　省级精品在线慕课　　课程导论

数字资源目录

目录
CONTENTS

任务 1 认识制图软件 AutoCAD

任务 1 数字资源

1.1 任务描述

本任务将介绍制图软件 AutoCAD，通过完成本任务，对制图软件 AutoCAD 有初步认知，懂得安装软件和认识软件界面，为后续任务的执行奠定基础。

1.2 任务资讯

1. AutoCAD 的主要功能

CAD 即计算机辅助设计（Computer Aided Design）英文首字母的缩写，该软件是目前国内流行的辅助制图软件系统，广泛应用于电力系统、土木建筑、装饰装潢、城市规划、园林设计、电子电路、机械设计、服装鞋帽、航空航天、轻工化工等诸多领域。

AutoCAD 自 1982 年问世以来，已经经历了十余次升级，其每一次升级，在功能上都得到了增强，日趋完善。也正因为 AutoCAD 具有强大的辅助绘图功能，因此，它已成为工程设计领域中应用最为广泛的计算机辅助绘图与设计软件之一。

AutoCAD 的主要功能是“绘制与编辑图形”“标注图形尺寸”“渲染三维图形”“输出与打印图形”，在供电系统中主要使用除“渲染三维图形”外的三大功能。本任务主要介绍二维图纸绘制操作技巧。

2. AutoCAD 的主界面

中文版 AutoCAD 2007 版以后的版本均为用户提供了“AutoCAD 经典”和“三维建模”两种工作空间模式。对于习惯于 AutoCAD 传统界面用户来说，可以采用“AutoCAD 经典”工作空间，它主要由菜单栏、工具栏、绘图窗口、文本窗口与命令行、状态行等元素组成，如图 1.1 所示（AutoCAD 2018 版经典工作空间界面）。

3. AutoCAD 的工具栏

AutoCAD 提供了很多帮助用户便捷制图的工具。点击在页眉的“视图”菜单中“工具栏”如图 1.2 所示的对话框，然后可以跟自己的需要进行选择。常见 AutoCAD 的工具栏图标示意见图 1.3。如遇到不认识的工具栏图标，可将鼠标在该工具栏上停留 3 s，会出现该工具栏按钮名称提示（英文版提示英文，中文版会提示中文）。

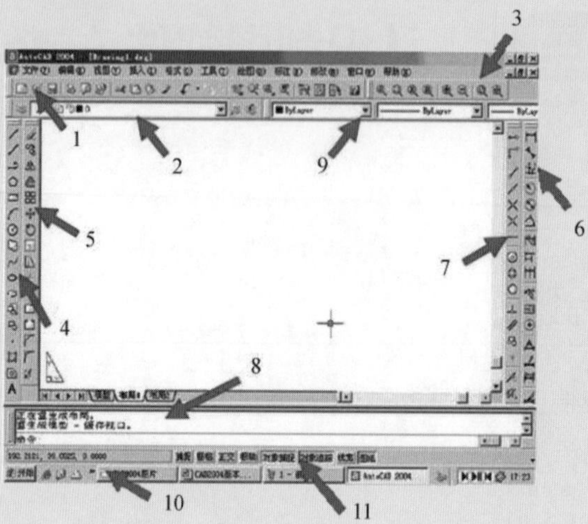

1—标准工具栏；2—图层工具栏；3—缩放工具栏；4—绘图工具栏；5—修改工具栏；
6—标注工具栏；7—对象捕捉工具栏；8—命令栏；9—对象特性工具栏；
10—坐标数据栏；11—辅助工具栏。

图 1.1　AutoCAD 经典空间的主界面布局

注意，只有被选择的工具按钮才会出现，未被选择的工具按钮会隐藏。同时工具按钮位置可以由用户自行拖动放置到绘图区自己习惯的位置。

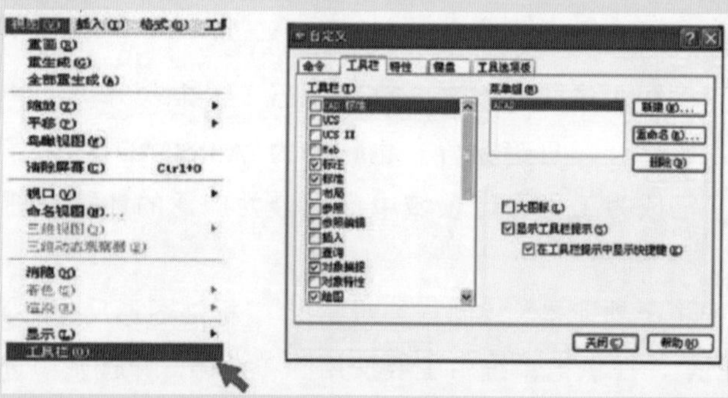

图 1.2　AutoCAD 的工具栏选择

图 1.3　AutoCAD 的常用工具栏

4. AutoCAD 的命令输入

在 AutoCAD 中，菜单命令、工具按钮、命令和系统变量大都是相互对应的。可以选择某一菜单命令，或单击某个工具按钮，或在命令行中输入命令和系统变量来执行相应命令。可以说，命令是 AutoCAD 绘制与编辑图形的核心。

AutoCAD 有四种命令输入方式：使用鼠标点击工具栏按钮、使用鼠标点击菜单栏、使用命令行输入指令、使用透明命令。

（1）点击工具栏和点击菜单栏效果一致，但工具栏按钮一般少于菜单栏功能。菜单栏命令执行时要注意以下情况：

① 命令后跟有“ ”，表示该命令下还有子命令。

② 命令后跟有“…”，表示执行该命令可打开一个对话框。

③ 命令后跟有组合键，表示直接按组合键即可执行相应命令。

④ 命令后跟有快捷键，表示打开该菜单时，按下快捷键即可执行相应命令。

⑤ 命令呈现灰色，表示该命令在当前状态下不可使用。

（2）使用命令行输入指令时，可以使用快捷命令也可以输入完整命令，但注意必须是英文状态输入法，命令行分为两部分，[ ]前是默认执行命令，[ ]中是备选执行命令。

5. AutoCAD 的常用辅助工具

常用绘图模式工具栏位于屏幕下方，如图 1.4 所示。

图 1.4　常用绘图模式工具栏

（1）“正交”功能键是 F8。当正交模式处于打开状态时，鼠标拖出的所有线条都是平行于坐标轴的，能迅速准确地绘制出与坐标轴平行的线段。注意：在正交方式下，移动鼠标拖出的线条均为平行于坐标轴的线段，平行于哪一个坐标轴取决于拖出线的起点到坐标轴的距离，是其中较长的那一条。正交方式只控制光标，影响用光标输入的点，而对以数据方式输入的点无任何影响。

（2）“栅格”在屏幕上显示有一定间距的栅格，并可设置 X 方向和 Y 方向的栅格间距。栅格不是图形的一部分，只作为视觉参考，不会被打印出，如图 1.5 所示。

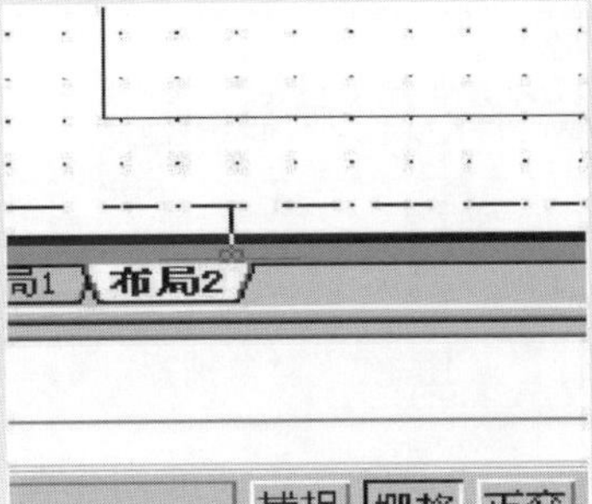

图 1.5　栅格

用鼠标右击辅助工具栏中的“栅格”再选取“设置”出现对话框如图 1.6 所示，在栅格 X 轴间距和栅格 Y 轴间距中输入数据即可，可改变栅格间隔，便于手工绘图鼠标选取间距。

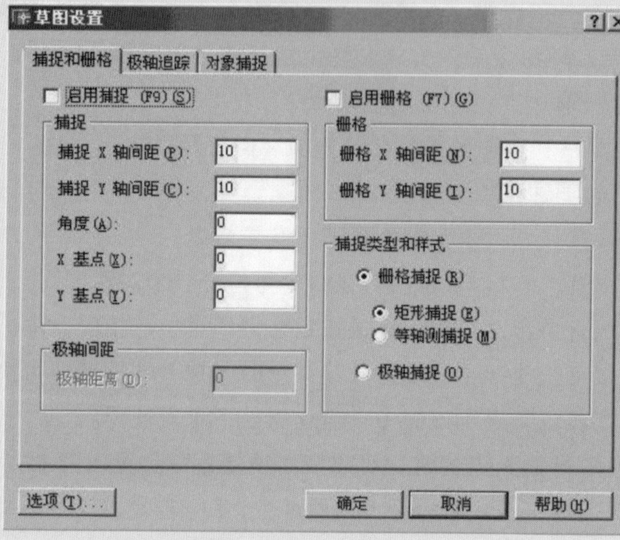

图 1.6　栅格设置

（3）“捕捉”能捕捉光标，使光标在移动时只能落在栅格节点上。

（4）“对象捕捉”使光标在一些特殊点上定位。利用目标捕捉的方法可以方便、迅速、准确地捕捉到这些实体上的特殊点，提高了作图精度。

用鼠标右击辅助工具栏中“对象捕捉”再选取“设置”出现对话框如图 1.7 所示。

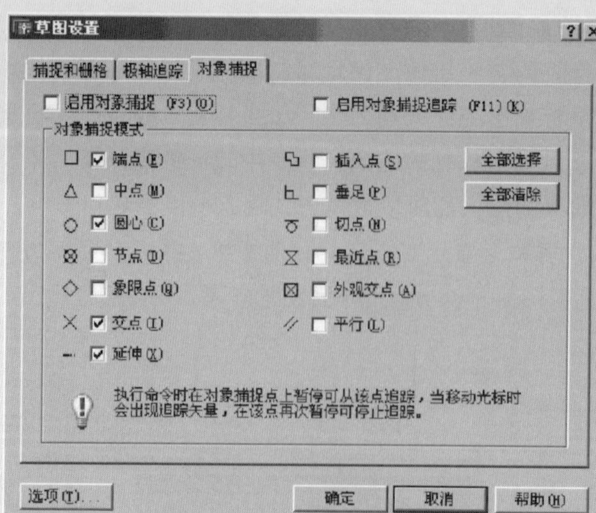

图 1.7　对象捕捉

绘图工具的使用过程中，结合状态栏的辅助操作，可以更快地完成图纸的制作。

1.3 作业指导

1. 鼠标的应用

CAD 中鼠标滚轮具有三个功能，① 转动滚轮可以放大缩小绘图界面，但不能缩小扩大绘图的实际尺寸和比例。② 单击滚轮后可作为抓取工具，任意控制所要绘图地点居于中心位置。③ 左单击选择操作选项，并接后续操作的进行。

2. 选项里的部分操作

绘图前，应先设置好选项，在“工具栏”里最下面打开“选项”。

（1）“显示”。如图 1.8 中标注圆圈部分，十字光标一般调到 25 左右比较好，“颜色”选框中可以调背景颜色，如将灰（黑）色调成白色，步骤如下：在“选项”卡里打开颜色复选框→选择“窗口元素”模型空间背景，选择“颜色”白色，如图 1.9 所示。

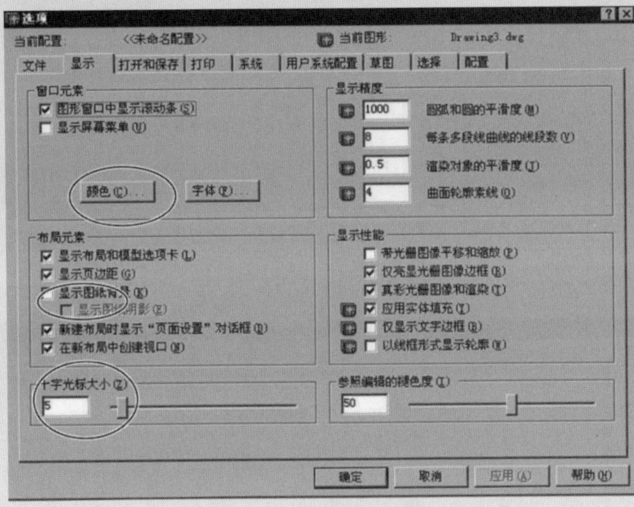

图 1.8 “显示”设置

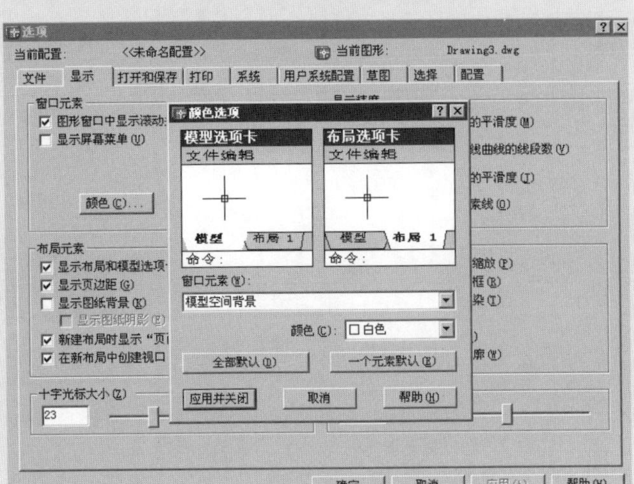

图 1.9 改变背景色设置

（2）“打开和保存”。dwg 是 CAD 文件特有格式，类似 doc 是 Word 特有格式，docx 是 Word 2010 等高级版本特有格式。可以将自动保存调成 5 min 保存一次，如图 1.10 所示。

（3）“绘图”。这里好多设置一般不需要改动，但应特别注意关于自动捕捉的设置，如图 1.11 所示。

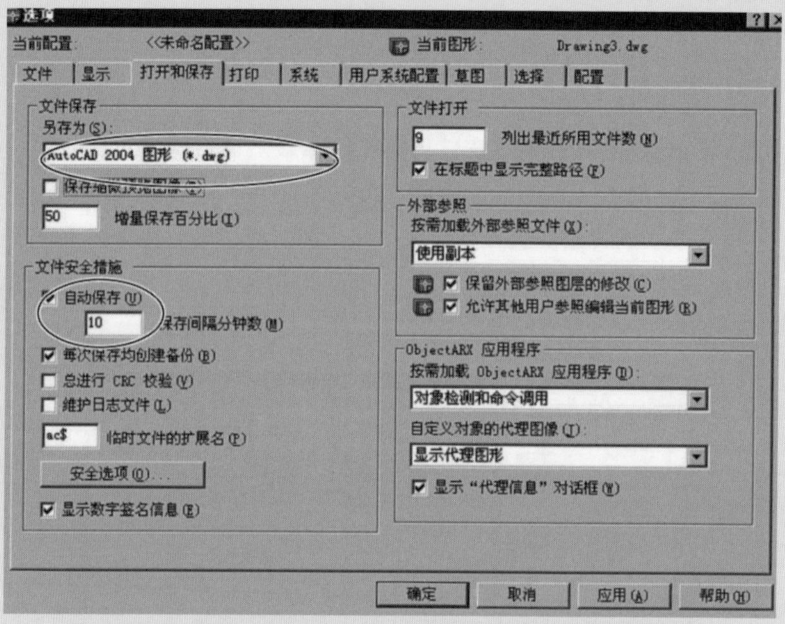

图 1.10　自动保存设置

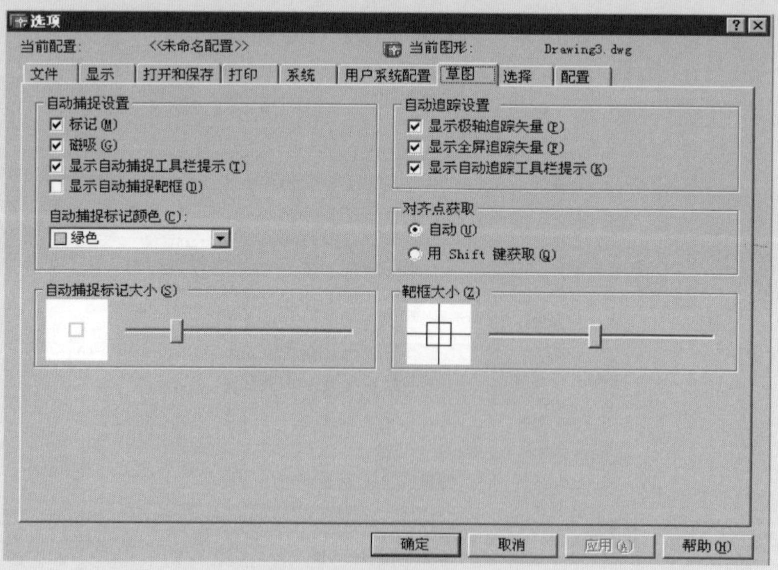

图 1.11　自动捕捉设置

3. 新建文件

可以采用 Ctrl + N 或者在“文件”选项卡中单击“新建”，新建一个文件，如图 1.12 所示。

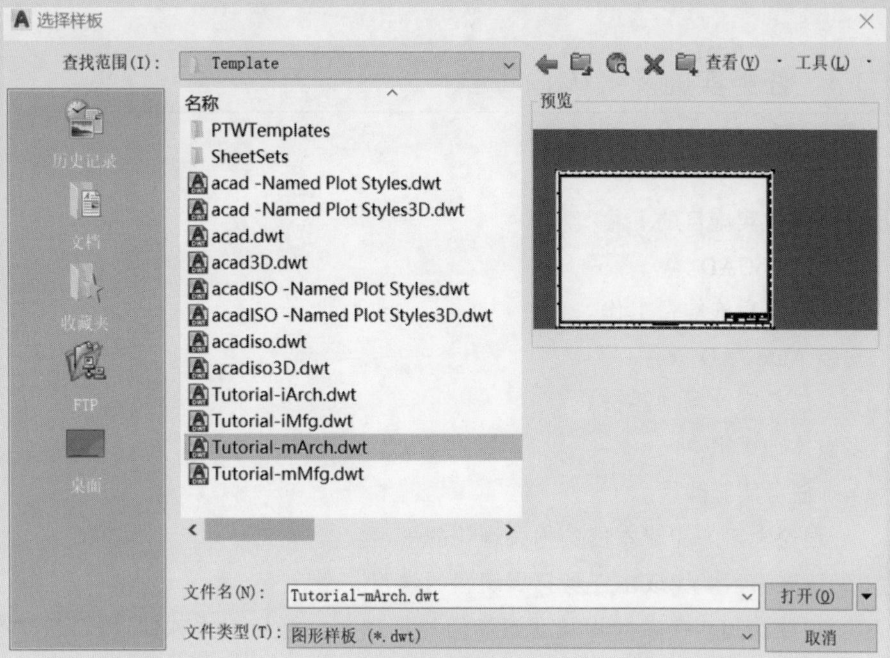

图 1.12　新建文件

“新建文件模板”可以选择一些固定空白模板建立空白文档，也可以自行设计一个模板，存入“新建文件模板”，供选用。

1.4 任务实施及考核

1. 任务实施

（1）任务实施目的。

认识 AutoCAD。

（2）任务实施准备工作。

安装 AutoCAD 软件。

（3）任务实施场地器材。

多媒体计算机。

（4）任务实施步骤。

① 理论学习。完成本任务相关理论的学习。

② 拓展学习。完成本任务拓展资料的学习。

③ 软件认知。在掌握相关理论学习的基础上，结合相关软件进行实际操作认知。

④ 完成考核。

（5）注意事项。

AutoCAD 软件版本众多，AutoCAD 后面的序号代表软件的版本，基本的二维功能相同，经典工作空间界面类似。

2. 考核表

序号	考核内容	考核标准	标准	得分
1	AutoCAD 软件主界面识别	能准确指出 AutoCAD 软件主界面组成部分	30 分（能说出全部/4/2/1/0 个以上，得 30/20/10/5/0 分）	
2	AutoCAD 软件常用工具栏识读	能准确识读 AutoCAD 软件常用工具栏	70 分（能说出 15/10/5/1/0 个以上，得 70/50/40/20/0 分）	
总分			100 分	

任务 2　AutoCAD 的制图技巧

任务 2 数字资源

2.1　任务描述

本任务将对 AutoCAD 软件制图技巧进行介绍，通过完成本任务，掌握 AutoCAD 软件基础制图能力，为后续任务的执行奠定基础。

2.2　任务资讯

1. 绘制图形

AutoCAD 软件可以使用绘图命令绘制图形，即在命令提示行中输入绘图命令，按“Enter”键后，根据命令行的提示信息进行绘图操作。这种方法快捷，准确性高，但要求掌握绘图命令及其选择项的具体用法。

（1）绘制点对象。

在 AutoCAD 2007 中，点对象有单点、多点、定数等分和定距等分 4 种。

选择“绘图”→“点”→“单点”命令，可以在绘图窗口中一次指定一个点。

选择“绘图”→“点”→“多点”命令，可以在绘图窗口中一次指定多个点，最后可按“Esc”键结束。

选择“绘图”→“点”→“定数等分”命令，可以在指定的对象上绘制等分点或者在等分点处插入块。

选择“绘图”→“点”→“定距等分”命令，可以在指定的对象上按指定的长度绘制点或者插入块。

（2）绘制直线。

“直线”是各种绘图中最常用、最简单的一类图形对象，只要指定了起点和终点即可绘制一条直线。在 AutoCAD 中，可以用二维坐标（x，y）或三维坐标（x，y，z）来指定端点，也可以混合使用二维坐标和三维坐标。如果输入二维坐标，AutoCAD 将会用当前的高度作为 Z 轴坐标值，默认值为 0。

选择“绘图”→“直线”命令（LINE），或在“绘图”工具栏中单击“直线”按钮，可以绘制直线。

（3）绘制射线。

射线为一端固定，另一端无限延伸的直线。选择“绘图”→“射线”命令（RAY），指定射线的起点和通过点即可绘制一条射线。在 AutoCAD 中，射线主要用于绘制辅助线。指定射线的起点后，可在“指定通过点：”提示下指定多个通过点，绘制以起点为端点的多条射线，直到按“Esc”键或“Enter”键退出为止。

（4）绘制构造线。

构造线为两端可以无限延伸的直线，没有起点和终点，可以放置在三维空间的任何地方，主要用于绘制辅助线。选择“绘图”→“构造线”命令（XLINE），或在“绘图”工具栏中单击“构造线”按钮，都可绘制构造线。在本任务的上机实验中，将具体介绍它的用法。

（5）绘制矩形。

在 AutoCAD 中，可以使用“矩形”命令绘制矩形。选择“绘图”→“矩形”命令（RECTANGLE），或在“绘图”工具栏中单击“矩形”按钮，即可绘制出倒角矩形、圆角矩形、有厚度的矩形等多种矩形。

（6）绘制正多边形。

在 AutoCAD 中，可以使用“正多边形”命令绘制正多边形。选择“绘图”→“正多边形”命令（POLYGON），或在“绘图”工具栏中单击“正多边形”按钮，可以绘制边数为 3~1024 的正多边形。

（7）绘制圆。

选择“绘图”→“圆”命令中的子命令，或单击“绘图”工具栏中的“圆”按钮即可绘制圆。在 AutoCAD 中，可以使用 6 种方法绘制圆。

其中，[相切、相切、半径]，常用于圆弧的切点光滑连接，即一段连接弧，知道弧光滑连接哪两个对象且知道弧的半径，即可用此命令画出符合条件的圆。

（8）绘制圆弧。

选择“绘图”→“圆弧”命令中的子命令，或单击“绘图”工具栏中的“圆弧”按钮，即可绘制圆弧。

（9）绘制椭圆。

选择“绘图”→“椭圆”子菜单中的命令，或单击“绘图”工具栏中的“椭圆”按钮，即可绘制椭圆。可以选择“绘图”→“椭圆”→“中心点”命令，指定椭圆中心、一个轴的端点（主轴）以及另一个轴的半轴长度绘制椭圆；也可以选择“绘图”→“椭圆”→“轴、端点”命令，指定一个轴的两个端点（主轴）和另一个轴的半轴长度绘制椭圆。

2. 编辑修改图形

（1）删除对象。

在 AutoCAD 中，可以用“删除”命令，删除选中的对象。选择“修改”→“删除”命令（ERASE），或在“修改”工具栏中单击“删除”按钮，都可以删除图形中选中的对象。

通常，当发出“删除”命令后，需要选择要删除的对象，然后按“Enter”键或“Space”键结束对象选择，同时删除已选择的对象。如果在“选项”对话框的“选择”选项卡中，选中“选择模式”选项组中的“先选择后执行”复选框，就可以先选择对象，然后单击“删除”按钮删除。

（2）复制对象。

在 AutoCAD 中，可以使用“复制”命令，创建与原有对象相同的图形。选择“修改”→“复制”命令（COPY），或单击“修改”工具栏中的“复制”按钮，即可复制已有对象的副本，并放置到指定的位置。执行该命令时，首先需要选择对象，然后指定位移的基点和位移矢量（相对于基点的方向和大小）。使用“复制”命令还可以同时创建多个副本，在“指定第二个点或[退出（E）/放弃（U）] <退出>：”提示下，通过连续指定位移的第二点来创建该对象的其他副本，直到按“Enter”键结束。

（3）镜像对象。

在 AutoCAD 中，可以使用“镜像”命令，将对象以镜像线对称复制。选择“修改”→“镜像”命令（MIRROR），或在“修改”工具栏中单击“镜像”按钮即可。

执行该命令时，需要选择要镜像的对象，然后依次指定镜像线上的两个端点，命令行将显示“删除源对象吗？[是（Y）/否（N）] <N>：”提示信息。如果直接按“Enter”键，则镜像复制对象，并保留原来的对象；如果输入“Y”，则在镜像复制对象的同时删除原对象。

在 AutoCAD 2007 中，使用系统变量“MIRRTEXT”可以控制文字对象的镜像方向。如果“MIRRTEXT”的值为“1”，则文字对象完全镜像，镜像出来的文字变得不可读；如果“MIRRTEXT”的值为“0”，则文字对象方向不镜像。

（3）偏移对象。

在 AutoCAD 中，可以使用“偏移”命令，对指定的直线、圆弧、圆等对象作同心偏移复制。在实际应用中，常利用“偏移”命令的特性创建平行线或等距离分布图形。

选择“修改”→“偏移”命令（OFFSET），或在“修改”工具栏中单击“偏移”按钮，执行“偏移”命令，其命令行显示如下提示：“指定偏移距离或[通过（T）/删除（E）/图层（L）] <通过>：”默认情况下，需要指定偏移距离，再选择要偏移复制的对象，然后指定偏移方向，以复制出对象。

（4）阵列对象。

在 AutoCAD 中，还可以通过“阵列”命令多重复制对象。选择“修改”→“阵列”命令（ARRAY），或在“修改”工具栏中单击“阵列”按钮，都可以打开“阵列”对话框，可以在该对话框中设置以矩形阵列或者环形阵列方式多重复制对象。

① 矩形阵列复制。

在“阵列”对话框中，选择“矩形阵列”单选按钮，可以以矩形阵列方式复制对象。

② 环形阵列复制。

在“阵列”对话框中，选择“环形阵列”单选按钮，可以以环形阵列方式复制图形。

（5）移动对象。

移动对象是指对象的重定位。选择“修改”→“移动”命令（MOVE），或在“修改”工具栏中单击“移动”按钮，可以在指定方向上按指定距离移动对象，对象的位置发生了改变，但方向和大小不改变。

要移动对象，首先选择要移动的对象，然后指定位移的基点和位移矢量。在命令行的“指定基点或[位移]<位移>”提示下，如果单击或以键盘输入形式给出了基点坐标，命令行将显示“指定第二点或<使用第一个点作位移>:”提示；如果按“Enter”键，那么所给出的基点坐标值就作为偏移量，即将该点作为原点（0，0），然后将图形相对于该点移动由基点设定的偏移量。

（6）旋转对象。

选择“修改”→“旋转”命令（ROTATE），或在“修改”工具栏中单击“修改”按钮，可以将对象绕基点旋转指定的角度。执行该命令后，从命令行显示的“UCS 当前的正角方向：ANGDIR = 逆时针 ANGBASE = 0”提示信息中，可以了解到当前的正角度方向（如逆时针方向），零角度方向与 X 轴正方向的夹角（如 0°）。

选择要旋转的对象（可以依次选择多个对象），并指定旋转的基点，命令行将显示“指定旋转角度或[复制（C）参照（R）]<O>”提示信息。如果直接输入角度值，则可以将对象绕基点转动该角度，角度为正时逆时针旋转，角度为负时顺时针旋转；如果选择“参照（R）”选项，将以参照方式旋转对象，需要依次指定参照方向的角度值和相对于参照方向的角度值。

（7）对齐对象。

选择“修改”→“三维操作”→“对齐”命令（ALIGN），可以使当前对象与其他对象对齐，它既适用于二维对象，也适用于三维对象。在对齐二维对象时，可以指定 1 对或 2 对对齐点（源点和目标点），在对齐三维对象时，则需要指定 3 对对齐点。

（8）修剪对象。

在 AutoCAD 中，可以使用“修剪”命令缩短对象。选择“修改”→“修剪”命令（TRIM），或在“修改”工具栏中单击“修剪”按钮，可以以某一对象为剪切边修剪其他对象。

在 AutoCAD 中，可以作为剪切边的对象有直线、圆弧、圆、椭圆、椭圆弧、多段线、样条曲线、构造线、射线以及文字等。剪切边也可以同时作为被剪边。默认情况下，选择要修剪的对象（即选择被剪边），系统将以剪切边为界，将被剪切对象上位于拾取点一侧的部分剪切掉。如果按下“Shift”键，同时选择与修剪边不相交的对象，修剪边将变为延伸边界，将选择的对象延伸至与修剪边界相交。

（9）延伸对象。

在 AutoCAD 中，可以使用“延伸”命令拉长对象。选择“修改”→“延伸”命令（EXTEND），或在“修改”工具栏中单击“延伸”按钮，可以延长指定的对象与另一对象相交或外观相交。

延伸命令的使用方法和修剪命令的使用方法相似，不同之处在于使用延伸命令时，如果在按下“Shift”键的同时选择对象，则执行修剪命令；使用修剪命令时，如果在按下“Shift”键的同时选择对象，则执行延伸命令。

（10）缩放对象。

在 AutoCAD 中，可以使用“缩放”命令按比例增大或缩小对象。选择“修改”→“缩放”命令（SCALE），或在“修改”工具栏中单击“缩放”按钮，可以将对象按指定的比例因子相对于基点进行尺寸缩放。先选择对象，然后指定基点，命令行将显示“指定比例因子或[复制（C）/参照（R）]<1.0000>：”提示信息。如果直接指定缩放的比例因子，对象将根据该比例因子相对于基点缩放，当比例因子大于 0 而小于 1 时缩小对象，当比例因子大于 1 时放大对象；如果选择“参照（R）”选项，对象将按参照的方式缩放，需要依次输入参照长度的值和新的长度值，AutoCAD 根据参照长度与新长度的值自动计算比例因子（比例因子 = 新长度值/参照长度值），然后进行缩放。

（11）拉伸对象。

选择“修改”→“拉伸”命令（STRETCH），或在“修改”工具栏中单击“拉伸”按钮，就可以移动或拉伸对象，操作方式根据图形对象在选择框中的位置决定。执行该命令时，可以使用“交叉窗口”方式或者“交叉多边形”方式选择对象，然后依次指定位移基点和位移矢量，将会移动全部位于选择窗口之内的对象，而拉伸（或压缩）与选择窗口边界相交的对象。

（12）拉长对象。

选择“修改”→“拉长”命令（LENGTHEN），或在“修改”工具栏中单击“拉长”按钮，即可修改线段或者圆弧的长度。

（13）倒角对象。

在 AutoCAD 中，可以使用“倒角”命令修改对象使其以平角相接。选择“修改”→“倒角”命令（CHAMFER），或在“修改”工具栏中单击“倒角”按钮，即可为对象绘制倒角。

（14）圆角对象。

在 AutoCAD 中，可以使用“圆角”命令修改对象使其以圆角相接。选择“修改”→“圆角”命令（FILLET），或在“修改”工具栏中单击“圆角”按钮，即可对对象用圆弧修圆角。

修圆角的方法与修倒角的方法相似，在命令行提示中，选择“半径（R）”选项，即可设置圆角的半径大小。

（15）打断对象。

在 AutoCAD 中，使用“打断”命令可部分删除对象或把对象分解成两部分，还可以使用“打断于点”命令将对象在一点处断开成两个对象。

① 打断对象。

选择“修改”→“打断”命令（BREAK），或在“修改”工具栏中单击“打断”按钮，即可部分删除对象或把对象分解成两部分。

② 打断于点。

在“修改”工具栏中单击“打断于点”按钮，可以将对象在一点处断开成两个对象，它是从“打断”命令中派生出来的。执行该命令时，需要选择要被打断的对象，然后指定打断点，即可从该点打断对象。

（16）合并对象。

如果需要连接某一连续图形上的两个部分，或者将某段圆弧闭合为整圆，可以选择“修改”→“合并”命令或在命令行输入“JOIN”命令，也可以单击“修改”工具栏上的“合并”按钮。

（17）分解对象。

对于矩形、块等由多个对象编组成的组合对象，如果需要对单个成员进行编辑，就需要先将它分解开。选择“修改”→“分解”命令（EXPLODE），或在“修改”工具栏中单击“分解”按钮，选择需要分解的对象后按“Enter”键，即可分解图形并结束该命令。

（18）标注。

标注常用的有线性（长宽高）、角度、半径、直径，如果仅需操作线性标注，可运用快速标注工具更加便捷的完成标注任务。

① 角度标注：然后菜单栏“标注”栏选择“角度”工具，根据命令提示，依次选择两条直线，然后用鼠标拖动至合适位置，点击鼠标确认。

② 快速标注：选择“快速标注”根据提示，选择（点击）所要标注直线，选择完成后，敲击空格，然后用鼠标拖动至合适位置，点击左键确认。

③ 线性：选择“线性”标注工具，根据命令栏提示，依次选取所要标注直线的两端点，然后用鼠标拖动至合适位置，点击左键确认。

（19）编辑对象特性。

对象特性包含一般特性和几何特性，一般特性包括对象的颜色、线型、图层及线宽等，几何特性包括对象的尺寸和位置。可以直接在“特性”选项板中设置和修改对象的特性。

① 打开“特性”选项板。

选择“修改”→“特性”命令，或选择“工具”→“特性”命令，也可以在“标准”工具栏中单击“特性”按钮，打开“特性”选项板。

“特性”选项板默认处于浮动状态。在“特性”选项板的标题栏上右击，将弹出一个快捷菜单。可通过该快捷菜单确定是否隐藏选项板、是否在选项板内显示特性的说明部分以及是否将选项板锁定在主窗口中。

②“特性”选项板的功能。

“特性”选项板中显示了当前选择集中对象的所有特性和特性值，当选中多个对象时，将显示它们的共有特性。可以通过它浏览、修改对象的特性，也可以通过它浏览、修改满足应用程序接口标准的第三方应用程序对象。

所有图形对象都具有图层、颜色、线型和线宽这 4 个基本属性。

2.3 作业指导

1. 设置图层

为了便于 CAD 的标准化，一般需要图层来协助完成。例如，设置图层以一定的样式分为主设备线、虚线、构造线、物料线等。

点击“图层栏”图层特性管理器（主界面左上角），就可以打开管理图层，如图 2.1 所示。比如，新建一个图层，并命名为主设备线；点击颜色（所建图层一栏），设置颜色为黄色，如图 2.2 所示；点击“线型”（Continunos），然后点击“加载”，可以选择所需要线性（可选为默认，就是黑色细实线），如图 2.3 所示。点击“线宽”，选择 0.9 mm。点击“确定”后，关闭。点击“图层管理”下拉按钮，选择所建图层，然后将灯泡点亮，即打开了该图层，如图 2.4 所示。

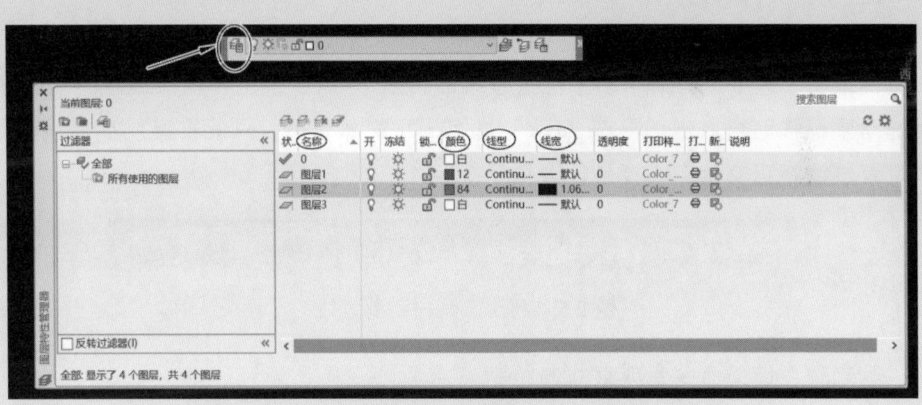

图 2.1　图层窗口

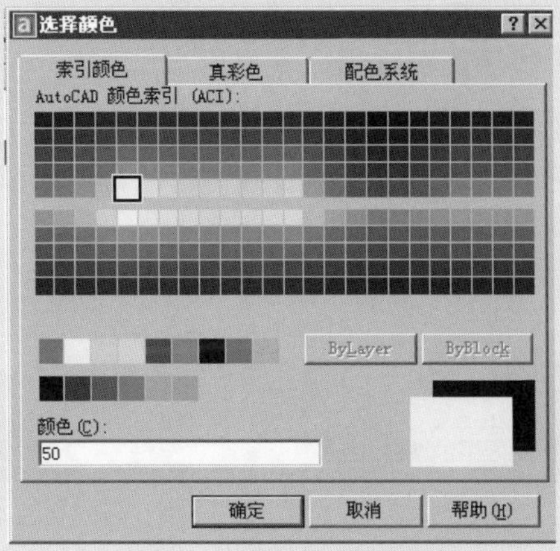

图 2.2　线型颜色选择

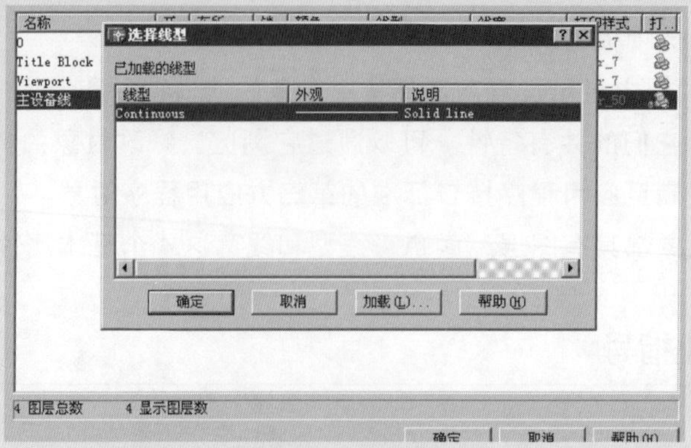

图 2.3　线型选择

图 2.4　打开图层

2. 绘制直线

点击“直线工具”，CAD 命令栏里会出现直线绘图命令。

这里有两种绘图方式：

第一种，直接在图纸任意选定位置点击鼠标画线就可，如图 2.5 所示。比如，先将“正交”选中（有助于水平垂直直线的构造），点击模型界面上任意一点，然后拖动鼠标移动再点击，再按“Esc”即可（正交状态下，只能垂直或水平移动，也可以试试将正交状态去掉是什么样子）。

图 2.5　利用工具栏绘制直线

第二种，借助命令完成直线的绘制。

可以看到，点击直线绘图工具后，命令栏里有个“…指定第一点：”的命令（相当于操作提示，见图 2.6），根据命令，点击绘图界面中任意一选中点，点击。点击后，会出现下次命令提示。再根据命令提示操作，一条直线就会出现了，然后点击“Esc”键，即可完成直线的绘制。补充：直线绘制中，只要不按取消，可以连续操作，但每点击两点，即为独立的直线，这是与多线段的区别之处。

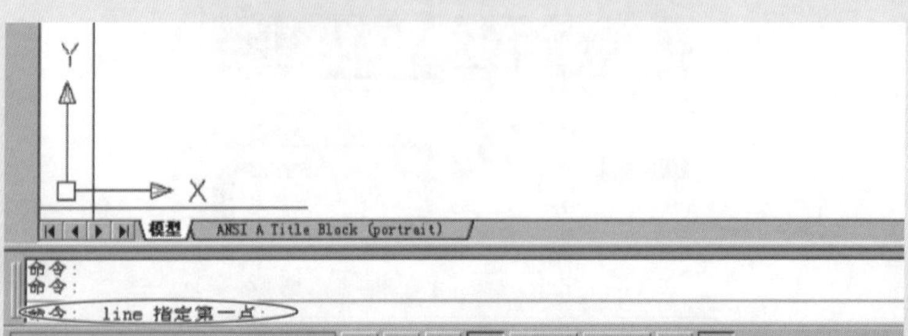

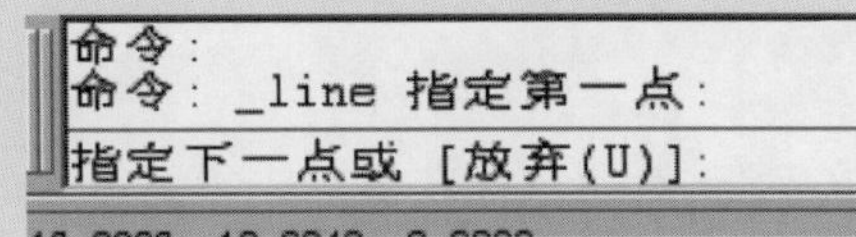

图 2.6 利用命令行绘制直线

3. 绘制矩形

矩形也有两种作图方式。

第一种：点击矩形工具后，任意点击界面上选定的一点，然后拖动鼠标，根据拖动大小人为决定其大小和位置，然后再次点击即可。

第二种：在命令栏，按提示选择绘制（见图 2.7）。

例如，绘制高 35 宽 45 的矩形；点击界面上任意一点，命令栏发生变化；在尺寸提示后，输入“d”，敲击“Enter”，输入长度“45”，输入宽度“35”，然后点击另一点即可。“Esc”取消命令。

补充提示：如果发现所画图形超出界面，即使界面缩小到最小也看不到，这时直接输入“re”命令，然后敲击一次空格（或回车）即可。

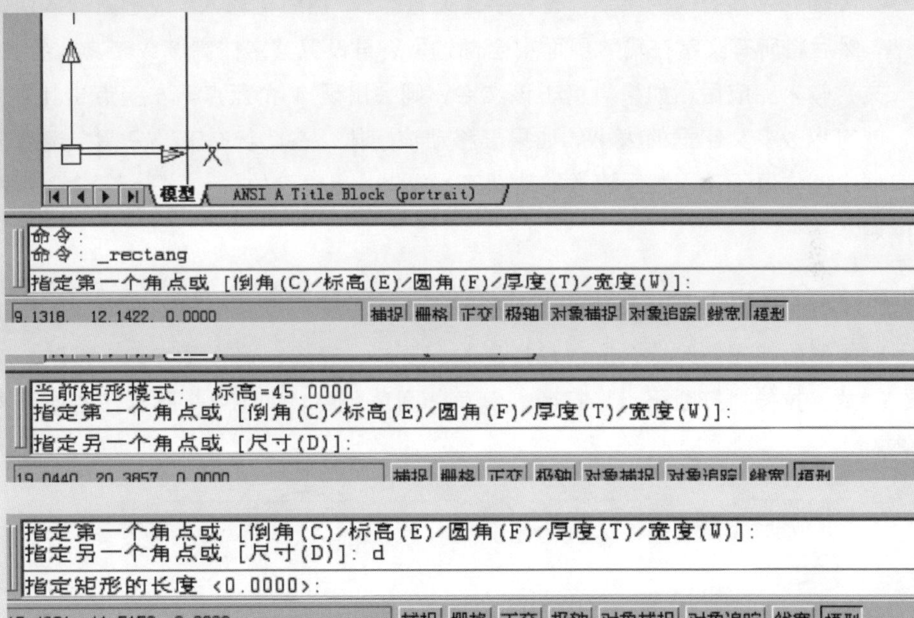

图 2.7 绘制矩形

4. 绘制圆

画出一个直径为 12 的圆，并与上例矩形两边相切。选择“圆”工具→输入“t”→根据命令在矩形最下边指定一切点→再次根据命令提示，在另一边指定第二切点→输入圆直径“12”，即可完成。“Esc”取消命令。

补充：选择绘图工具时，可以在工具箱里选择，还可以在“绘图”菜单命令中选择。

5. 输入文字

点击工具栏“多行文字”，然后鼠标左键点击需要输入的位置，拖动文本框到合适大小后，二次点击鼠标左键，出现图 2.8 所示界面。

图 2.8　输入文字

该界面上部为“文字格式”选择框，依次是字体、字高（字体大小）、加粗、字体颜色。下部是文字输入界面。

如要输入字高为 3 的字，可先将字高设置为 3，然后再输入；或者先输入所需文字，然后将所有文字在输入界面中全部选取，再设置其字体高度或者其他参数。

文字输入完成后，如果再点击该文字，则会出现 4 个蓝点。左键点击其中 1 点，就可以改变文字框的大小。如果要移动该字体，在此状态下，只需左键点击文字框中间位置不动，然后随意拖动即可。或者，用键盘的“↓”“→”“↑”“←”键微调。

6. 综合应用

对图形的编辑修改综合应用包括删除、复制、镜像、偏移、阵列、移动、旋转、缩放、拉伸、打断于点、打断、倒角、圆角分解，如图 2.9 所示，本处不再赘述。

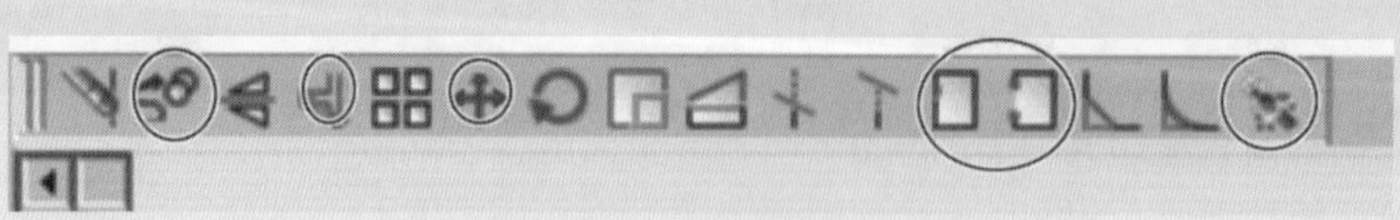

图 2.9　编辑修改按钮

2.4 任务实施及考核

1. 任务实施

（1）任务实施的目的。

掌握 AutoCAD 软件制图技巧。

（2）任务实施准备工作。

完成 AutoCAD 软件安装。

（3）任务实施场地器材。

AutoCAD 软件和计算机。

（4）任务实施步骤

① 理论学习。完成本任务相关理论的学习。

② 拓展学习。完成本任务拓展资料的学习。

③AutoCAD 软件制图技巧。在掌握相关理论的学习的基础上，结合 AutoCAD 软件制图实际操作。

④ 完成考核。

（5）注意事项。

AutoCAD 软件制图技巧繁多，需逐一熟悉。

2. 考核表

序号	考核内容	考核标准	标准	得分
1	绘图功能使用技巧	能准确说出绘图按钮功能	30 分（能说出全部/4/2/1/0 个以上，得 30/20/10/5/0 分）	
2	修改功能技巧	能准确说出修改按钮功能	70 分（能说出 15/10/5/1/0 个以上，得 70/50/40/20/0 分）	
总分			100 分	

任务 3 AutoCAD 综合应用

任务 3 数字资源

3.1 任务描述

本任务是对 AutoCAD 软件制图的综合应用，通过完成本任务，掌握 AutoCAD 软件制图综合应用，为后续任务的执行奠定基础。

3.2 任务资讯

在 AutoCAD 中，规定以逆时针方向为正，顺时针方向为负。

1. 定位的方法

（1）用鼠标在平面上直接选取任意定点。

（2）鼠标辅助方向加键盘输入距离：角度的输入方法是 $<\theta$，用移动鼠标确定；距离只相对水平和垂直而言，且须用正交（F8）。正交执行后是强制画水平线或垂直线。

（3）直角坐标：输入方法是 x，y，这是以坐标原点为基点的。

（4）相对坐标：输入方法是@x，y，这是以当前点为基点的。

（5）相对极坐标：输入方法是 $@l<\theta$，l 表示线段长度，θ 表示与 x 轴的夹角度数。

2. 缩放命令（Z＋空格键）

（1）基本缩放命令。

① 全部（A）：按照图形界限最大化显示，当对象已经超出界限，以图形为基线，图形界限也会全部显示。

② 范围（E）：按照图形最大化显示。

③ 上一个（P）：返回到上一次的图形对象界面。

④ 窗口（W）：按照窗口选择的某一部分的最大化显示。

⑤ 实时（Z＋空格键＋空格键）：依据自己的需要来决定。

（2）比例缩放：系统默认图形区域的比例因子为 1。当输入某一数值时，是按照默认值进行缩放，若在数值后面加上 x，即 nx，则是以当前图形为比例因子为 1 进行缩放。

3. 具体定位的方法

设定图形界限大小（limits）：更改空间大小。系统默认图形界限区域的大小为 420 mm × 297 mm。

3.3　作业指导

知识拓展

（1）打开 CAD 图纸以后，点击左上角第 4 个的打印按钮（见图 3.1），进入打印-模型窗口。

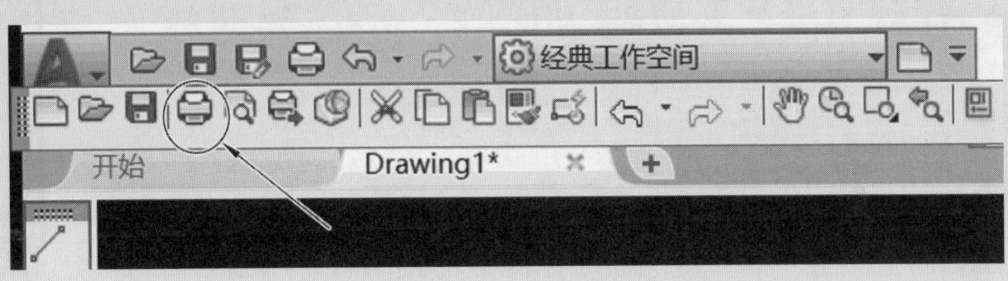

图 3.1　打印按钮

（2）在打印-模型窗口，鼠标点击下拉菜单左边的打印机/绘图仪的名称，选中所使用的打印机，如图 3.2 所示。

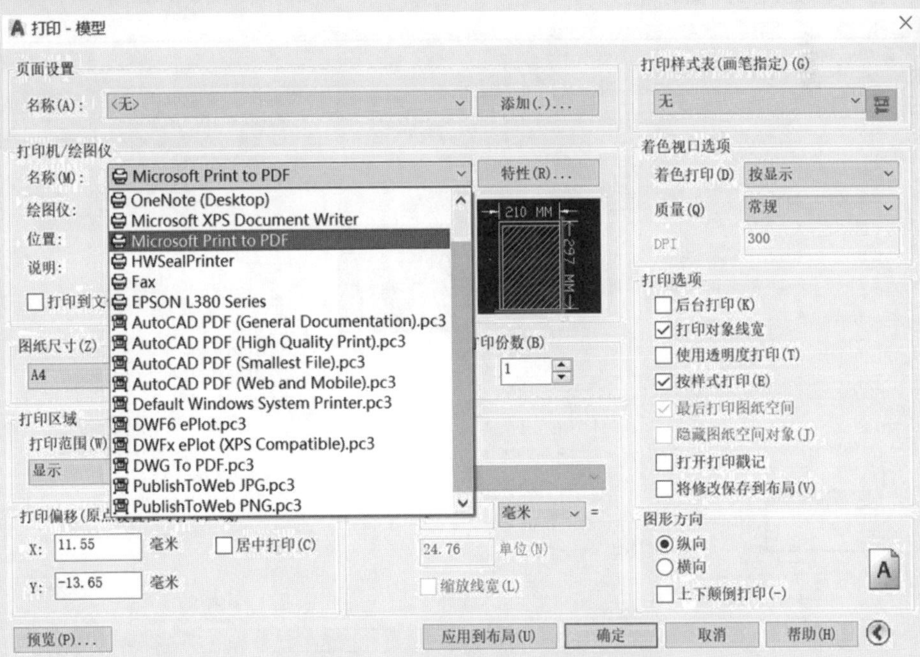

图 3.2　打印设置窗口

（3）鼠标点击图纸尺寸左边的下拉菜单，选中要打印的图纸类型，如图 3.3 所示。

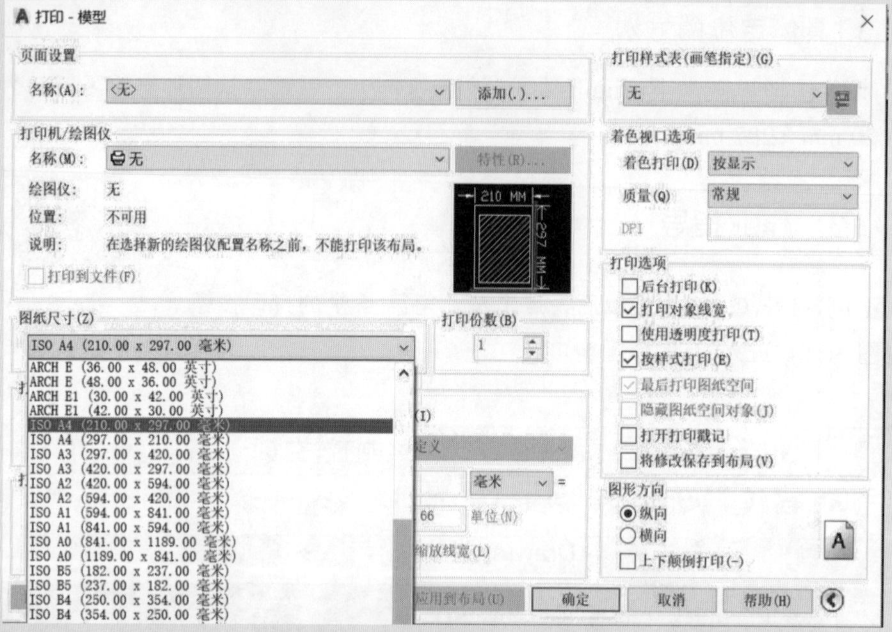

图 3.3　打印图纸尺寸选择

（4）鼠标点击窗口按钮选择要打印的图纸将图纸圈起来，也可以点击打印范围选择图纸，然后点击一下左键，选中图纸。

（5）选择好图纸以后要点击选中“居中打印”，这样图纸打印出来时在图纸的中间位置，如图 3.4 所示。

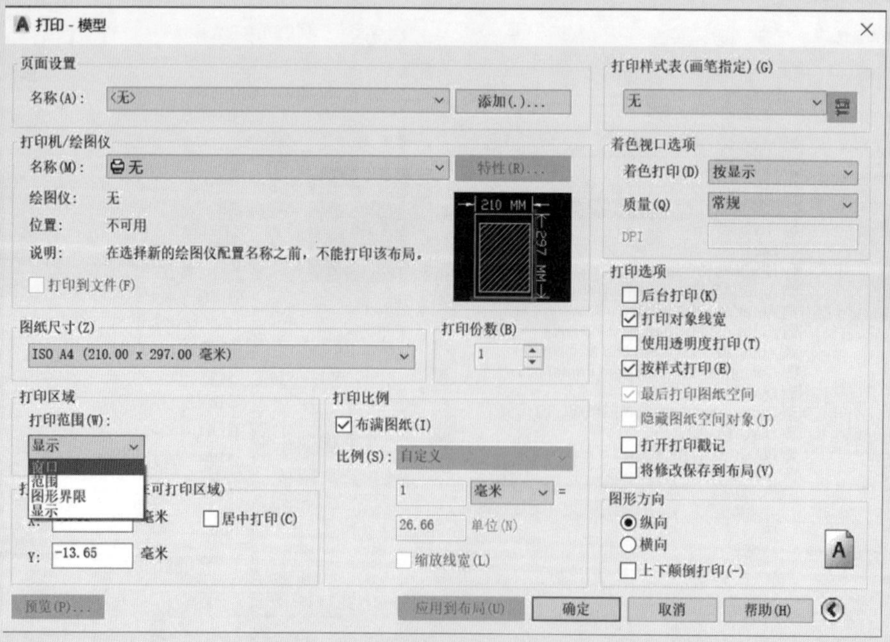

图 3.4　打印范围选择和居中打印

（6）点击选择布满图纸，这样图纸打印出来就会布满整张图纸，再选择好图纸所显示的单位，如图 3.5 所示。

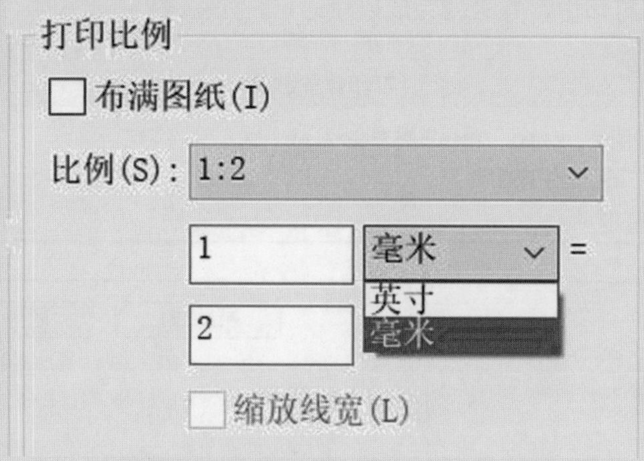

图 3.5　打印布满图纸和单位选择

（7）在界面右边选择图纸的方向，横向/纵向取决于图纸的规格大小，然后点击确定即可，如图 3.6 所示。

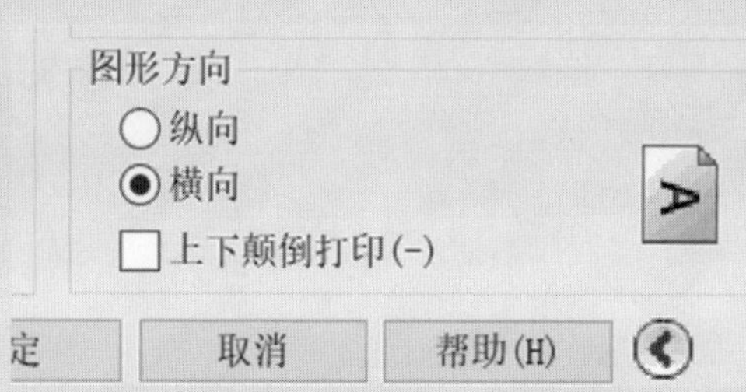

图 3.6　打印图纸方向选择

（8）选择好打印参数，可以点击左下角的预览按钮进行查看。

（9）查看完图纸以后，直接点击鼠标左键选择打印就可以了（见图 3.7），如果不满意可以点击退出重新选择。

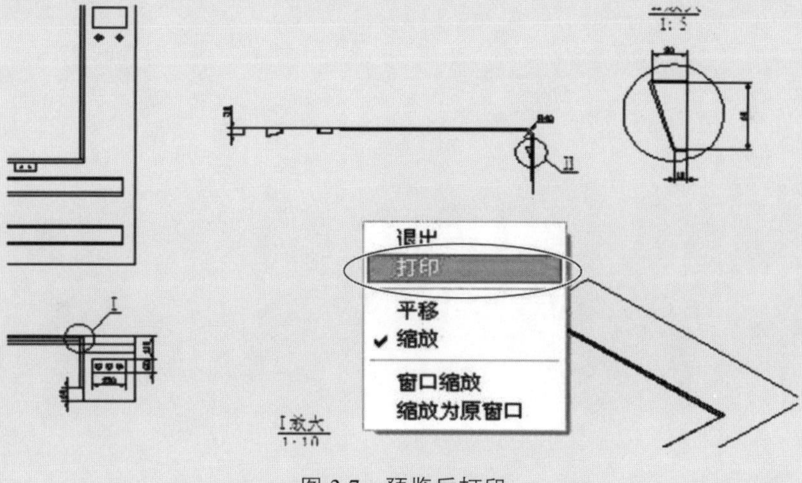

图 3.7　预览后打印

（10）图纸打印中，等进度完成以后即可，如图 3.8 所示。

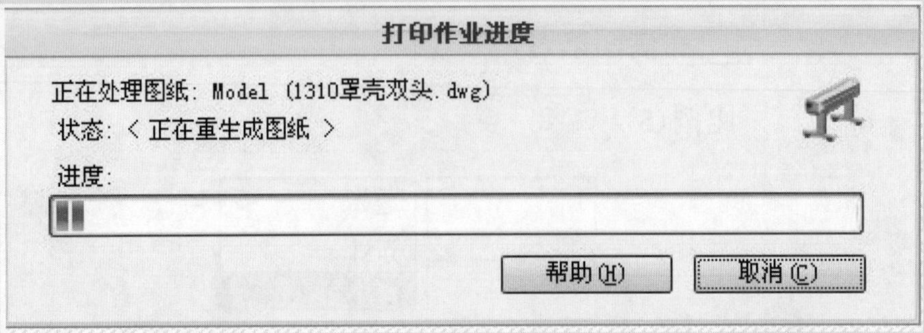

图 3.8　打印进程中

一般图纸都需要画出外边框和内边框。外边框是纸张大小，如 A1，内边框是标准外边框偏移而成，需要二次绘制。

3.4 任务实施及考核

1. 任务实施

（1）任务实施的目的。

掌握 AutoCAD 软件制图的综合应用。

（2）任务实施准备工作。

完成 AutoCAD 软件安装。

（3）任务实施场地器材。

AutoCAD 软件和计算机、图纸，可参考使用图 3.9 进行制图练习。

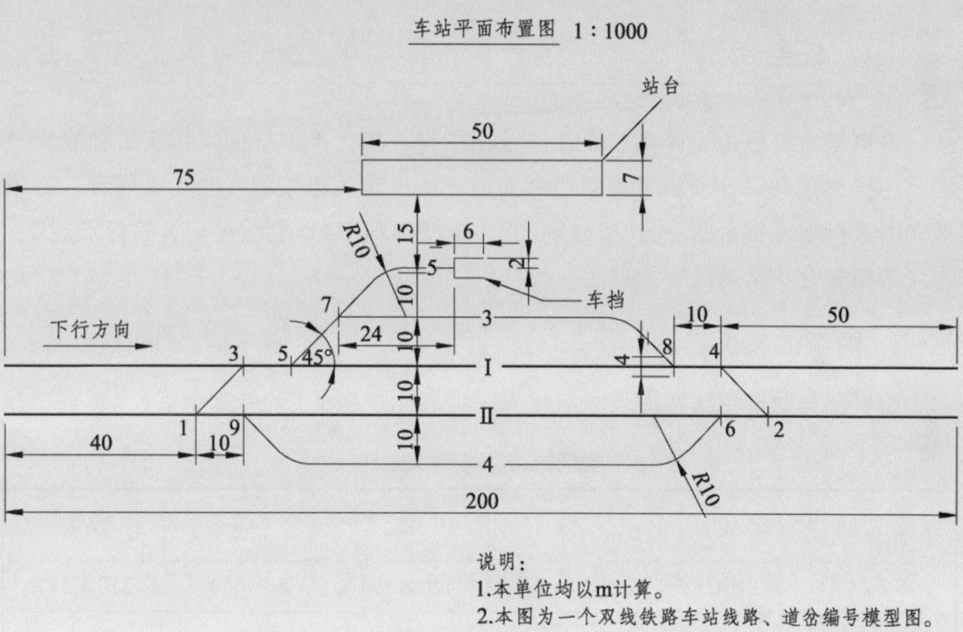

图 3.9 车站平面图

（4）任务实施步骤。

① 理论学习。完成本任务相关理论的学习。

② 拓展学习。完成本任务拓展资料的学习。

③ 实物认知。在掌握相关理论的学习的基础上，结合相关图纸进行综合制图。

④ 完成考核。

2. 考核表

序号	考核内容	考核标准	标准	得分
1	AutoCAD 软件制图的综合应用	能准确完成 AutoCAD 软件制图的综合应用，完成制图	100 分（能全部画出/较全/一般/很少/基本不会个以上，得 100/80/60/40/20 分）	
总分			100 分	

任务 4　供电系统图纸和图例的认识

任务 4 数字资源

4.1　任务描述

本任务将介绍供电系统图纸和图例，通过完成本任务，掌握供电系统图纸相关基本规定，认识电气图例符号，为后续任务的执行奠定基础。

4.2　任务资讯

供电系统工程由设计部门设计、绘制图样，施工单位按图样组织工程施工，因此图样必须有设计和施工等部门共同遵守的一定的格式和一些基本规定，必须遵守国家标准《技术制图》《机械制图》《电气工程 CAD 制图规则》等标准规定，本任务简要介绍常用的有关规定。

1. 图纸的幅面

绘制图样时，图纸幅面尺寸应优先采用表 4.1 中规定的基本幅面。

表 4.1　图纸的基本幅面及图框尺寸　　单位：mm

<table>
<tr><th>幅面代号</th><th>A0</th><th>A1</th><th>A2</th><th>A3</th><th>A4</th></tr>
<tr><td>$B \times L$</td><td>841×1189</td><td>594×841</td><td>420×594</td><td>297×420</td><td>210×297</td></tr>
<tr><td>a</td><td colspan="5">25</td></tr>
<tr><td>c</td><td colspan="3">10</td><td colspan="2">5</td></tr>
<tr><td>e</td><td colspan="2">20</td><td colspan="3">10</td></tr>
</table>

注：a、c、e 为留边宽度。图纸幅面代号由“A”和相应的幅面号组成，即 A0～A4。基本幅面共有 5 种，其尺寸关系如图 4.1 所示。

幅面代号的几何含义，实际上就是对 0 号幅面的对开次数。如 A1 中的“1”，表示将全张纸（A0 幅面）长边对折裁切一次所得的幅面；A4 中的“4”，表示将全张纸长边对折裁切四次所得的幅面，如图 4.1 所示。

必要时，允许沿基本幅面的短边成整数倍加长幅面，但加长量必须符合国家标准（GB/T 14689—1993）中的规定。

图框线必须用粗实线绘制。图框格式分为留有装订边和不留装订边两种，如图 4.2 和图 4.3 所示。两种格式图框的周边尺寸 a、c、e 见表 4.1。但应注意，同一产品的图样只能采用一种格式。

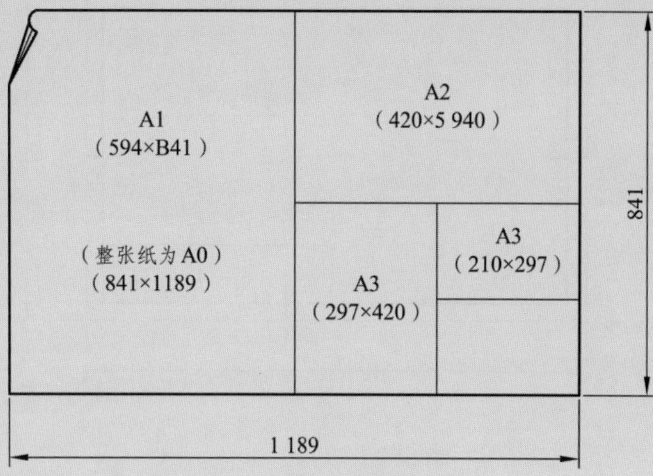

图 4.1　基本幅面的尺寸关系

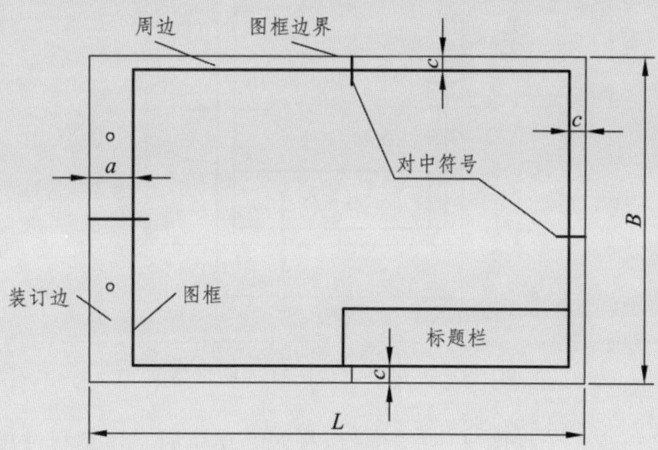

（a）横装

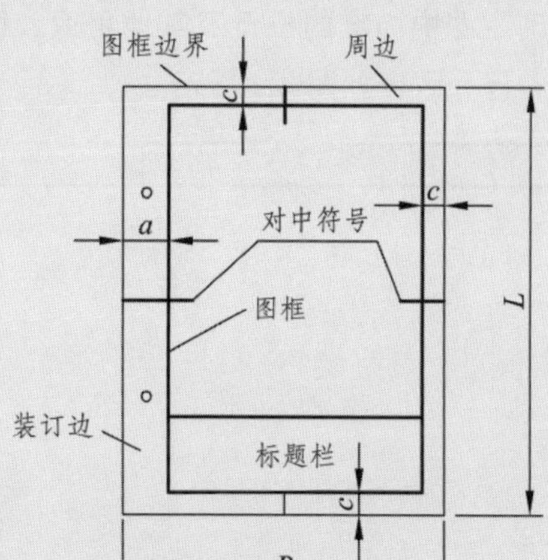

（b）竖装

图 4.2　留有装订边图样的图框格式

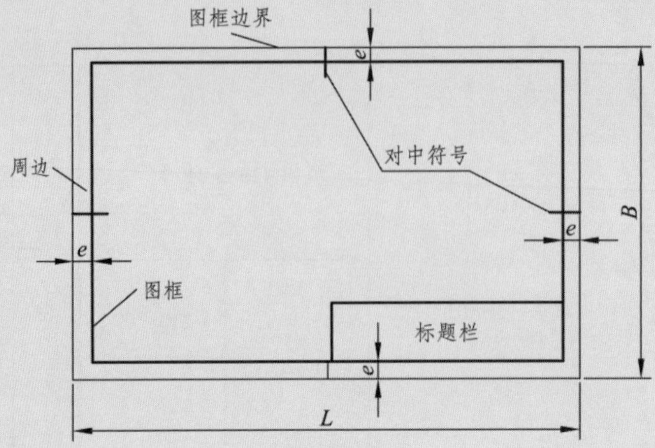

（a）横装

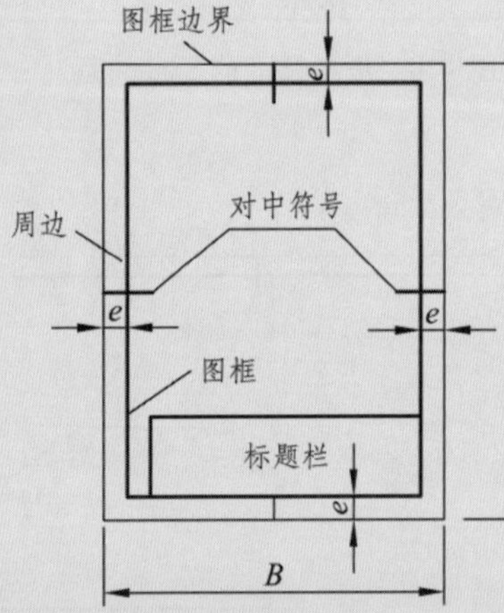

（b）竖装

图 4.3　不留装订边图样的图框格式

国家标准规定，工程图样中的尺寸以毫米为单位时，不需标注单位符号（或名称）。如采用其他单位，则必须注明相应的单位符号。

图幅的分区，为了确定图中内容的位置及其他用途，往往需要将一些幅面较大的内容复杂的电气图进行分区，如图 4.4 所示。

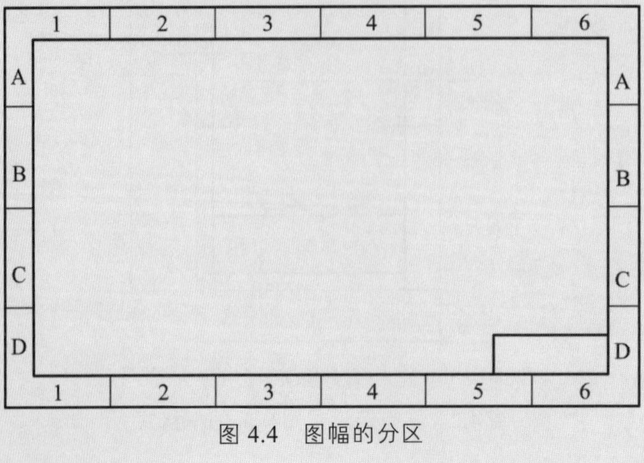

图 4.4　图幅的分区

图幅的分区方法：将图纸相互垂直的两边各自加以等分，竖边方向用大写拉丁字母编号，横边方向用阿拉伯数字编号，编号的顺序应从标题栏相对的左上角开始，分区数应为偶数；每一分区的长度一般应不小于 25 mm，不大于 75 mm，对分区中符号应以粗实线给出，其线宽不宜小于 0.5 mm。

图纸分区后，相当于在图样上建立了一个坐标。电气图上的元件和连接线的位置可由此“坐标”而唯一地确定下来。

2. 标题栏

标题栏是用来确定图样的名称、图号、张次、更改和有关人员签署等内容的栏目，位于图样的下方或右下方。图中的说明、符号均应以标题栏的文字方向为准。

目前，我国尚没有统一规定标题栏的格式，各设计部门标题栏格式不一定相同。通常采用的标题栏格式应有以下内容：设计单位名称、工程名称、项目名称、图名、图别、图号等。电气工程图中常用图 4.5 所示的标题栏格式。

<table>
<tr><td colspan="4" rowspan="2">设计单位名称</td><td>工程名称</td><td>设计号</td><td></td></tr>
<tr><td></td><td>图 号</td><td></td></tr>
<tr><td>总工程师</td><td></td><td>主要设计人</td><td></td><td colspan="3" rowspan="3">项目名称</td></tr>
<tr><td>设计总工程师</td><td></td><td>技 核</td><td></td></tr>
<tr><td>专业工程师</td><td>制图</td><td></td><td></td></tr>
<tr><td>组长</td><td></td><td>描 图</td><td></td><td colspan="3" rowspan="2">图 号</td></tr>
<tr><td>日期</td><td>比例</td><td></td><td></td></tr>
</table>

图 4.5　标题栏格式

3. 比　例

比例是指图中图形与其实物相应要素的线性尺寸之比，即图纸尺寸：实物尺寸。

绘制图样时，应优先选择表 4.2 中的优先使用比例，必要时也允许在表 4.2 中允许使用比例中选取。

表 4.2　绘图的比例

种类		比例
原值比例		1：1
放大比例	优先使用	5：1　2：1　5×10^n：1　2×10^n：1　1×10^n：1
	允许使用	4：1　2.5：1　4×10^n：1　2.5×10^n：1
缩小比例	优先使用	1：2　1：5　1：10　1：2×10^n　1：5×10^n　1：1×10^n
	允许使用	1：1.5　1：2.5　1：3　1：4　1：6 1：1.5×10^n　1：2.5×10^n　1：3×10^n　1：4×10^n　1：6×10^n

注：n 为正整数。

4. 字　体

在图样上除了要用图形来表达机件的结构形状外，还必须用数字及文字来说明它的大小和技术要求等其他内容。

在图样和技术文件中书写的汉字、数字和字母，都必须做到：字体工整、笔画清楚、间隔均匀、排列整齐。字体采用长仿宋体，字体的号数代表字体高度（用 AutoCAD 中设置字号即可改变字体大小）。字母和数字可写成斜体或直体。斜体字字头向右倾斜，与水平基准线成 75°。

5. 图线及其画法

图线是指起点和终点间以任意方式连接的一种几何图形，它是组成图形的基本要素，形状可以是直线或曲线、连续线或不连续线。国家标准中规定了在工程图样中使用的 6 种图线，其形式、名称、宽度以及应用示例见表 4.3。

表 4.3　常用图线的形式、宽度和主要用途

图线名称	图线形式	图线宽度	主要用途
粗实线	——————	b	电气线路、一次线路
细实线	——————	约 $b/3$	二次线路、一般线路
虚线	— — — — — — —	约 $b/3$	屏蔽线、机械连线
细点画线	—·—·—·—	约 $b/3$	控制线、信号线、围框线
粗点画线	—·—·—·—	b	有特殊要求线
双点画线	—··—··—	约 $b/3$	原轮廓线

图线分为粗、细两种。以粗线宽度作为基础，粗线的宽度 b 应按图的大小和复杂程度，在 0.5 ~ 2 mm 选择，细线的宽度应为粗线宽度的 1/3。图线宽度的推荐系列为 0.18 mm、0.25 mm、0.35 mm、0.5 mm、0.7 mm、1 mm、1.4 mm、2 mm，若各种图线重合，应按粗实线、点划线、虚线的先后顺序选用线型。

6. 电气图形符号

在绘制电气图形时，一般用于图样或其他文件来表示一个设备或概念的图形、标记或字符的符号称为电气图形符号。电气图形符号只要示意图形绘制，不需要精确比例。

电气图用图形符号通常由一般符号、符号要素、限定符号、方框符号和组合符号等组成。

（1）一般符号：它是用来表示一类产品和此类产品特征的一种通常很简单的符号。

（2）符号要素：它是一种具有确定意义的简单图形，不能单独使用。符号要素必须同其他图形组合后才能构成一个设备或概念的完整符号。

（3）限定符号：它是用以提供附加信息的一种加在其他符号上的符号，通常它不能单独使用。有时，一般符号也可用作限定符号，如电容器的一般符号加到扬声器符号上即构成电容式扬声器符号。

（4）框形符号：它是用来表示元件、设备等的组合及其功能的一种简单图形符号，既不给出元件、设备的细节，也不考虑所有连接，通常使用在单线表示法中，也可用在全部输入和输出接线的图中。

（5）组合符号：它是指通过以上已规定的符号进行适当组合所派生出来的，表示某些特定装置或概念的符号。

7. 电气设备用图形符号

电气设备用图形符号是完全区别于电气图用图形符号的另一类符号。设备用图形符号主要用于各种类型的电气设备或电气设备部件，使操作人员了解其用途和操作方法。这些符号也可用于安装或移动电气设备的场合，以指出诸如禁止、警告、规定或限制等应注意的事项。

在电气图中，尤其是在某些电气平面图、电气系统说明书用图等图中，也可以适当地使用这些符号，以补充这些图形所包含的内容。

设备用图符号与电气简图用图符号的形式大部分是不同的，但有一些也是相同的，不过含义大不相同。例如，设备用熔断器图形符号虽然与电气简图符号的形式是一样的，但电气简图用熔断器符号表示的是一类熔断器，而设备用图形符号如果标在设备外壳上，则表示熔断器盒及其位置；如果标在某些电气图上，也仅仅表示这是熔断器的安装位置。

4.3　作业指导

1. 常用电气图图形符号

常用电气图图形符号及 AutoCAD 制图命令见表 4.4。

表 4.4　电气图形常用图形符号及画法使用命令

序号	图形符号	说　　明	画法使用命令
1		直流电 电压可标注在符号右边，系统类型可标注在左边	直线
2		交流电 频率或频率范围可标注在符号的左边	样条曲线
3	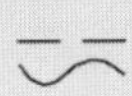	交直流	直线、样条曲线
4		正极性	直线
5		负极性	直线
6		运动方向或力	引线
7		能量、信号传输方向	直线

续表

序号	图形符号	说　　明	画法使用命令
8		接地符号	直线
9		接机壳	直线
10		等电位	正三角形、直线
11		故障	引线、直线
12	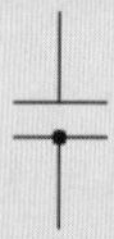	导线的连接	直线、圆、图案填充
13	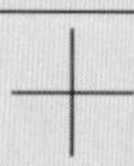	导线跨越而不连接	直线
14	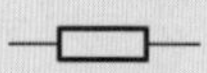	电阻器的一般符号	矩形、直线
15	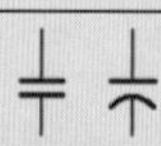	电容器的一般符号	直线、圆弧
16		电感器、线圈、绕组、扼流圈	直线、圆弧
17		原电池或蓄电池	直线
18		动合（常开）触点	直线
19	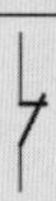	动断（常闭）触点	直线
20	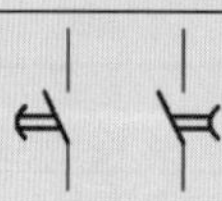	延时闭合的动合（常开）触点 带时限的继电器和接触器触点	直线、圆弧
21	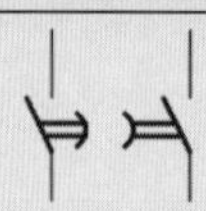	延时断开的动合（常开）触点	
22	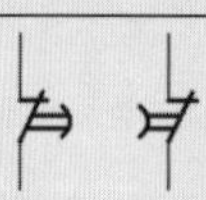	延时闭合的动断（常闭）触点	
23	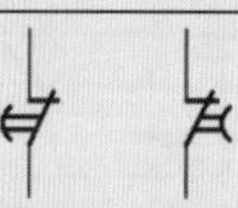	延时断开的动断（常闭）触点	
24	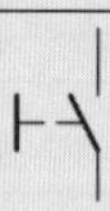	手动开关的一般符号	直线
25	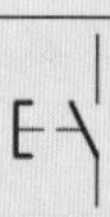	按钮开关	

续表

序号	图形符号	说　　明	画法使用命令
26		位置开关，动合触点 限制开关，动合触点	直线
27		位置开关，动断触点 限制开关，动断触点	
28		多极开关的一般符号，单线表示	
29	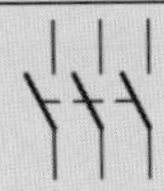	多极开关的一般符号，多线表示	直线
30		隔离开关的动合（常开）触点	
31	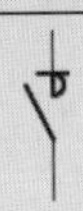	负荷开关的动合（常开）触点	直线、圆弧
32		断路器（自动开关）的动合（常开）触点	直线
33	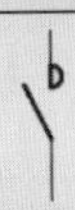	接触器动合（常开）触点	直线、圆弧
34	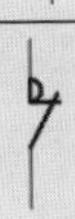	接触器动断（常闭）触点	
35	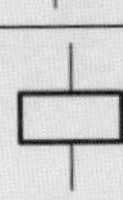	继电器、接触器等的线圈一般符号	矩形、直线
36	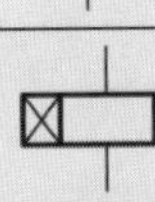	缓吸线圈（带时限的电磁电器线圈）	
37	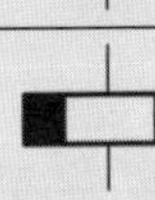	缓放线圈（带时限的电磁电器线圈）	直线、矩形 图案填充
38		热继电器的驱动器件	直线、矩形
39	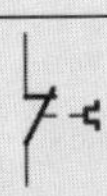	热继电器的触点	直线
40		熔断器的一般符号	直线、矩形
41		熔断器式开关	直线、矩形 旋转

续表

序号	图形符号	说　明	画法使用命令
42		熔断器式隔离开关	
43		跌开式熔断器	直线、矩形 旋转、圆
44	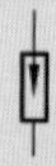	避雷器	矩形 图案填充
45		避雷针	圆、图案填充
46		电机的一般符号： C——同步变流机； G——发电机； GS——同步发电机； M——电动机； MG——能作为发电机或电动机使用的电机； MS——同步电动机； SM——伺服电机； TG——测速发电机； TM——力矩电动机； IS——感应同步器	直线
47		交流电动机	圆、多行文字 A
48	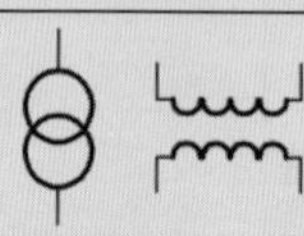	双绕组变压器、电压互感器	直线、圆、复制、修剪
49	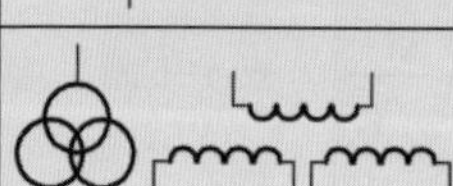	三绕组变压器	
50	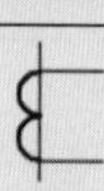	电流互感器	
51		电抗器、扼流圈	直线、圆、修剪
52		自耦变压器	直线、圆、圆弧
53	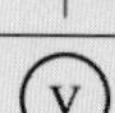	电压表	圆、多行文字 A
54	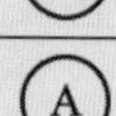	电流表	
55	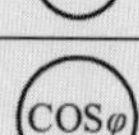	功率因数表	

续表

序号	图形符号	说明	画法使用命令
56		电度表	矩形、多行文字
57		钟	圆、直线、修剪
58		电铃	
59		电喇叭	矩形、直线
60		蜂鸣器	圆、直线、修剪
61	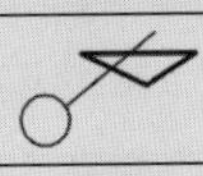	调光器	圆、直线
62	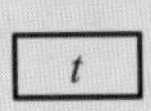	限时装置	矩形 多行文字
63	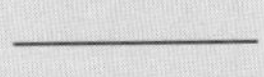	导线、导线组、电线、电缆、电路、传输通路等线路母线一般符号	直线
64		中性线	圆、直线、图案填充
65	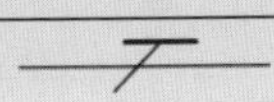	保护线	直线
66		灯的一般符号	直线、圆
67	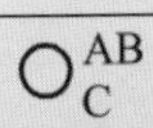	电杆的一般符号	圆、多行文字
68		端子板	矩形、多行文字
69	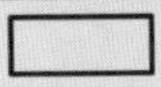	屏、台、箱、柜的一般符号	矩形
70		动力或动力—照明配电箱	矩形、图案填充
71		单项插座	圆、直线、修剪
72		密闭（防水）	
73		防爆	圆、直线、修剪、图案填充
74	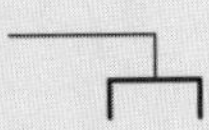	电信插座的一般符号（可用文字和符号加以区别）: TP——电话； TX——电传； TV——电视； *——扬声器； M——传声器； FM——调频	直线、修剪

续表

序号	图形符号	说明	画法使用命令
75	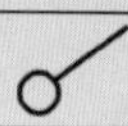	开关的一般符号	圆、直线
76		钥匙开关	矩形、圆、直线
77		定时开关	
78		阀的一般符号	直线
79		电磁制动器	矩形、直线
80		按钮的一般符号	圆
81		按钮盒	矩形、圆
82		电话机的一般符号	矩形、圆、修剪
83		传声器的一般符号	圆、直线
84		扬声器的一般符号	矩形、直线
85		天线的一般符号	直线
86		放大器的一符号 中断器的一般符号，三角形指传输方向	正三角形、直线
87		分线盒一般符号	圆、修剪、直线
88		室内分线盒	
89		室外分线盒	
90		变电所	圆
91		杆式变电所	
92		室外箱式变电所	直线、矩形、图案填充
93		自耦变压器式启动器	矩形、圆、直线
94		真空二极管	圆、直线
95	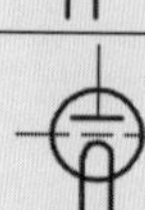	真空三极管	
96	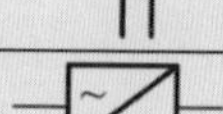	整流器框形符号	矩形、直线

2. 常用设备用图形符号

电气设备用图形符号分为 6 个部分：通用符号，广播、电视及音响设备符号，通信、测量、定位符号，医用设备符号，电话教育设备符号，家用电器及其他符号，见表 4.5。

表 4.5　常用设备用图形符号

序号	名称	符号	应用范围
1	直流电	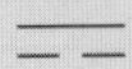	适用于直流电设备的铭牌上，以及用来表示直流电的端子
2	交流电	∽	适用于交流电设备的铭牌上，以及用来表示交流电的端子
3	正极	+	表示使用或产生直流电设备的正端
4	负极	−	表示使用或产生直流电设备的负端
5	电池检测	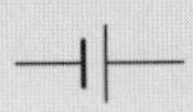	表示电池测试按钮和表明电池情况的灯或仪表
6	电池定位	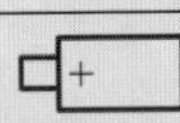	表示电池盒本身及电池的极性和位置
7	整流器	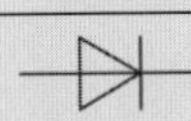	表示整流设备及其有关接线端和控制装置
8	变压器		表示电气设备可通过变压器与电力线连接的开关、控制器、连接器或端子，也可用于变压器包封或外壳上
9	熔断器		表示熔断器盒及其位置
10	测试电压	☆	表示该设备能承受 500 V 的测试电压
11	危险电压		表示危险电压引起的危险
12	接地		表示接地端子
13	保护接地		表示在发生故障时，防止电击的与外保护导线相连接的端子或与保护接地相连接的端子
14	接机壳、接机架	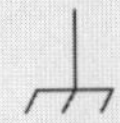	表示连接机壳、机架的端子
15	输入	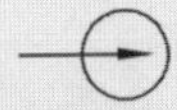	表示输入端
16	输出	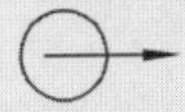	表示输出端
17	过载保护装置		表示一个设备装有过载保护装置
18	通	|	表示已接通电源，必须标在开关的位置
19	断	○	表示已与电源断开，必须标在开关的位置

续表

序号	名称	符号	应用范围
20	可变性 （可调性）	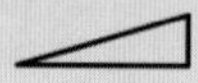	表示量的被控方式，被控量随图形的宽度而增加
21	调到最小		表示量值调到最小值的控制
22	调到最大	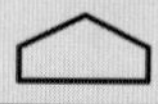	表示量值调到最大值的控制
23	灯、照明设备		表示控制照明光源的开关

4.4 任务实施及考核

1. 任务实施

（1）任务实施目的。

认识供电系统图纸要素，如图框、标题栏、比例、典型图例。

（2）任务实施准备工作。

熟悉供电系统图纸和图例。

（3）任务实施场地器材。

供电系统图纸，安装有 AutoCAD 软件的计算机。

（4）任务实施步骤。

① 理论学习。完成本任务相关理论的学习。

② 拓展学习。完成本任务拓展资料的学习

③ 图例认知。在掌握相关理论的学习的基础上，结合相关图纸进行图例识别。

④ 完成考核。

（5）注意事项。

供电系统图例涉及诸多内容，识图要点内容较多，限于篇幅，很多相关理论并没有详细展开讲解。任务实施时，不但要根据书本内容进行基础学习，更需要自主学习拓展，才能对供电系统图例形成较完整的整体认知。

2. 考核表

序号	考核内容	考核标准	标准	得分
1	供电图识读	能准确指出供电图纸各部分信息	30 分（能说出全部/4/2/1/0 个以上，得 30/20/10/5/0 分）	
2	供电图图例识读	能准确识读图例的各部件	70 分（能说出 15/10/5/1/0 个以上，得 70/50/40/20/0 分）	
总分			100 分	

任务 5 牵引变电所主接线图识图

任务 5 数字资源

5.1 任务描述

本任务主要介绍牵引变电所主接线图，通过完成本任务，掌握主接线图中电气设备初步认识和识别，为后续任务的执行奠定基础。

5.2 任务资讯

1. 主接线的定义

牵引变电所（包括开闭所、分区亭、AT 所等）的设备可分为一次设备和二次设备，一次设备是变电所的主体，也称为高压电气设备，它包括各种电压等级的开关、变压器、互感器、母线和电缆、电抗器等。将这些设备按照一定的关系连接起来，组成一次接线，即牵引变电所的主接线。

用规定的设备文字符号和图形符号以及连线表示，根据它们的作用和运行操作次序，按一定要求连接的单相或三相接线图，称为电气主接线图。

电气主接线图上标明了各主要设备的规格、数量，反映各高压设备的连接方式和各电气回路间的相互关系，从而反映了牵引变电所的基本结构和功能，是供变电工程设计、施工、运行操作和维护的基本依据。

电气主接线图表明与高压电网连接方式、电能输送和分配的关系以及变电所一次设备的运行方式，是供变电工程控制系统设计的重要依据，也是值班人员进行各种电路切换操作及维护的依据。电气主接线的确定对变电所电气设备选择、配电装置布置、继电保护配置和计算、自动装置和控制方式选择等都有重大影响。

牵引变电所主接线应根据电网的结构、变电所在电网中的地位及其作用、牵引负荷状况及对供电可靠性的要求、牵引变压器的类型、馈线回路数的多少因素进行选择。

2. 牵引变电所主接图

图 5.1 所示为 × × 线复线 BT 供电区段三相牵引变电所的主接线。110 kV 侧采用线路分支接线。进线侧采用 $Y^N/Y^N/\triangle$ 接线的电压互感器（1YH、2YH）两组，并且并有单相避雷器保护 1、2BL；其他由母线串连接起来的进线电动隔离开关（1014、1024）；再有跨条隔离开关（1001 电动、1002 手动隔离开关）将两路进行电源进行连通，方便切换使用；再分别通过手动隔离开关（1013、1023）向两路系统分别供电；由电流互感器（1LH、2LH）进行测量和保护用，再到主变侧（六氟化硫）断路器（101、102）每路都接变电所一台 YN，d11 接线的三相双绕组变压器（1B、2B），固定备用。分别由主变二次侧 a、β、N 进行分段并且带-旁路母线供电。

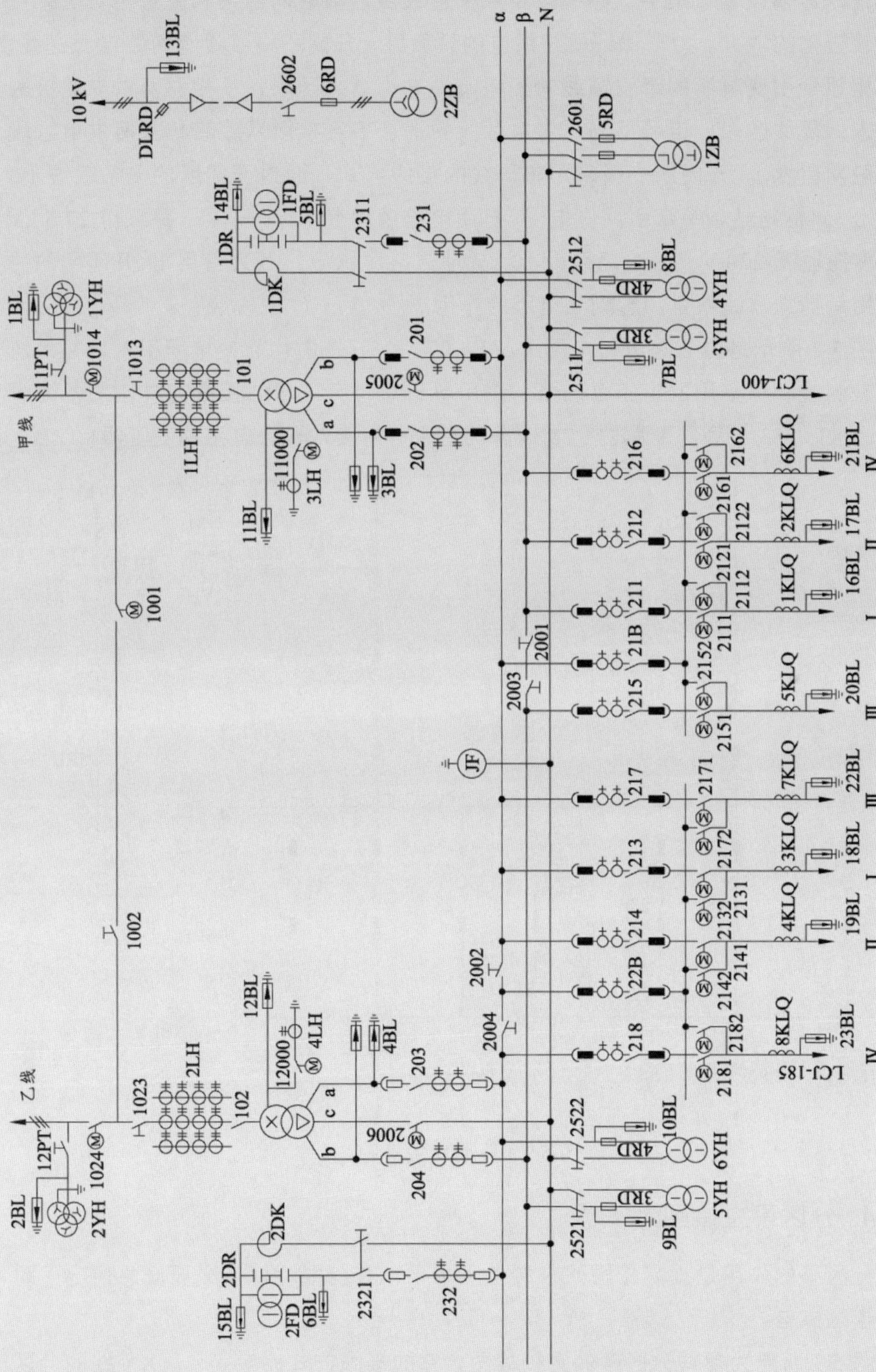

图 5.1 牵引变电所主接线图

3. 开闭所主接图

开闭所一般设置在电气化铁路的枢纽地区、客运站、编组站和电力机车机务段等铁路运输设备较集中、站线较长且股道较多，接触网结构和配置相对复杂作业比较繁忙的地方。为了保证枢纽供电的可靠性，开闭所一般设有两路电源进线，由两相邻牵引变电所的牵引馈线向开闭所供电（单线区段，从相邻两供电的接触网引入；复线区段，电源从同一供电区段的上、下行接触网或者相邻两供电区段的接触网引入）。开闭所一般采用单母线的接线方式，通过开闭所的多条馈线（3路以上）向枢纽站场等牵引网供电。其自用电电源同变电所一样（一路采用 27.5 kV 单相变压器变 220 V；另一路采用 10 kV 地方电源供电；互为备用）。开闭所的另一作用是扩大馈线数目，起到变电所的作用。

图 5.2 所示是由 2 路进行电源（271、272），它是由相邻变电所引入，并且两路都有测量和保护用的电压互感器，采用单母线带旁路母线接线方式，三条馈线（281、282、283），旁路断路器（28B）作为备用，并接入一台自用的变压器（1ZB）。

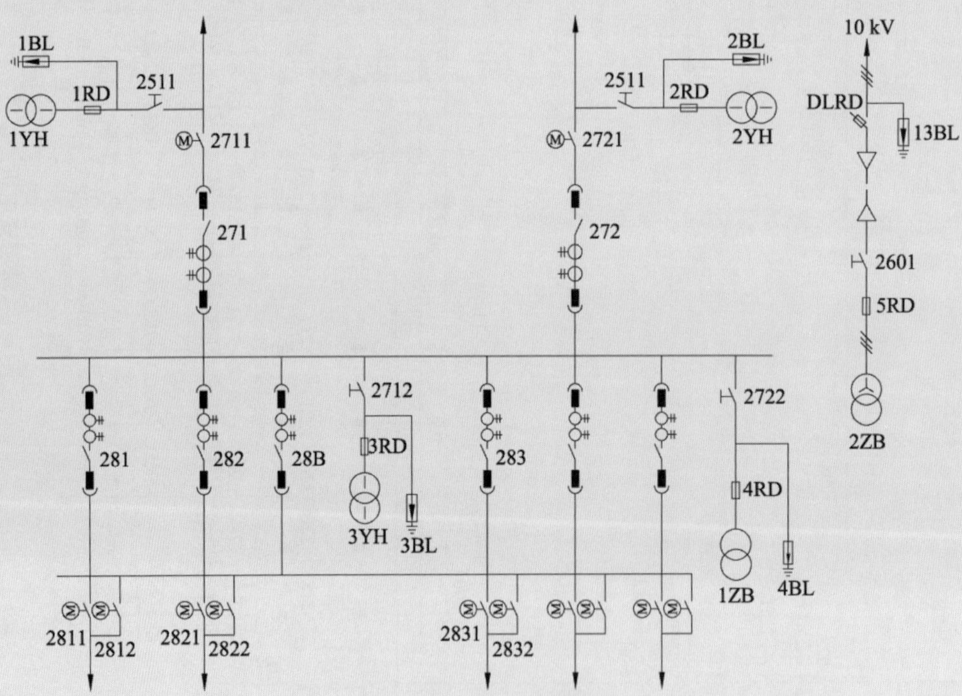

图 5.2　开闭所主接图

4. 分区亭主接图

分区亭的作用是提高接触网末端电压水平、减少能耗以及必要应急情况下时实现越区供电。

图 5.3 所示为复线分区亭的主接线图，它的接线方式比较简单。XX 线的分区亭区段采用上、下行接触网并联方式供电。正常运行时，分区亭的断路器[QF]（271、272）和隔离开关[QS]（2711、2712、2721、2722）闭合，负荷开关[QS]（2701、

2702）断开，以此来改善供电质量。需要时合上负荷开关[QS]（2701、2702）断开断路器[QF]（271、272）实行越区供电。

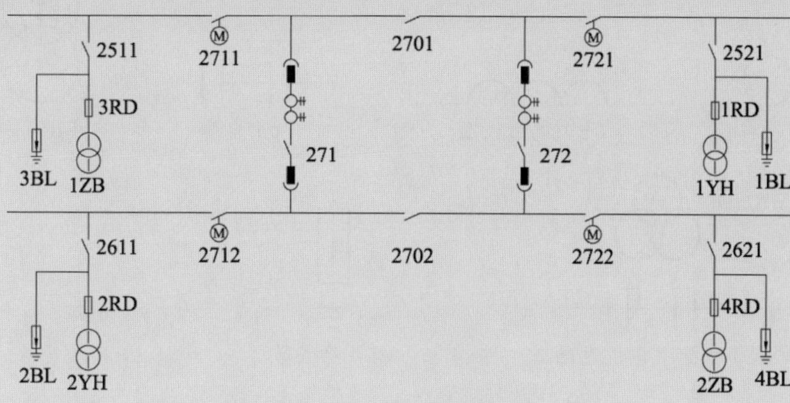

图 5.3　分区亭主接图

5.3　作业指导

用 AutoCAD 绘制主接线图。

（1）新建 AutoCAD 文档，命名为“电气主接线图.dwg”。

（2）图纸布局。

① 设置图形界限（注意：此步不设置也可以进行绘图）。

提示：“格式”→“图形界限”，左上角点为（0，0），右上角点为（450，400）。

② 设置图层。

新建 4 个图层，分别是定位线、电气符号、母线、标注线层，如图 5.4 所示。

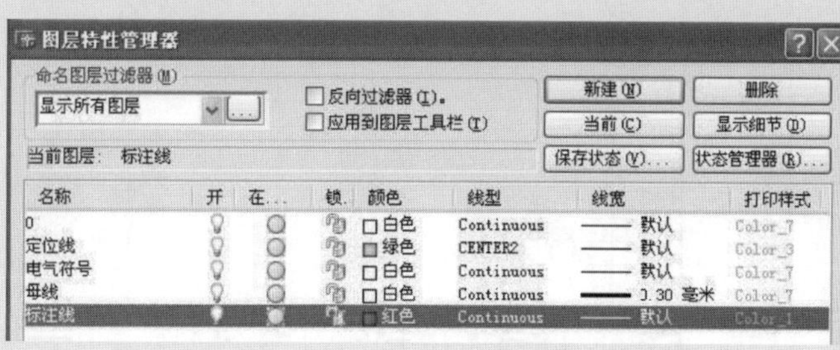

图 5.4　设置图层

（3）绘制电气符号。

① 将电气符号层至于当前，绘制如图 5.5 所示的电气符号。

图 5.5　电气符号

② 将电气符号转换成块，如图 5.6 所示。

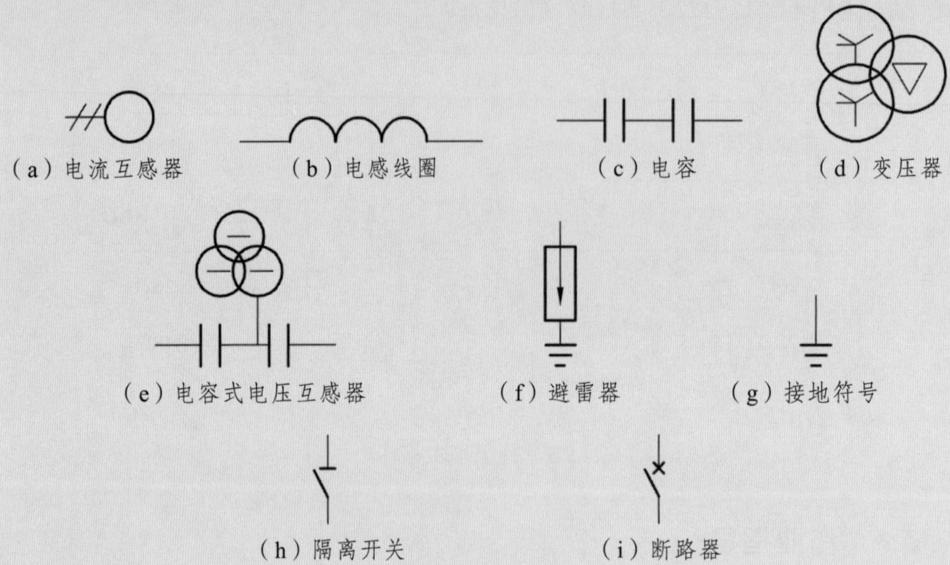

图 5.6 图块

最终图形如图 5.7 所示。

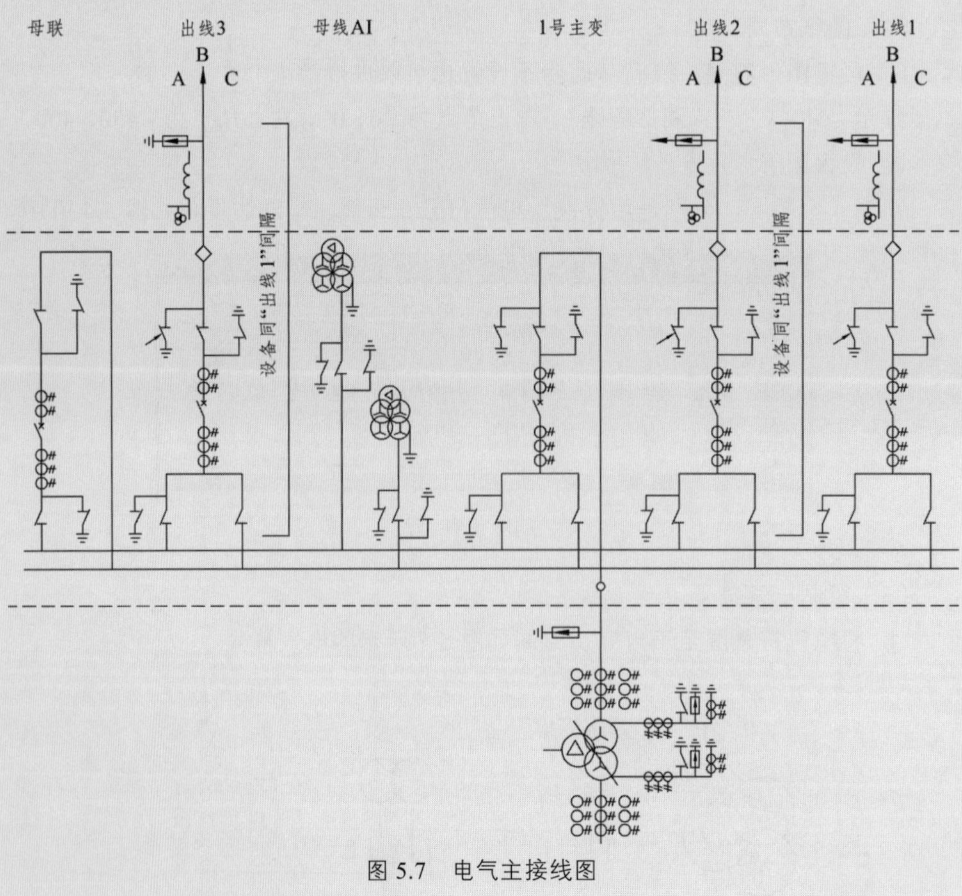

图 5.7 电气主接线图

局部放大如图 5.8 所示。

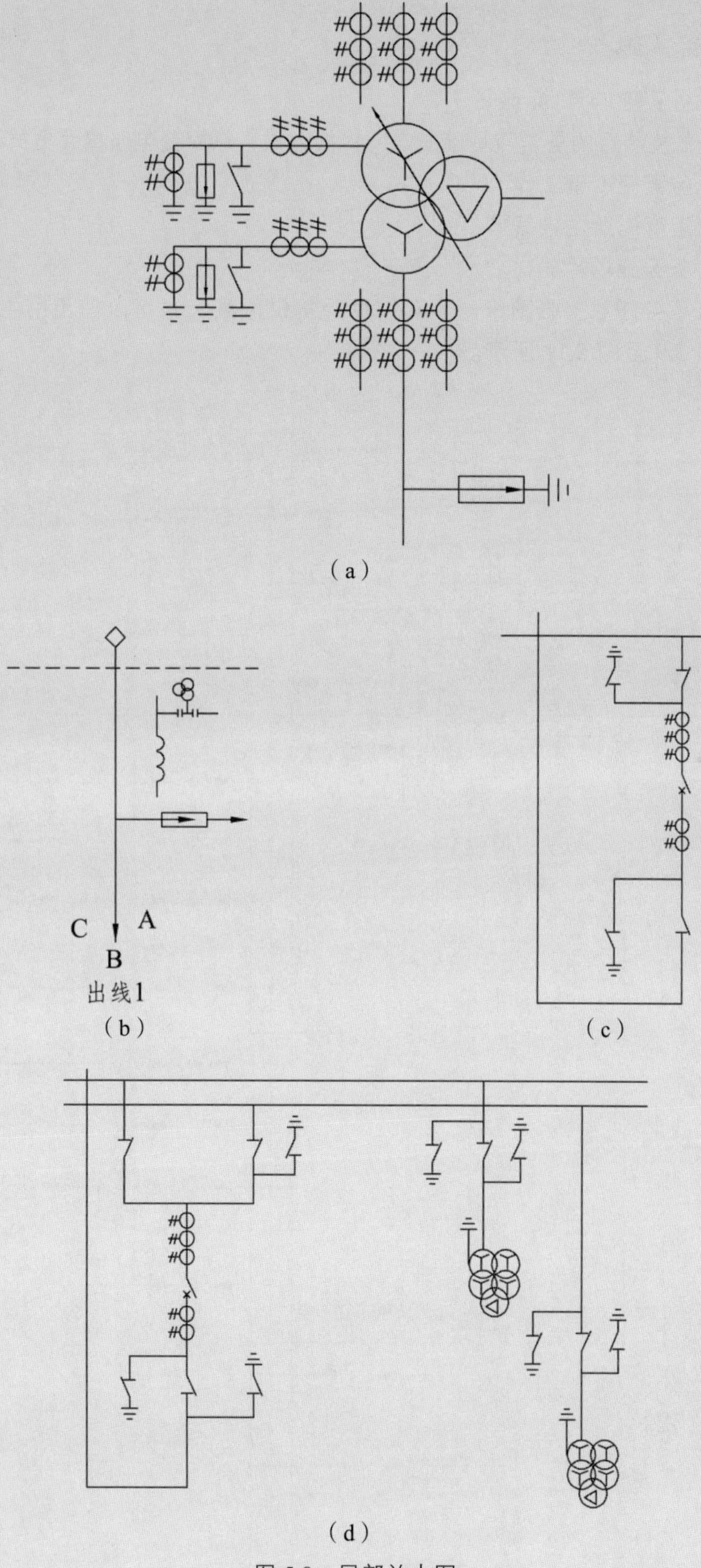

图 5.8　局部放大图

5.4 任务实施及考核

1. 任务实施

（1）任务实施的目的。

本任务的主要目的是学习基础变电所接线方式，掌握变电所接线方式基本识图。

（2）任务实施准备工作。

提供指定变电所主接线图。

（3）任务实施场地器材。

变电所亭各任意一张图纸。也可以另外提供图纸，也可以使用书中图纸进行考核，如图 5.9 至图 5.11 所示。

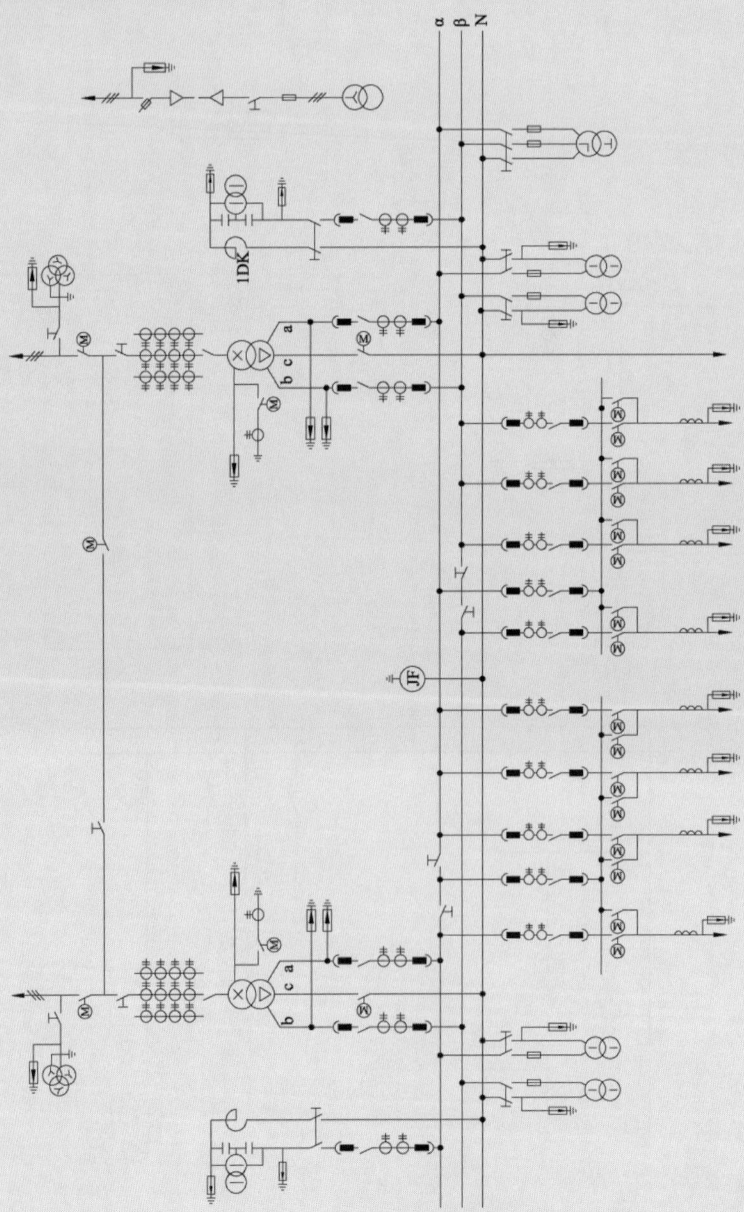

图 5.9 变电所主接图

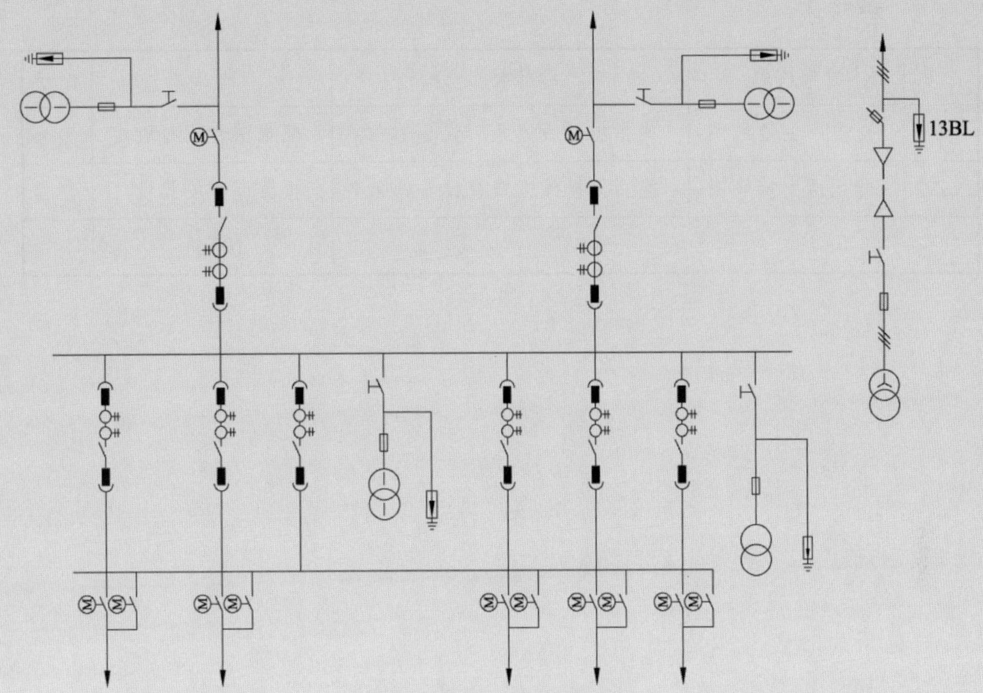

图 5.10　开闭所主接图

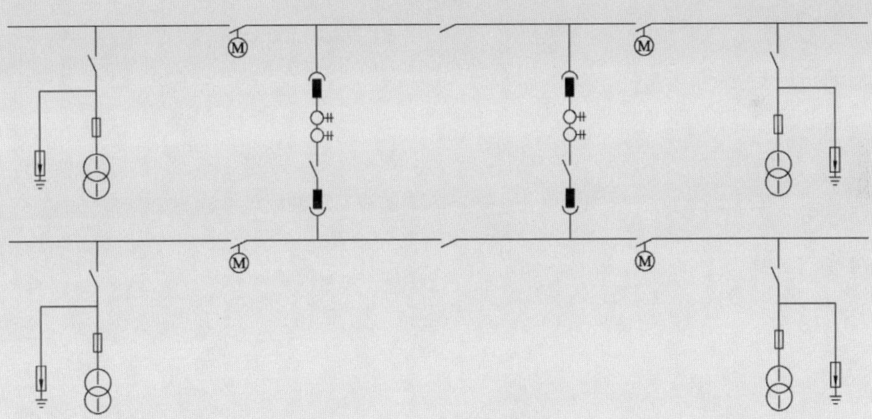

图 5.11　分区亭主接图

（4）任务实施步骤。

① 理论学习。完成本任务相关理论的学习。

② 拓展学习。完成本任务拓展资料的学习。

③ 实物认知。在掌握相关理论的学习的基础上，结合案例图与实物的变电所亭综合指认。

④ 完成考核。

（5）注意事项。

变电所亭设计和识图要点内容较多，受本书篇幅限制，很多相关理论并没有详细展开讲解，任务实施时要根据书本内容进行基础学习，更需要自主学习拓展资料，才能对变电所亭主接线图方式形成较完整的整体认知。

2. 考核表

序号	考核内容	考核标准	标准	得分
1	变电所主接线图	能指出接线方式、设备的位置	根据课堂安排设定	
2	开闭所主接线图	能指出接线方式、设备的位置	根据课堂安排设定	
总分			100 分	

任务 6 牵引变电所主接线的图标和设备实物认识

任务 6 数字资源

6.1 任务描述

本任务主要介绍电气标准符号和规格与主接线图，通过完成本任务，熟练掌握图例符号在主接线图中的运用，认识各图例符号代表的设备实物和其作用，为系统认知变电图纸奠定基础。

6.2 任务资讯

1. 主变系统接线图与设备

我国牵引变电所一次侧电压等级常用的是 110 kV（见图 6.1 至图 6.3）和 220 kV，根据牵引变电所在电网中的位置、重要程度和从电力系统取得电源方式不同，馈线回路数的多少因素进行选择。

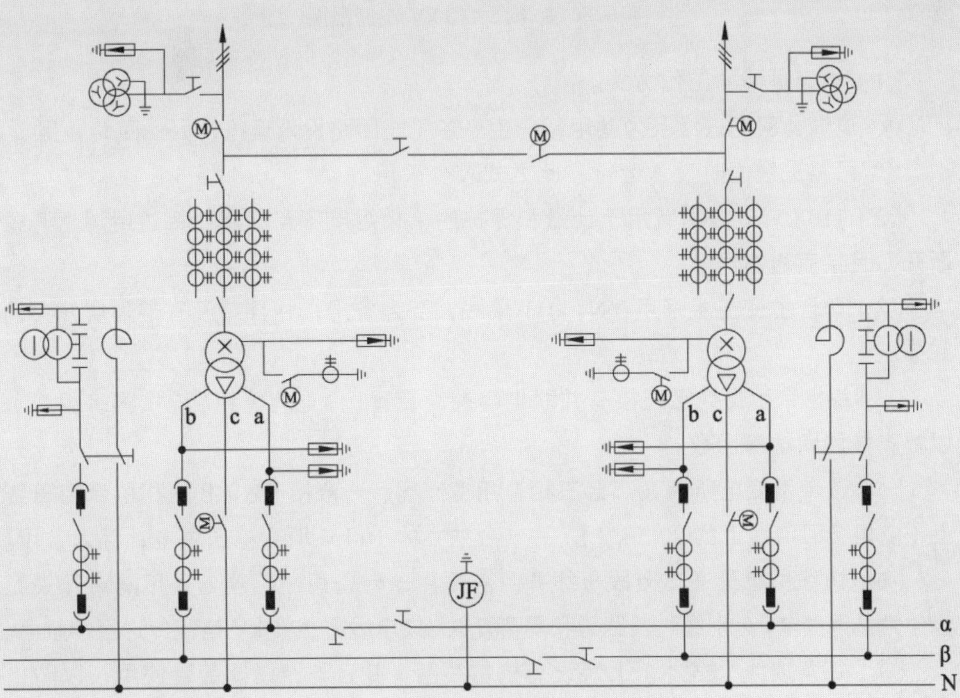

图 6.1 变电所 110 kV 侧接线图

图 6.2　变电所 110 kV 侧俯视图

图 6.3　变电所 110 kV 左侧视图

（1）电源进线的工作方式。

① 电源两回路进线互为备用，一主一备（一回路投入运行，另一回路备用）。

② 两路进线同时投入运行，此方式较少采用。

（2）110 kV 进线侧有用于计量和保护的单相组电压互感器；每边用隔离开关断开，且接有避雷器。

（3）两台主变压器采用 YN，d11 接线，互为备用，并且装设有带隔离开关的跨条。

（4）每相牵引母线上还接有并联电容补偿装置（由电容器组、电抗器等组成），以提高接触网功率因数。

（5）该牵引变电所装设二台三相自用变压器，一台接于α，β 两相的牵引母线上（C 相接回流线上的 27.5 kV），另一台独立的 10 kV 地方电源供电，互为备用。

（6）馈线供电是通过分段母线并且各采用一台备用断路器与备用隔离开关配合作为备用供电，分别经过断路器和隔离开关、馈电线将 27.5 kV 电压传送至接触网。

（7）每条馈线（室外）上装设有抗雷线圈，并且与避雷器配合使用，以防止接触网遭雷击时，雷电波袭击牵引变电所的设备。

2. 母线（WL）

母线是指在变电所中各级电压配电设备之间相互连接，以及变压器等电气设备相互连接（将变压器、互感器、隔离开关等电气装置连接）的导线，大都采用矩形或者圆形截面的裸导线或者绞线，如图 6.4 和图 6.5 所示。

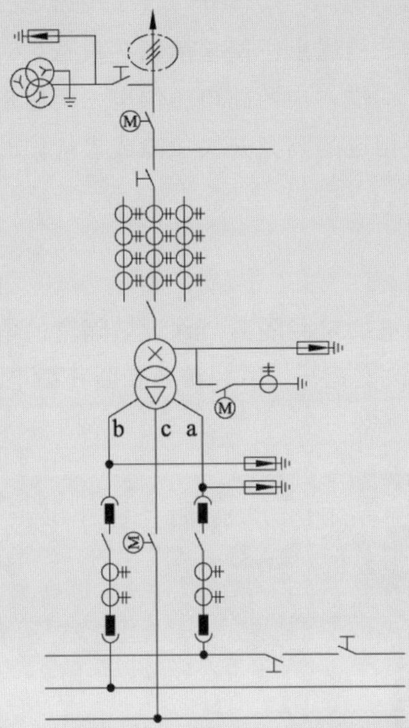

（a）

（b）电气符号

WL

（c）文字符号

图 6.4　牵引变电所进线（母线）符号

图 6.5　牵引变电所母线进线实物

（1）母线的作用：汇集、分配和传送电能，包括一次设备部分的主母线与设备连接线、所内的交流母线、直流系统的直流母线、二次部分的小母线。

（2）母线的分类。

① 按材料分类：铜母线、铝母线、钢母线。

② 按截面积分类：矩形、圆形、槽形、管形、绞线圆形软母线。

常用单母线分段接线供电方式的优点：简单清晰、设备少、投资少、运行操作方便，可以提高可靠性与其灵活性，由两路电源供电，两组母线可以并列或者分列运行。缺点：母线或者母线相连的隔离开关故障或者检修时，必须断开上级电源的电气设备。

3. 隔离开关（QS）

隔离开关能将电气设备与带电的电网隔离，保证被隔离的电气设备有明显的断开点，以便能安全运行检修，改变运行方式，接通和断开小电流电路，如图 6.6 所示。

图 6.6　隔离开关

（1）隔离开关的分类。

① 按绝缘支数的数目分：单柱式、双柱式、三柱式。

② 按刀闸的运行方式分：水平旋转式、垂直旋转式、摆动式、插入式。

③ 按照有无接地刀闸分：无接地刀闸、带接地刀闸。

④ 按照操作方式分：手动、电动。

⑤ 按照极数分：单极式、三极式。

⑥ 按照使用地点分：户外式、户内式。

⑦ 按照电压等级分：10 kV 隔离开关、35 kV 隔离开关、110 kV 隔离开关、220 kV 隔离开关。

（2）隔离开关的基本结构。

① 导电部分：传导电路中的电流，关合和开断电路，包括触头、闸刀、接线座。

② 绝缘部分：实现带电部分和接地部分的绝缘，包括支持绝缘子和操作绝缘子。

③ 传动机构：接受操动机构的力矩，将运动传动给触头，以完成隔离开关的分、合闸动作。

④ 操作机构：通过手动、电动、气动、液压向隔离开关的动作提供能源。

⑤ 支持底座：将导电部分、绝缘子、传动机构、操作机构等固定为一体，并使其固定在基础上。

（3）隔离开关在牵引变电所运用。

① 电动隔离开关。

图 6.7 至图 6.9 所示为牵引变电所进线所采用的隔离开关，用于隔离牵引变电所的上一级电源倒换变电所进线母线电源，方便变电所检修。常用的是 SBE1.5kV 型单柱单断口水平旋转式结构的电动隔离开关；它的操作机理是由电机旋转带动联动组件，驱动主轴旋转带动摇臂下拉绝缘拉杆，最后带动主闸刀分合。

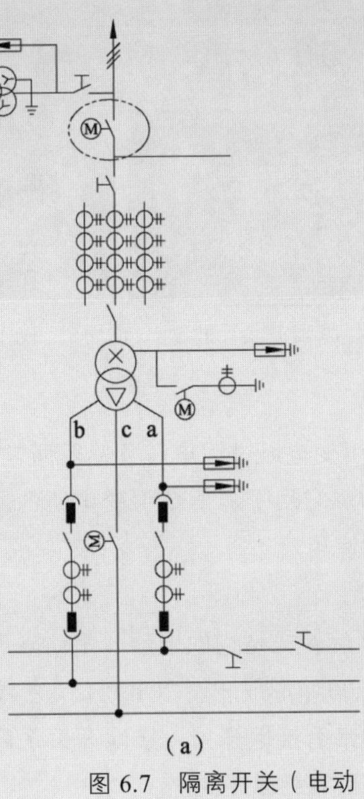

（a）

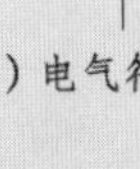

（b）电气符号

QS

（c）文字符号

图 6.7 隔离开关（电动）符号

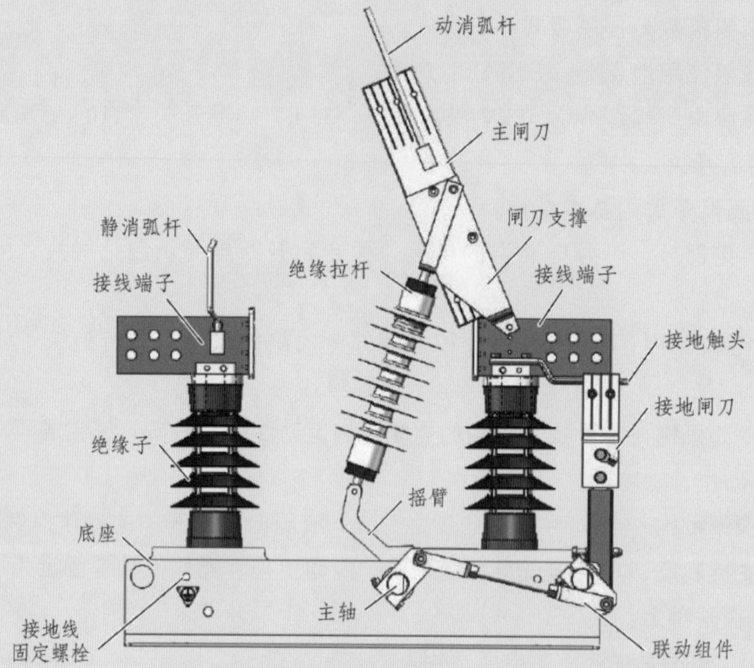

图 6.8 隔离开关（电动）结构

图 6.9 隔离开关（电动）实物

② 手动隔离开关。

图 6.10 至图 6.12 所示为牵引变电所进线电压互感器所常采用的 GW4-110 型双柱单断口水平旋转式结构手动。它用于隔离牵引变电所的上一级电源，方便变电所电压互感器故障或者检修时使用。

③ 共同特点。

GW4-110 型双柱单断口水平旋转式结构的电动、手动隔离开关，由每极两个绝缘支柱带着导电闸刀反向回转 90°，形成一个水平断口。它导电可靠、维修方便，触头元件用久后可更换新件。如带有接地开关，接地开关采用外合布置，确保合闸过程中接地刀对另一带电端的可靠绝缘距离。

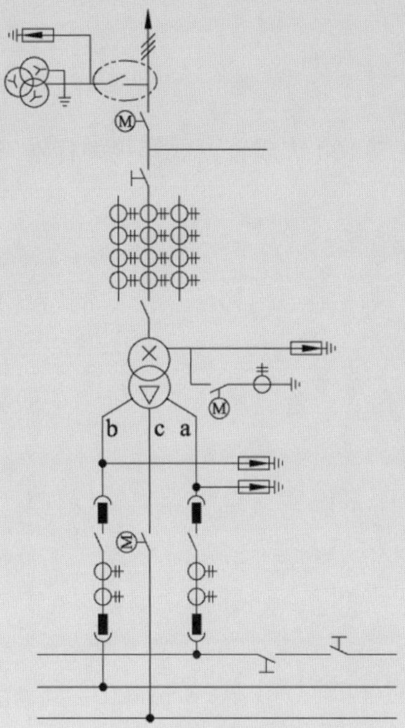

(a)

(b) 电气符号

QS

(c) 文字符号

图 6.10 隔离开关（手动）符号

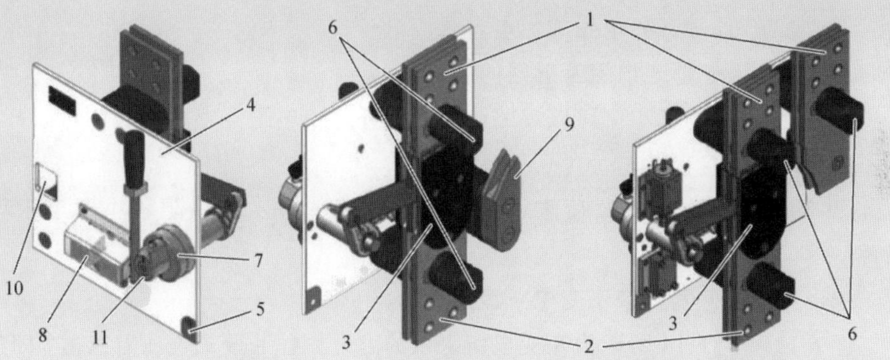

1—上部主连接排；2—下部连接排；3—动触头；4—前面板；5—接地端；6—固定螺纹状绝缘子；7—操作机构；8—辅助触头；9—接地主触头；10—动触头观察窗；11—位置指示器。

图 6.11 隔离开关（手动）结构

注：手动隔离开关的操作机理是通过把手操作机构（7）带动连杆，连杆带动动触头（3）将上下连接排连接或脱开。

图 6.12 隔离开关（手动）实物

4. 电压互感器（TV）

（1）电压互感器的作用。

① 把高电压按比例关系转换成 100 V 或者更低等级的标准二次电压，供保护、计量、仪表装置使用。

② 将高电压与工作人员隔离。

可以说，电压互感器是一个被限定结构和使用形式的特殊的变压器，简单地说就是“检测元件”。

变压：按一定比例把高电压变成适合应用的低电压（一般为 100 V），便于二次设备标准化。

隔离：将高电压系统与低电压系统实行电气隔离，以保证工作人员和二次设备的安全。

（2）电压互感器的分类。

① 按安装地点分：户内式、户外式。

② 按相数分：单相、三相。

③ 按绕组数目分：双绕组、三绕组。

④ 按绝缘方式分：干式、浇柱式、油浸式、充气式。

⑤ 按工作原理分：电磁式、电容式、电子式。

（3）电压互感器与电流互感器的区别。

① 电流互感器二次侧可以短路，但不得开路；电压互感器二次侧可以开路，但不得短路。

② 相对于二次侧的负荷来说，电压互感器的一次侧内阻较小以至于可以忽略。

（4）电压互感器在牵引变电所运用。

图 6.13 和图 6.14 所示为在变电所采用的室外支柱油浸式电压互感器，即兼顾测量和保护作用。它有两个绕组，一个叫一次绕组，一个叫二次绕组。两个绕组都装在铁心上，两个绕组与铁心之间都绝缘，使两个绕组之间以及铁心之间都有电气隔离。在运行时，一次绕组（匝数较多）并联接在线路上，二次绕组（匝数较少）并联仪表或者继电器。为了人身设备（二次侧）安全在电压互感器二次侧装设有熔断器。

注意：电压互感器副边不允许短路，由于电压互感器内阻抗很小，若二次回路短路，会出现很大的电流，将损坏二次设备甚至危及人身安全。

5. 避雷器（F）

避雷器通常与保护对象并连接于导线和大地间，保护电力系统中各种电气设备免受雷电过电压、操作过电压、工频暂态过电压冲击而损坏的一种电器。在正常工作电压时，它不动作，对地不通；在过电压时，避雷器立即作用，释放过电压电荷，将高压冲击电流泄入大地，如图 6.15 所示。

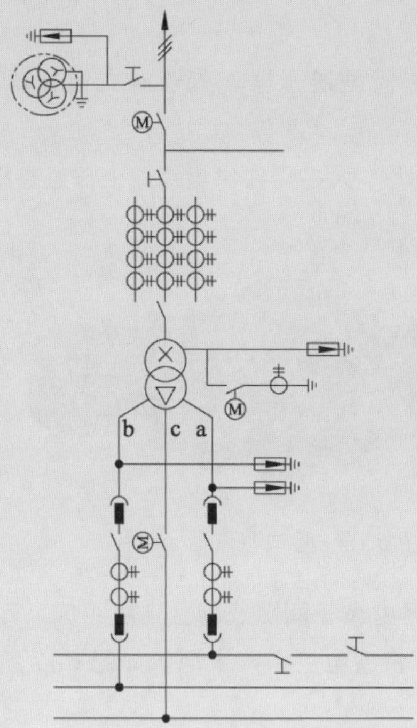

(a)

(b) 电气符号

TV

(c) 文字符号

图 6.13　电压互感器符号

图 6.14　电压互感器实物

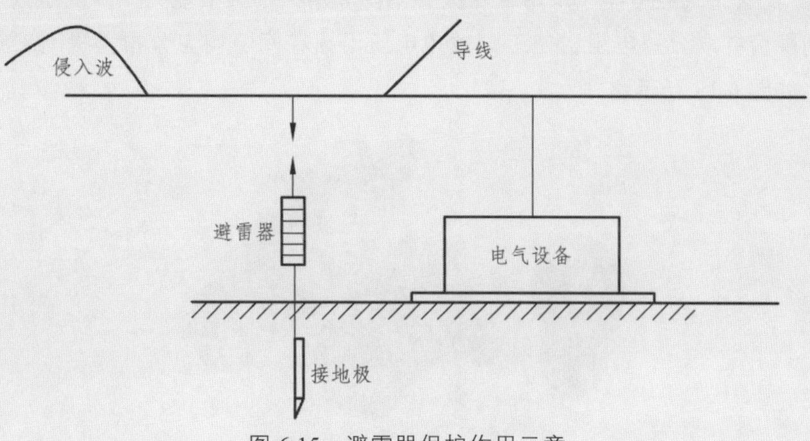

图 6.15　避雷器保护作用示意

（1）避雷器的分类。

避雷器可分为管式避雷器、阀型避雷器、瓷吹阀式避雷器、金属氧化物避雷器。

① 管式避雷器：为保护间隙型，大多用在供电线路上作避雷保护用，如图 6.16 所示。

图 6.16　管式避雷器

② 阀型避雷器：阀型避雷器由火花间隙及阀片电阻组成，有雷电过电压时火花间隙被击穿，阀片电阻下降，将雷电流引入大地，如图 6.17 所示。

（a）YH5WZ-51/134

（b）YH5WZ-17/50

图 6.17　阀型避雷器

③ 瓷吹阀式避雷器：采用瓷吹灭弧间隙，增大了灭弧能力，降低了残压，在火花间隙旁并联分路电阻，使工频放电电压沿火花间隙均匀分布，提高工频放电电压，如图 6.18 所示。

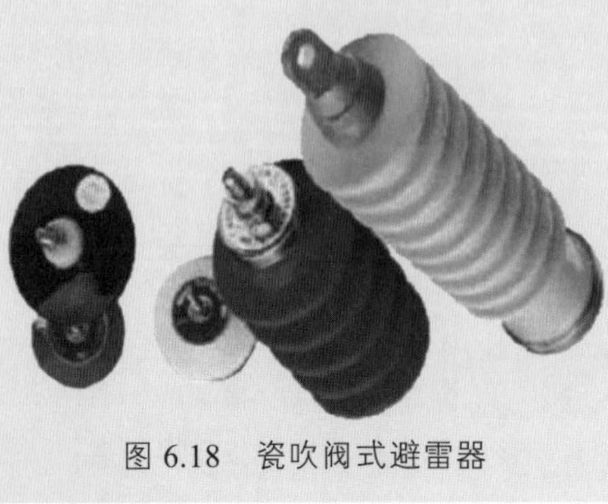

图 6.18　瓷吹阀式避雷器

④ 金属氧化物避雷器：此种避雷器性能优越、耐污秽、质量轻、阀片性能稳定，如图 6.19 所示。

图 6.19　金属氧化物避雷器

（2）避雷器在牵引变电所的运用。

在牵引变电所广泛采用金属氧化物避雷器，在正常工作时它与变电设备并联，上端接线路，下端接地，如图 6.20 和图 6.21 所示。当线路出现过电压时，此时的变配电设备将承受过电压通过避雷器、引线和接地装置时产生的三部分压降，称作残压。在这三部分过电压中，避雷器上的残压与自身性能有关，其残压值是一定的。接地装置上的残压可以通过接地引线接至变配电外壳，然后再和接地装置相连的方式加以消除。

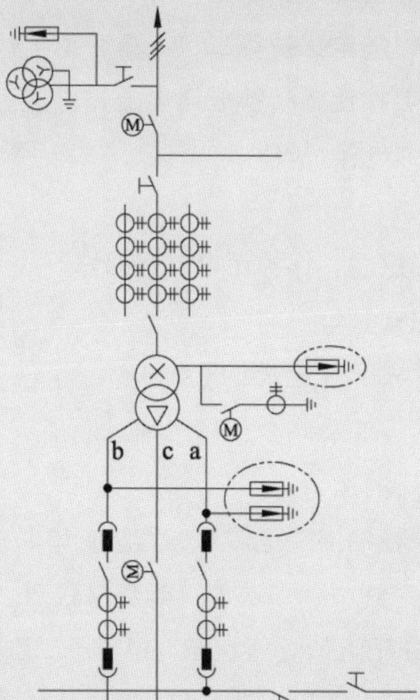

（a）

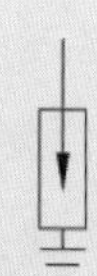

（b）电气符号

F

（c）文字符号

图 6.20　避雷器符号

图 6.21　避雷器实物

氧化锌阀片又称压敏电阻，有更加理想的非线性电阻特性。避雷器在正常的工作电压下，通过的阻性电流很小，一般为 10 ~ 15 μA，接近绝缘状态；当电压升高时，它的电阻很小，可以通过大电流，残压也很低，使设备得到保护，而过电压消失之后，它又恢复原状。

6. 电流互感器（TA）

（1）电流互感器的作用。

电流互感器起变流和电气隔离的作用。它按二次仪表测量需要将原始电流转换为比较统一的电流，避免直接测量线路的危险。电流互感器是升压（降流）变压器，它是电力系统中测量仪表、继电保护等二次设备获取电气一次回路电流信息的传感器，电流互感器将高电流按比例转换成低电流，电流互感器一次侧接在一次系统，二次侧接测量仪表、继电保护等。

（2）电流互感器的分类。

① 按用途分：测量用电流互感器、保护用电流互感器。

② 按原理分：电子式、电磁式。

③ 按安装分：贯穿式、支柱式、套管式、母线式。

④ 按介质分：干式、浇注式、油浸式、气体绝缘式。

（3）电流互感器在牵引变电所的运用。

图 6.22 和 6.23 所示为室外支柱油浸式电流互感器。它串联在线路中，兼顾测量和保护作用。一次侧接在一次系统中，二次侧接到测量仪表、继电器保护上。正常工作时，电流互感器二次侧处于近似短路状态，相当于二次侧短路的变压器。为了便于二次仪表测量需要，将一次侧电流转换为比较统一的电流（我国规定电流互感器的二次额定为 5 A 或者 1 A）。另还可以跟继电器配合使用，向继电器提供信号切断故障电路，以保护供电系统的安全。

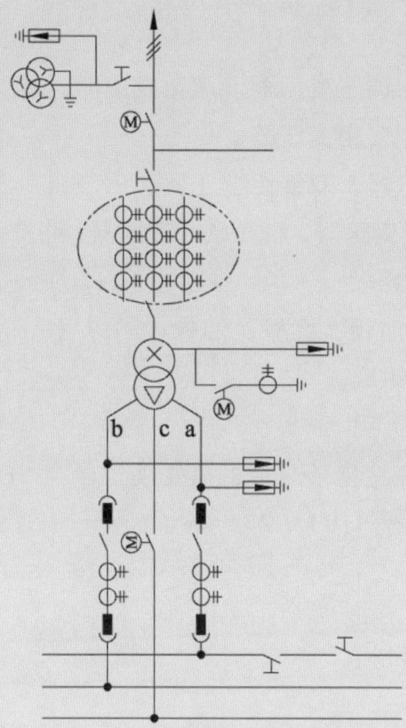

（a）

（b）电气符号

TA

（c）文字符号

图 6.22　电流互感器符号

图 6.23　电流互感器实物

注意：电流互感器二次侧绝对不允许开路。因为开路时，一次侧电流全部成为磁力电流，使二次侧电压升高，一旦触及会造成触电事故，所以二次侧都备有短路开关，防止二次侧开路。

7. 变压器（TM）

变压器是利用电磁感应原理，从一个电路向另一个电路传递电能或传输信号的一种电器，是电能传递或信号传输的重要元件。它的功能主要有电压变换、电流变换、阻抗变换、隔离。在牵引变压器是牵引变电所最主要的设备之一，其作用是将电压从高压变为低压，把发电厂输送的 110 kV 高压通过降压线圈变为适合电力机车运行的 27.5 kV 电压。

（1）变压器的分类。

① 按用途分：电力变压器、调压变压器、测量变压器、特殊变压器。

② 按相数分：单相变压器、三相变压器。

③ 按绕组数目分：自耦变压器、双绕组变压器、三绕组变压器。

④ 按冷却方式分：油浸自冷变压器、油浸风冷变压器、油浸强油风冷变压器。

（2）变压器的主要组成部分。

变压器主要由铁心、线圈、油箱、套管、油枕、防爆管、净油器、散热器、呼吸器、温度计、瓦斯继电器等组成。

（3）变压器在牵引变电所的运用。

如图 6.24 和图 6.25 所示，在变电所采用的是主变型号为 SF-QY-40000/110，容量为 40 000 kV·A，额定电压是 110 kV/27.5 kV。

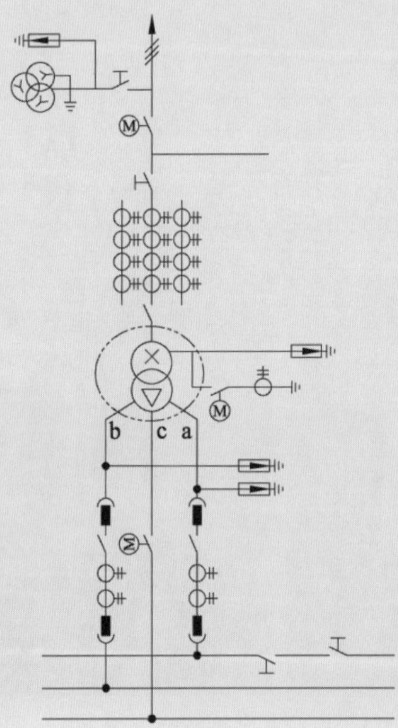

（a）

（b）电气符号

TM

（c）文字符号

图 6.24　变压器符号

图 6.25　变压器实物

优点：牵引变电所低压侧保持三相，有利于供应牵引变电所自用电和地区三相电力，在两台牵引变压器并列运行情况下，当一台停电时，供电不会中断，运行可靠方便。三相 YN，d11 双绕组变压器在我国采用的时间比较长，有比较多的经验，制造相对简单，价格便宜。对接触网的供电可实现两边供电。

缺点：牵引变压器容量不能得到充分利用，与采用单相接线牵引变压器的牵引变电所相比，工程投资较多，维护检修工作量及相应的费用也有所增加。

8. 断路器（QF）

（1）作用、原理及其分类。

① 控制和保护高压电气设备。控制是在正常运行时用它接通或者切断空载电流和负荷电流；保护是在电气设备或者线路发生短路故障时，和继电保护装置配合，迅速切断故障电流，以防止扩大事故范围。

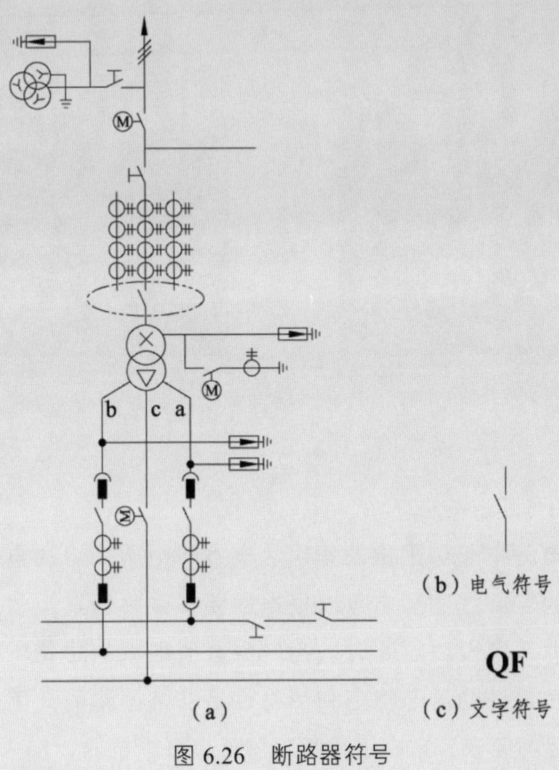

图 6.26　断路器符号

② 按安装地点分：户外和户内。

③ 按灭弧介质分：油断路器、空气断路器、六氟化硫断路器、真空断路器。

（2）断路器在牵引变电所的运用。

图 6.26 和图 6.27 所示为户外六氟化硫断路器，它是以压缩气体作为绝缘和灭弧介质的断路器。其各有 2 个垂直瓷瓶单元，每个单元有 1 个气吹式灭弧室、弹簧操作机构及单箱控制设备，每个灭弧室通过与 3 个灭弧室共连的管子填充 SF_6

气体。它是气体断路器的代表，绝缘性能非常好，与它充填的 SF_6 压力存在一定的关系，在标准大气压下其放电电压为空气的 2.5 ~ 3 倍，当 SF_6 压力达到 3 个标准大气压时，其工频绝缘强度相当于变压器油。在常温下，SF_6 气体的稳定性好，高温下，SF_6 分解为硫原子和氟原子，硫原子进一步电离为正离子，从硫原子分离出来的自由电子容易被氟原子俘获成为负离子。在电弧电流过零时，弧隙中残留的电子容易被 SF_6 吸附成为负离子，由于 SF_6 质量大，运动速度低，从而具有较高的绝缘恢复速度，结构简单。在铁路大多数牵引变电所采用这种断路器。

存在的问题：SF_6 气体在均压电场中绝缘性能优异，但在非均匀的电场下，绝缘性能大幅下降；在压力不足情况下，机械操作比较费力。

图 6.27　断路器实物

9. 电抗器（L）

（1）电抗器的作用。

电抗器能在电路中起到阻抗的作用。电力网中所采用的电抗器，实质上是一个无导磁材料的空心线圈。它可以根据需要布置为垂直、水平和品字形 3 种装配形式。在电力系统发生短路时，会产生数值很大的短路电流，如果不加以限制，要保持电气设备的动态稳定和热稳定是非常困难的。因此，为了满足某些断路器遮断容量的要求，常在出线断路器处串联电抗器，增大短路阻抗，限制短路电流。

（2）电抗器在牵引变电所运用。

图 6.28 和图 6.29 所示为干式空心电抗器，这种电抗器其实就是一个多间隙线圈有三个抽头，可得到三个电抗值的电感线圈（线圈用一种树脂喷涂处理）。

电抗器的作用：削弱线路的电容效应，降低工频暂态过电压，进而限制操作过电压的幅值；改善沿线电压分布，提高负载线路中的母线电压，增加系统的稳定性及输电能力；改善轻负载线路中的无功分布，降低有功损耗。

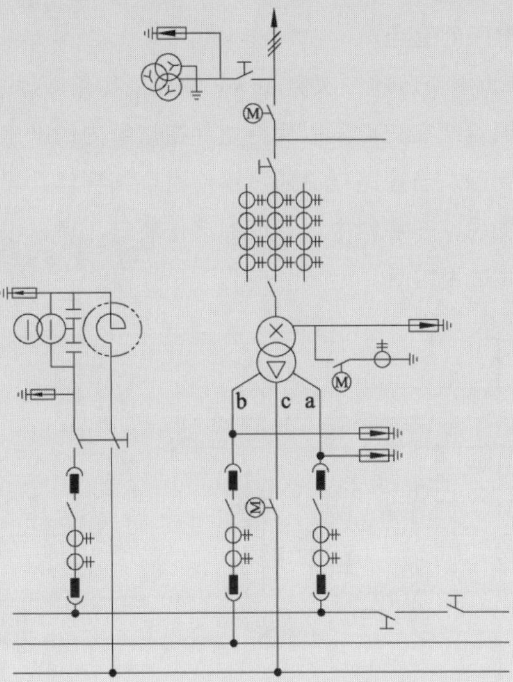

(a)

(b) 电气符号

L

(c) 文字符号

图 6.28　电抗器符号

图 6.29　电抗器实物

10. 熔断器（FU）

熔断器是一种简单的保护电器，并兼有开关的作用，常和被保护的电气设备串接于电路中。

（1）熔断器的作用。

熔断器是一种过电流保护电器。熔断器主要由熔体和熔管两个部分及外加填料等组成。使用时，将熔断器串联于被保护电路中，当被保护电路的电流超过规定值，并经过一定时间后，由熔体自身产生的热量熔断熔体，使电路断开，起到保护的作用。熔断器广泛应用于低压配电系统、控制系统及用电设备中，作为短路和过电流保护，是应用最普遍的保护器件之一。

（2）熔断器在牵引变电所的运用。

图 6.30 和图 6.31 所示为主变压器二次侧 35 kV 室内高压熔断器（RN2 型）。它采用一根或者几根镀银铜丝绕在瓷心里以保持熔件在熔管内的准确位置，并且在内部充满洁净干燥的石英砂。当短路电流通过熔件时，细铜丝几乎立即沿全长熔化，电弧燃烧在熔件蒸发后，在填料中间形成的熔件断口。可以根据电压互感器电压表的显示来判断熔件是否熔断。

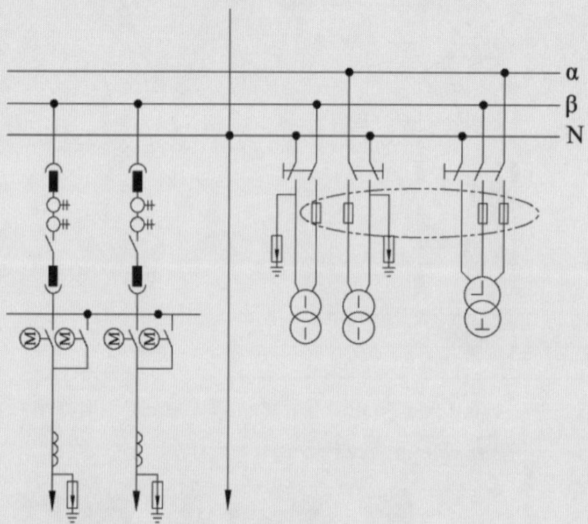

（a）

（b）电气符号

FU

（c）文字符号

图 6.30　熔断器符号

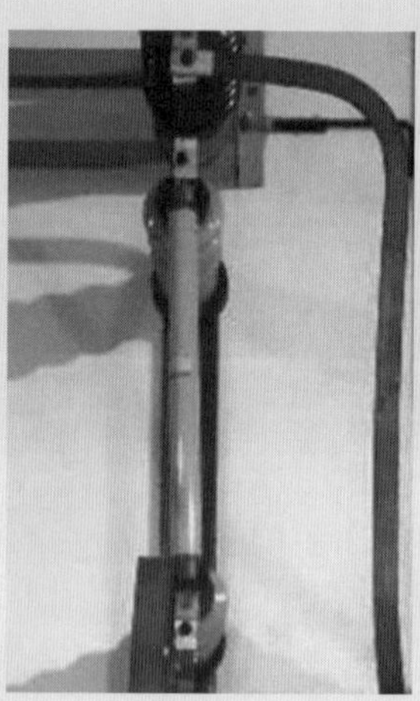

图 6.31　熔断器实物

11. 电容器（C）

电容器在正常正弦电压作用下能产生无功电力，把电容器并联在负荷上运行，则负荷要吸收的无功电力正好可由电容器供给。这样一来，线路上就避免了无功电力的输送，达到减少线路能量损耗、改善线路电压质量、提高系统功率因数等效益。

（1）电容器的分类及其作用。

① 耦合电容器：利用耦合电容器与高压进线耦合及其电的分压作用，抽取电压，用于测量（如连同其他设备组成电容式电压互感器测量电压）、控制（如抽取电压供重合闸检压继电器用）与保护（如抽压供 110 kV 进线线路保护装置用），还可兼用于电力线路载波通信用电力变压器、调压变压器、测量变压器、特殊变压器。

② 串联电容器：用于串联电容补偿装置中，补偿牵引网感抗，起提高和稳定供电臂末端电压的作用，使电压对称，具有部分补偿无功功率的作用，可接在牵引供电系统如何一点，或者分区所和回流线上。

③ 并联电容器：用于并联电容补偿装置中，补偿牵引供电系统中感性负荷的无功功率，以提高功率因数，降低负序，提高电压，改善电能质量。一般接在牵引变电所的牵引母线上（滞后相上）。

（2）电容器在牵引变电所的运用。

图 6.32 和图 6.33 所示为采用并联电容器方式，在牵引供电的二次侧，每相并联一组电容进行补偿（分别接于α、β相，N 为公共相）。

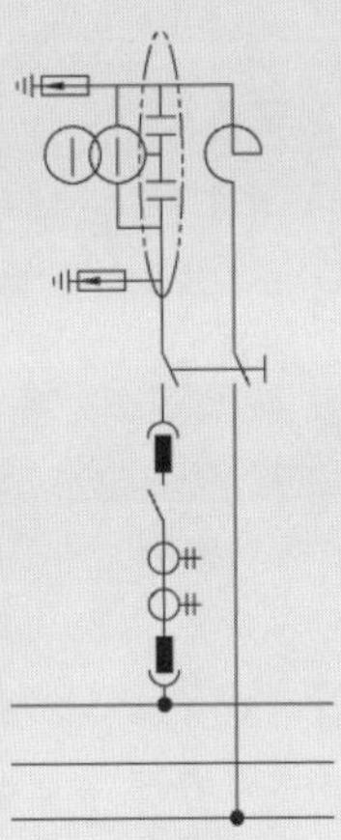

（a）

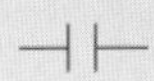

（b）电气符号

C

（c）文字符号

图 6.32　电容器符号

图 6.33　电容实物

12. 抗雷线圈（LF）

（1）抗雷线圈的作用。

抗雷线圈的作用是为防止雷电波沿接触线、馈电线袭击牵引变电所内的电气设备，常在冲击耐压绝缘水平较低的 27.5 kV 馈电线首端（27.5 kV 馈线隔离开关外侧）装设与避雷器相配合的抗雷线圈，如图 6.34 和 6.35 所示。当陡波头雷电流通过抗雷线圈后，抗雷线圈的电感产生的感抗使雷电流不能突变，从而将雷电的电流波、电压波的波头拉平，使过电压（波）上升陡度减慢，并在避雷器配合下降低侵入波的幅值，因而可减小对所内电气设备的危害。

（2）抗雷线圈在牵引变电所的运用。

抗雷线圈是串在馈线上的，由于它不具有能量释放的作用，只能延长雷电能量释放时间，因此抗雷线圈单独作用对减低设备上的雷电过电压效果非常有限，必要与避雷器共同使用才能有好的效果。

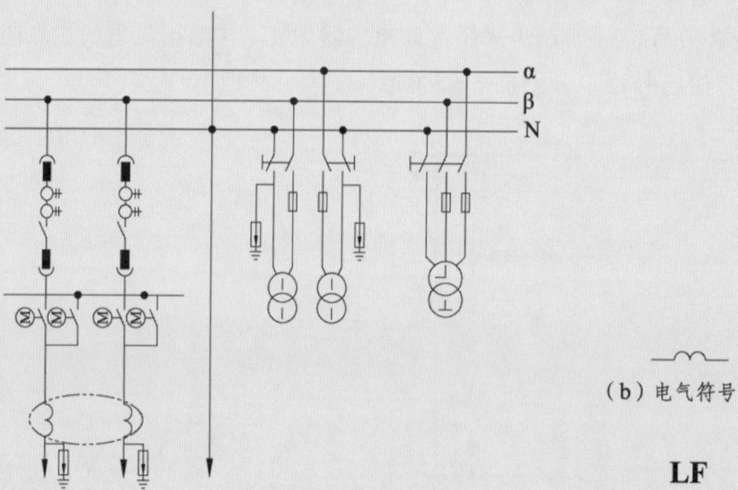

（a）　（b）电气符号

LF

（c）文字符号

图 6.34　抗雷线圈符号

图 6.35　抗雷线圈实物

6.3 作业指导

在主接线图中，常使用的国际文字及图形符号见表 6.1，而电气设备的状态需按正常状态画出（正常状态就是指电路中无电压和外力作用下开关的状态，即断开状态）。供安装使用的主接线图，在图上要标出主要电气设备规格型号。

表 6.1 牵引变电所主接线常用图形和符号

序号	名称		电气符号	文字符号
1	三相导线，线路		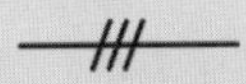	WL
2	变压器		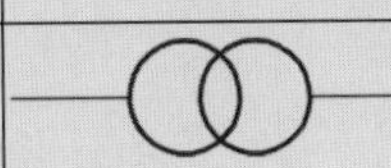	TM
3	断路器		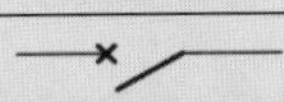	QF
4	电流互感器	一铁心单绕组	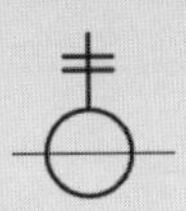	TA
		一铁心四绕组	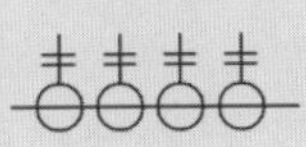	
5	隔离开关	负荷		QS
		电动	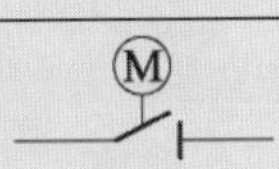	
		手动	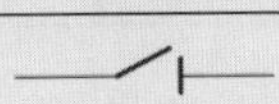	
6	电抗器			L
7	熔断器		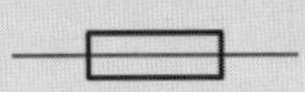	R
8	抗雷线圈			LF
9	电容器		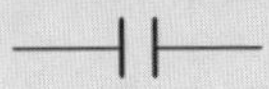	C
10	电压互感器	三绕组	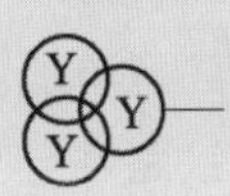	TV
		双绕组	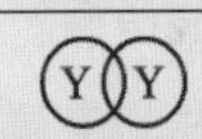	
11	接地			END

6.4 任务实施及考核

1. 任务实施

（1）任务实施的目的。

掌握变电所主接图设备各电气元件的符号及其基础原理。

（2）任务实施准备工作。

完成变电所主接图设备各电气元件的识图。

（3）任务实施场地器材。

变电所现场或者视图对照主接线图纸进行指认考核。

（4）任务实施步骤。

① 理论学习。完成本任务相关理论的学习。

② 拓展学习。完成本任务拓展资料的学习。

③ 实物认知。在掌握相关理论的学习的基础上，结合主接线图与实物进行综合认知

④ 完成考核。

（5）注意事项。

我国铁路部分变电所采用的方式不一致，所以在课外要自主学习拓展资料。受本书篇幅限制，没有详细展开讲解其他接线方式，需要大家自主深入地对变电所的主接线的电气元件进行拓展了解和认知。

2. 考核表

序号	考核内容	考核标准	标准	得分
1	默画案例中的主接线图	能够正确默画主接线图中各个元件	80 分（不少 80%设备元器件）	
2	标出电气设备元件的符号及其文字符号	能正确画的每个设备电气符号及其文字符号	20 分（能正确完整画出 1 个/1 分）	
总分			100 分	

任务 7 城轨供电系统图识读

任务 7 数字资源

7.1 任务描述

本任务是以某城轨供电为例，介绍供电系统主接线图。通过完成本任务，初步实现识读主接线图的能力，为后续任务的执行奠定基础。

7.2 任务资讯

供电系统图主要是指是用来表明供电线路与各设备工作原理及其作用、相互间关系的一种表达方式，它是建筑安装工程中电气施工图的组成部分。同时，为便于阅读与分析控制线路，根据简单、清晰的原则，采用电气元件展开的形式绘制而成的电气图。它包括所有电气元件的导电部件和接线端点，但并不按电气元件的实际位置来画，也不反应电气元件的形状、大小和安装方式。

1. 城轨供电系统分类

城轨供电系统按照供电方式可以分成三类，分别是集中供电方式、分散供电方式、混合供电方式。

（1）集中供电方式：在线路的适当位置，根据总容量要求设主变电所，由城市电网区域变电所以高压（如 110 kV）向主变电所供电，经降压并在沿线结合牵引变电所、降压变电所形成中压环网，向轨道交通各系统供电，如图 7.1（a）所示。其优点是管理容易、维护方便、成本低、UPS 使用效率高、使用环境可控、可靠度高。

（2）分散供电方式：不设主变电所，而直接由城市电网区域变电所的 35 kV 或 10 kV 中压输电线直接向轨道交通沿线设置的牵引变电所、降压变电所供电并形成环网，如图 7.1（b）所示。其优点是整体停电风险分散。

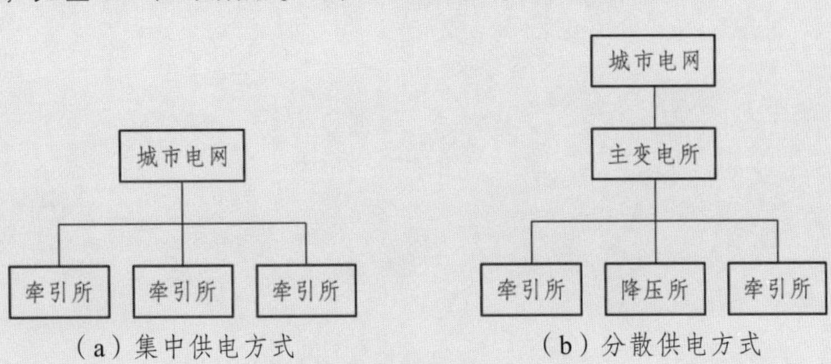

（a）集中供电方式　（b）分散供电方式

图 7.1　城轨供电系统供电方式

（3）混合供电方式：指一条轨道交通线路，一部分采用集中供电方式，另一部分采用分散供电方式。

城轨供电系统包括给城轨运行主体的车辆（牵引系统及其车载设备）及辅助系统（如通信、信号、动力照明、环控系统等）提供电能的牵引供电和变配电系统，如图 7.2 所示。

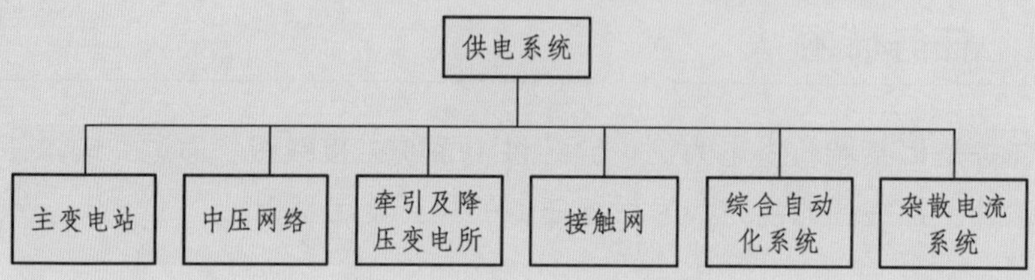

图 7.2　城轨供电构成

以图 7.3 为例，图（a）为主变电所部分，图（b）为中压网络部分，图（c）为牵引及降压变电所部分，图（d）为接触网部分。供电系统的运作，是由市电网将电能输送至主变电站，再将电能传输至城轨的站点中，图例中是大双边供电，所以一台主变一般只输送到一个变电所的一条母线上，再由出线输送到相邻的牵引所；牵引所与降压所则分别将 35 kV 中压系统内的电压转变成直流 1 500 V 的牵引用电压和 400 V 的站用设备用电压。当出现故障或停电检修时，即可通过主变电所的母联开关实现系统持续供电，还可以通过环网系统中的 35 kV 中压场站内的 35 kV 母联开关实现，基本原理和主所系统类似。

7.3　作业指导

熟悉城轨供电系统的供电类型，掌握每种类型的特点及其优势。

插页 1 为某城轨供电系统图，共有主变所 2 座，牵混所 10 座，城轨线路从区政府站延伸至车辆段，分为 3 个供电分区；场站内有两条接触网。这是典型的集中式供电方式，其优势也很明显，就是便于管理，维护方便、使用环境可控。

城轨系统的供电网络与国铁的是类似的，所以着重应该对城轨牵引系统进行了解和学习。

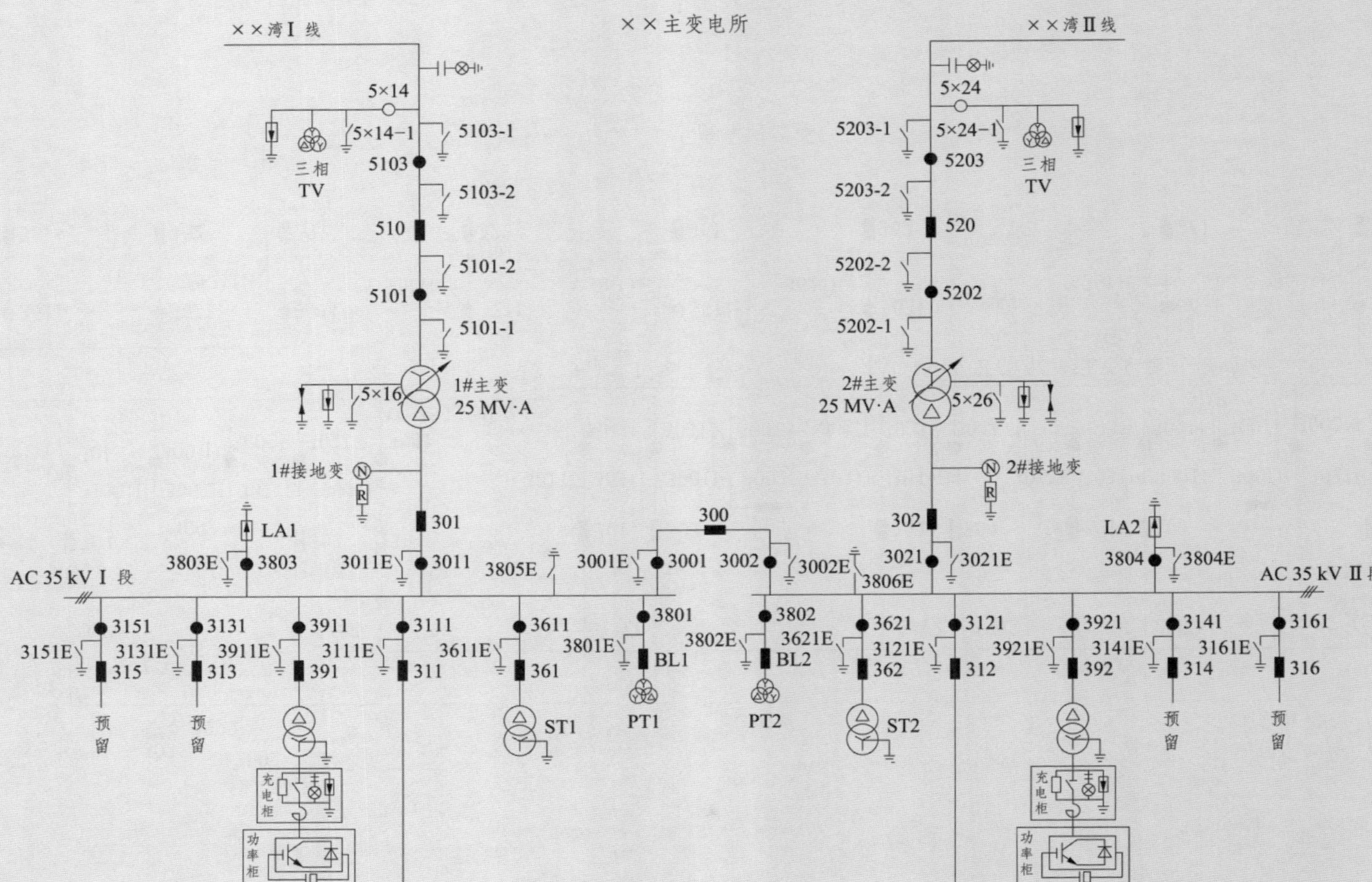
××主变电所
××湾Ⅰ线
××湾Ⅱ线
5×14
5×14−1
5103-1
5103
三相
TV
5103-2
510
5101-2
5101
5101-1
5×16
1#主变
25 MV·A
1#接地变
301
LA1
3803E
3803
3011E
3011
3805E
3001E
3001
300
3002
3002E
3806E
AC 35 kV Ⅰ 段
3151
3151E
315
3131
3131E
313
3911
3911E
391
3111
3111E
311
3611
3611E
361
ST1
3801
3801E
BL1
PT1
3802
3802E
BL2
PT2
充电柜
功率柜
预留
5×24
5203-1
5×24−1
5203
三相
TV
5203-2
520
5202-2
5202
5202-1
2#主变
25 MV·A
5×26
2#接地变
302
3021
3021E
LA2
3804
3804E
AC 35 kV Ⅱ 段
3621
3621E
362
ST2
3121
3121E
312
3921
3921E
392
3141
3141E
314
3161
3161E
316

（a）主变压所部分

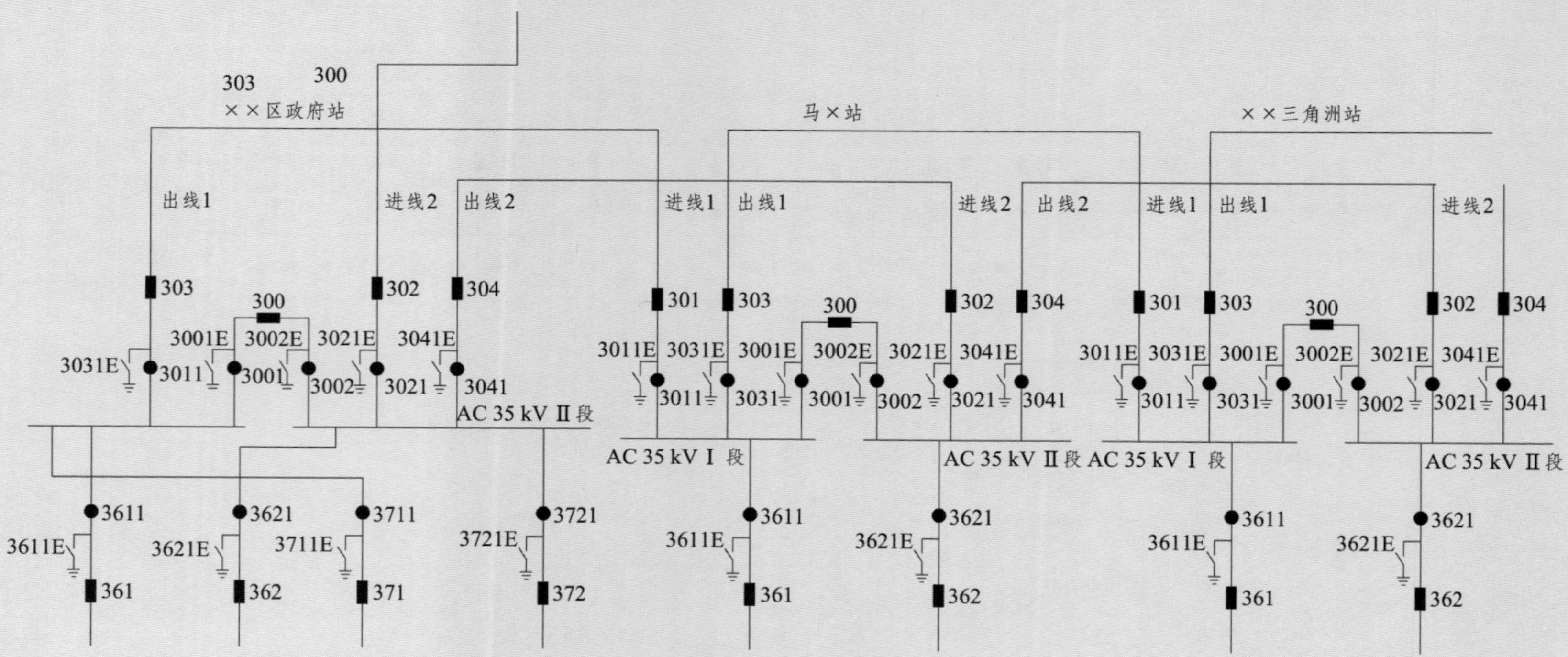
303
300
××区政府站
马×站
××三角洲站
出线1
进线2
出线2
进线1
出线1
进线2
出线2
进线1
出线1
进线2
303
302
304
301
303
302
304
301
303
302
304
300
3001E
3002E
3021E
3041E
3031E
3011
3001
3002
3021
3041
AC 35 kV Ⅱ段
3011E
3031E
3001E
3002E
3021E
3041E
3011
3031
3001
3002
3021
3041
AC 35 kV Ⅰ 段
AC 35 kV Ⅱ段
AC 35 kV Ⅰ 段
AC 35 kV Ⅱ段
3611
3621
3711
3721
3611E
3621E
3711E
3721E
361
362
371
372

（b）中压环网部分

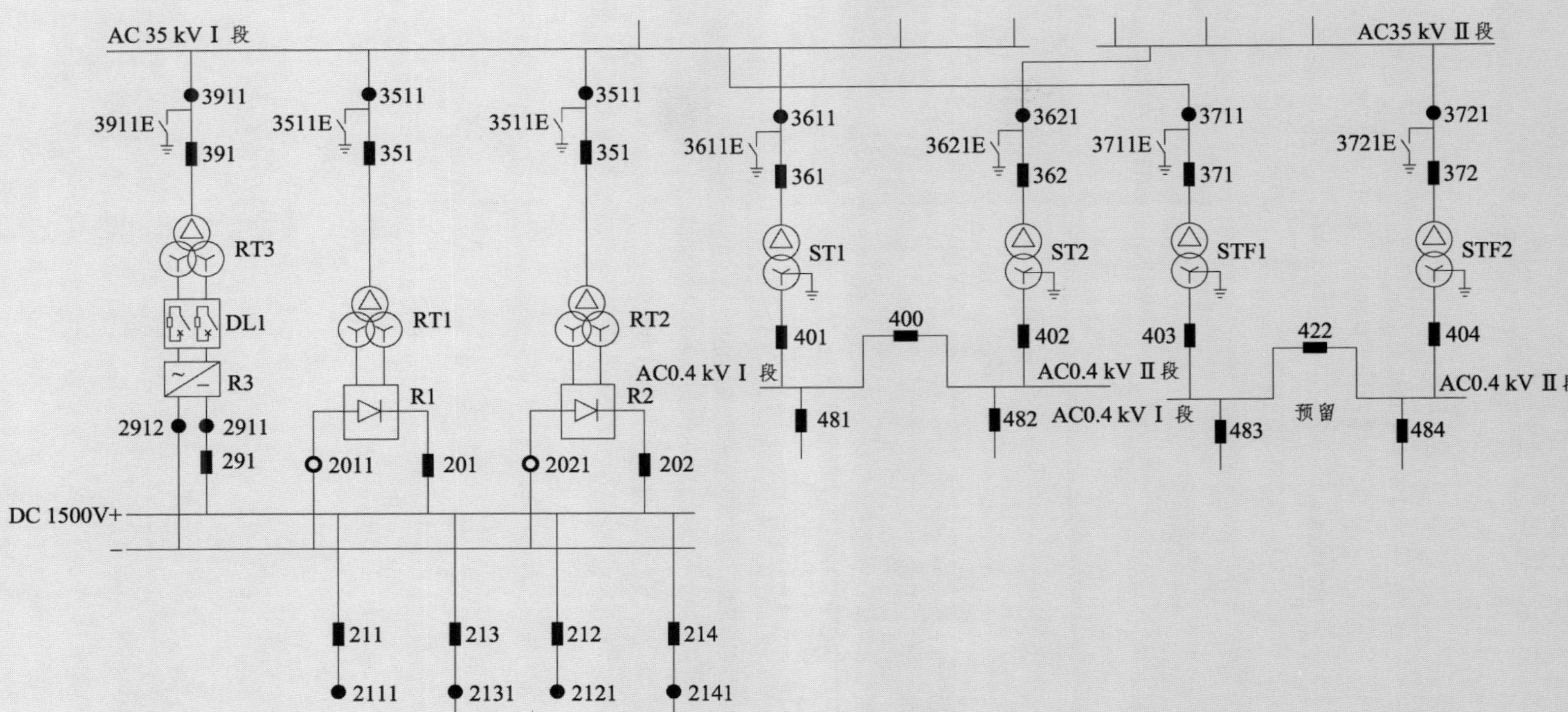
AC 35 kV Ⅰ 段
AC35 kV Ⅱ段
3911
3911E
391
RT3
DL1
R3
2912
2911
291
3511
3511E
351
RT1
R1
2011
201
3511
3511E
351
RT2
R2
2021
202
DC 1500V+
−
211
2111
213
2131
212
2121
214
2141
3611
3611E
361
ST1
401
3621
3621E
362
ST2
402
3711
3711E
371
STF1
403
3721
3721E
372
STF2
404
400
422
AC0.4 kV Ⅰ 段
AC0.4 kV Ⅱ段
AC0.4 kV Ⅰ 段
AC0.4 kV Ⅱ段
481
482
483
484
预留

（c）牵引及降压所部分

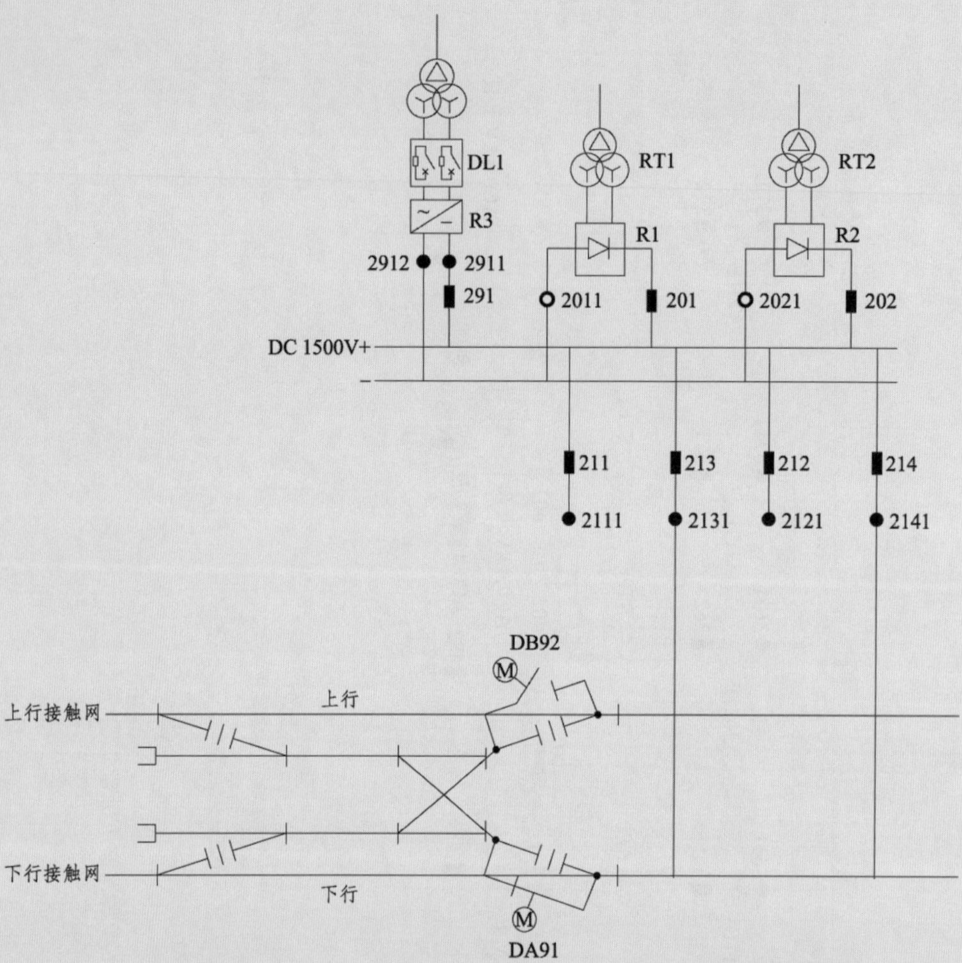

（d）接触网部分

图 7.3　城轨供电系统

7.4 任务实施及考核

1. 任务实施

（1）任务实施的目的。

掌握城轨供电系统的分类及其构成，对系统内的各个构成有清晰的认识和理解。

（2）任务实施准备工作。

完成对城轨供电系统图的认识。

（3）任务实施场地器材。

可以用其他接线方式进行考核。

（4）任务实施步骤。

① 理论学习。完成本任务相关理论的学习。

② 拓展学习。完成本任务拓展资料的学习。

③ 实物认知。在掌握相关理论的学习的基础上，结合安装图实物进行综合认知

④ 完成考核。

（5）注意事项。

我国城轨供电系统类型和图例比较多，受篇幅限制，本任务仅对比较简单和普遍的原理进行了讲解，任务结束后需要大家自主进行课外的学习拓展，以便对本任务有更加深入的了解和认知。

2. 考核表

序号	考核内容	考核标准	标准	得分
1	城轨供电系统分类	熟练了解城轨供电系统的分类	试现场教学情况设定	
2	城轨供电系统的构成	熟练了解城轨供电系统的构成	试现场教学情况设定	
总分			100 分	

任务 8　城轨变电所主接线识读

任务 8 数字资源

8.1　任务描述

本任务主要介绍城轨主变电所主接线图。通过完成本任务，掌握主接线图中电气设备初步认识和识别，为后续任务的执行奠定基础。

8.2　任务资讯

城轨变电所应根据当地电网的结构、系统在电网中的地位及其作用、负荷状况及对供电可靠性的要求、所用设备的类型、馈线回路数的多少等因素进行设立。

1. 城轨主变电所接线图

城轨主变电所将城市电网的高压 110 kV（或 220 kV）电能降压后以 35 kV 或 10 kV 的电压等级分别供给牵引变电所和降压变电所。为保障供电可靠，城轨线路通常设置两座或两座以上主变电所。主变电所由两路独立的电源进线供电，内部设置 2 台相同的变压器。根据牵引负荷和动力负荷的不用情况，主变压器可采用三相三绕组的有载调压变压器或双绕组的变压器。采用有载调压变压器在电源进线电压波动时，使二次侧电压维持在正常值范围内。

主变电所为城轨线路的总变电所，承担整条城轨线路的电力负荷的用电。

图 8.1 所示为××城轨主变电所接线，110 kV 侧进线至 35 kV 进线侧采用线变组接线方式，共有 2 条进线以及 2 台主变压器。以其中一路为例，110 kV 进线端，通过电操隔刀（5X14）连接 Yn/Yn/△接线的一组三相电压互感器；并接有单向避雷器保护。进线后依次通过一把接地开关（5103-1）、一把隔离开关（5103）和一把接地开关（5103-2）连接 1 号主变压器和Ⅰ进线的断路器（510）。再通过与上端相同的两把接地开关和一把隔离开关将是主变压器，主变压器接线方式为 YNd-11，主变压器中性点配有直接接地刀（5X16）和避雷器以及间隙接地装置。主变压器低压侧为三角形接线，所以引出了接地变压器用于主变压器低压侧的保护；下端连接 35 kV 断路器（301）与三工位开关（3011/3011E），然后是主变电所的 35 kV 母线，母线上带有一套 SVG 装置（含 SVG 变、充电柜、功率柜）、一台所用变压器（ST1）、一套与进线接线方式相同的母线电压互感器（PT1）、一台母线避雷器（LA1）、一条出线（311/3111/3111E）和两条预留间隔以及与另一段母线相连接的分段间隔。

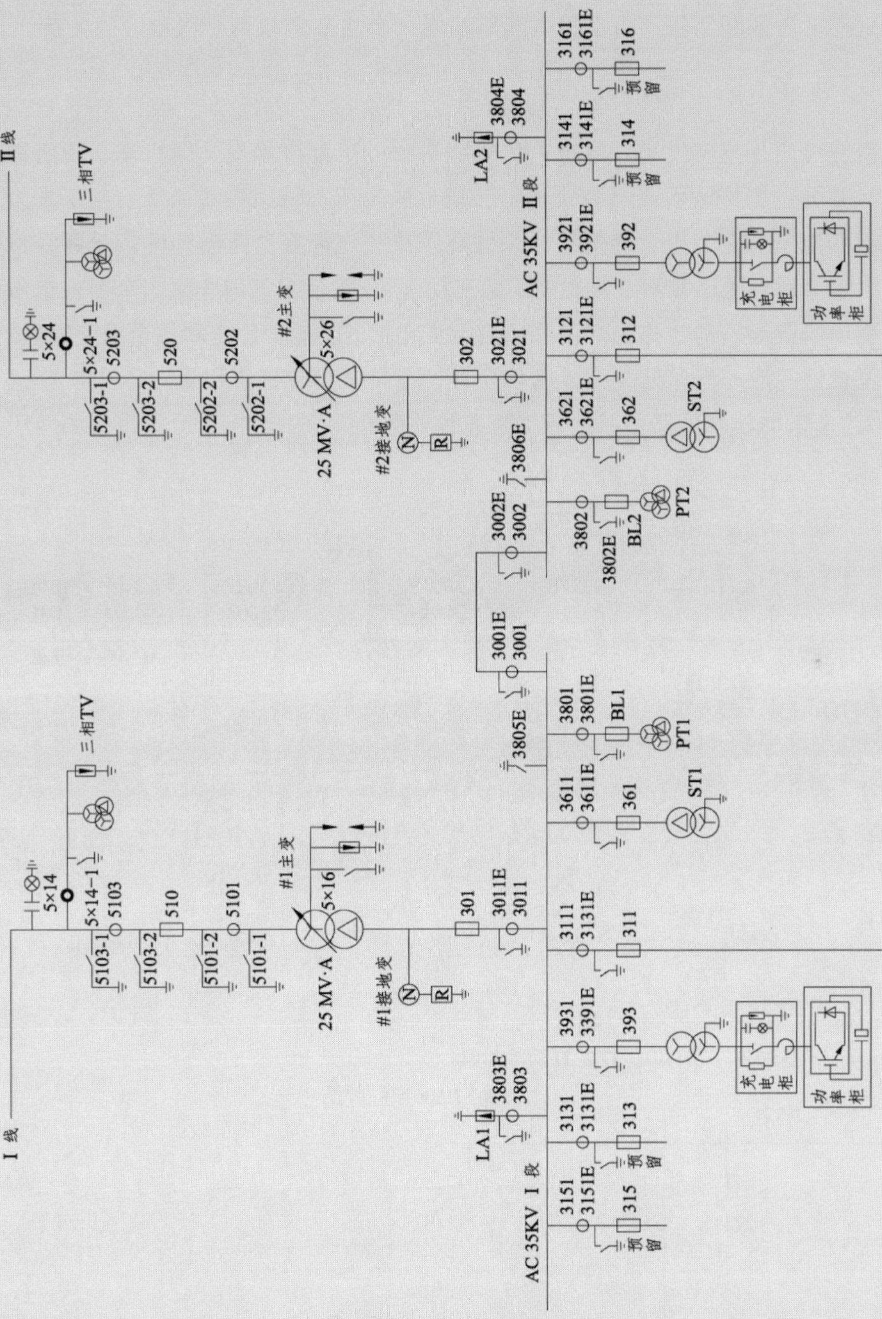

图 8.1　城轨主变电所主接线

图 8.1 中城轨主变电所采用单母线分段电气主接线。系统正常运行时，电能由两路进线分别进入主站内，进入到 110 kV GIS，到达主变压器，由主变压器降压为 35 kV 输送至 35 kV 母线，再由馈线开关输送到城轨站内的 35 kV 中压系统。当外线停电或者主变检修时，可将其中一条进线断开，此时母联自投功能启动，将分开主变低压侧断路器，合上母联断路器由一台主变承担两个供电段的负荷。

2. 城轨牵混所主接线图

牵引变电所是指将发电厂经电力传输线送来的电能变换成适合机车车辆所需的电压，并分送到接触网或接触轨（第三轨）的场所。城轨系统的牵引所基本为直流牵引变电所。它将电力传输线送来的高压交流电能经变压器降压，然后经整流器变为直流后，送接触网或接触轨（第三轨）。一般情况下同车站的牵引变电所和降压变电所应尽可能合建为牵引降压混合变电所，以减少投资和便于运营管理，变电所位置选择应与车站建筑设计密切配合，尽量减少土建工程量。

图 8.2 所示城轨牵混所主接线由 2 路进线 2 路出线分别连接在分段母线的两段

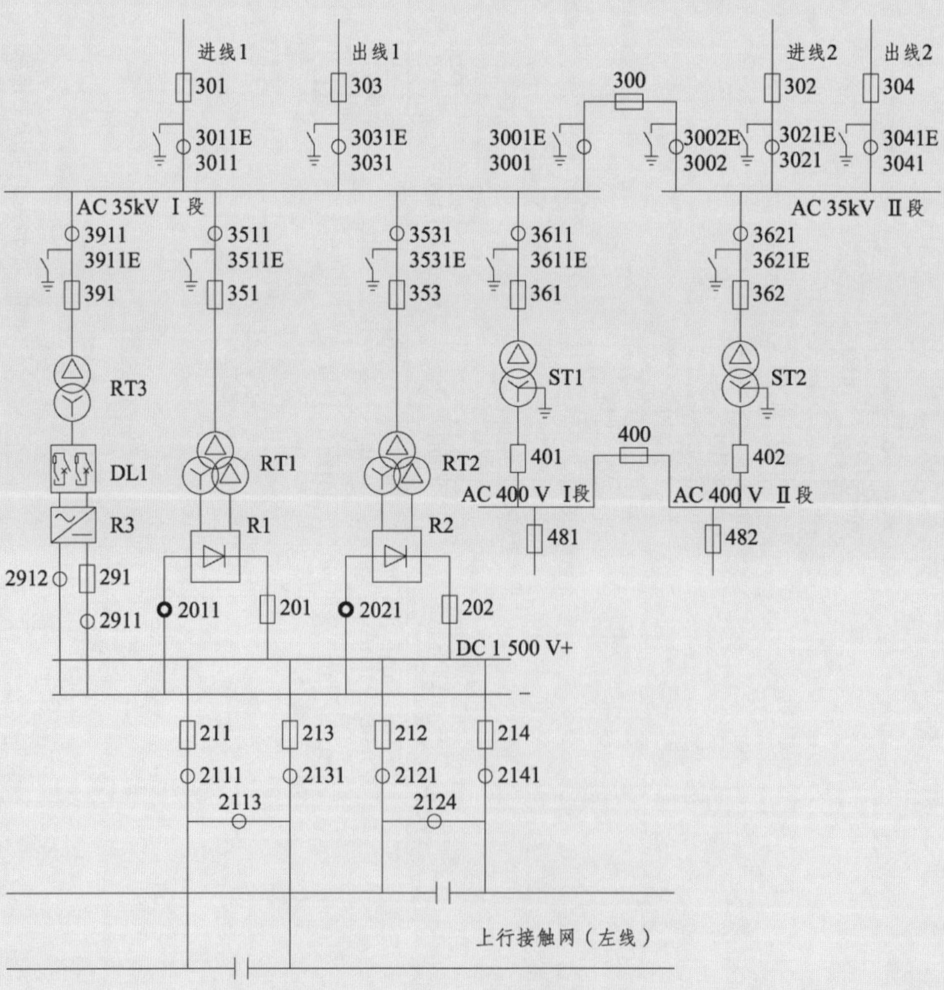

图 8.2　城轨牵混所主接线

上组成。第一段母线上共有 4 条馈线，其中 2 路由馈线断路器（351/353）连接整流系统。系统正常运行时，电能输送的路径是由 35 kV 的环网电缆线路将电能从进线端输送至 35 kV 母线上，再由整流系统将 35 kV 的工频交流电转换为 1 500 V 的牵引用直流电输，输送至 1 500 V 母线上，之后利用直流馈线输送至接触网为电车供电。当场站内出现故障需要将整流机组退出运行时，可将整流上端的 35 kV 断路器与下端 1 500 V 断路器都分开，在轨行区内合上越区隔刀，直接用邻所的电能进行供应，确保接触网不停电，保证列车的可靠运行。而城轨降压动力电源是从两段母线上各取一路电源接入动力变，再到 400 V 母线上，用于站内的各种用电设备的供电。最后一路是Ⅰ段上的再生能源系统，同城轨牵引系统类似，区别是将直流电转化成交流电。

3. 降压所/跟随所主接图

降压所和跟随所都是为城轨站内的所有用电设备供电的。跟随所的设立一般是由于车站规模较大或者为了新建站室预留容量，也可以看作是降压所在地理上的延伸为远端设备提供电能。如图 8.3 所示，降压所由 2 路进线 2 路出线搭接在 35 kV 母线上，母线电能由馈线输送到动力/跟随变压器，35 kV 电压转换为 400 V 的低压电，通过 400 V 低压开关输送至各级设备。当系统异常时，如Ⅱ段母线上出现故障，将导致 362 断路器跳闸，此时为保证下端设备的供电连续性，400 V 自投自复功能将会启动，断开 402 断路器并合上 400 母联断路器，同时分开 400 V 下端的三级负荷，一旦故障恢复，母联 400 开关将会自动分开，同时合上 402 开关，系统恢复至初始阶段。

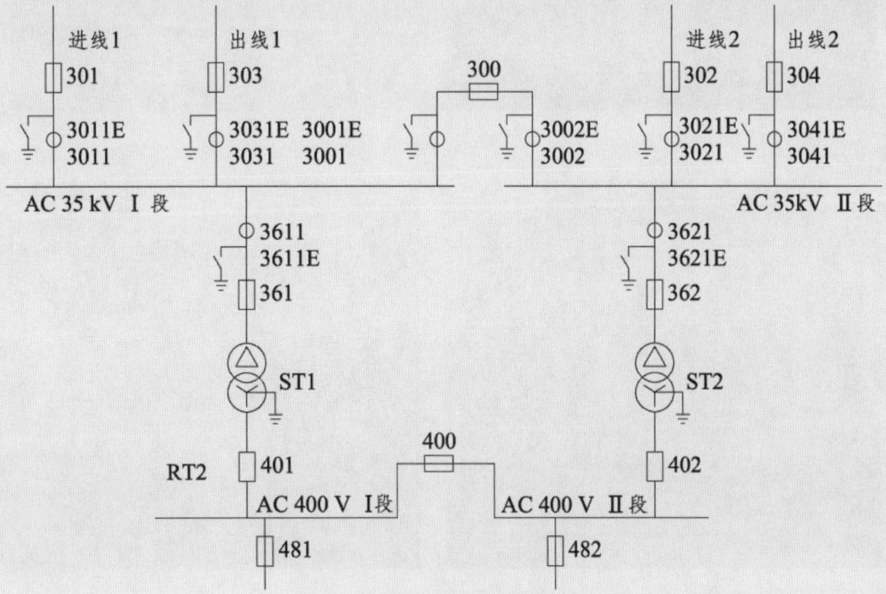

图 8.3　城轨降压所主接线

8.3 作业指导

我国城轨供电系统中，牵引变电所一次侧电压等级常用的是 35 kV。通过变压器降压再通过整流器将交流电转化为 1 500 V 直流电供电车使用，如图 8.4 所示。通常一间牵引所内都由两套整流设备，目的是增加整流后直流电的脉波数，使直流电压更加稳定（见图 8.5），但是过多的整流系统又会使建造成本剧增。

图 8.4 城轨供电牵引系统接触网

（a）（b）（c）（d）

图 8.5 城轨供电牵引变电所场站设备

1. 整流器（R）

（1）整流器的作用。

整流器是一种整流装置或元件（见图 8.6 和图 8.7），简单地说就是将交流（AC）转化为直流（DC）的装置。它有两个主要功能：第一，将交流电（AC）变成直流电（DC），经滤波后供给负载，或者供给逆变器；第二，给蓄电池提供充电电压。因此，它同时又起充电器的作用。

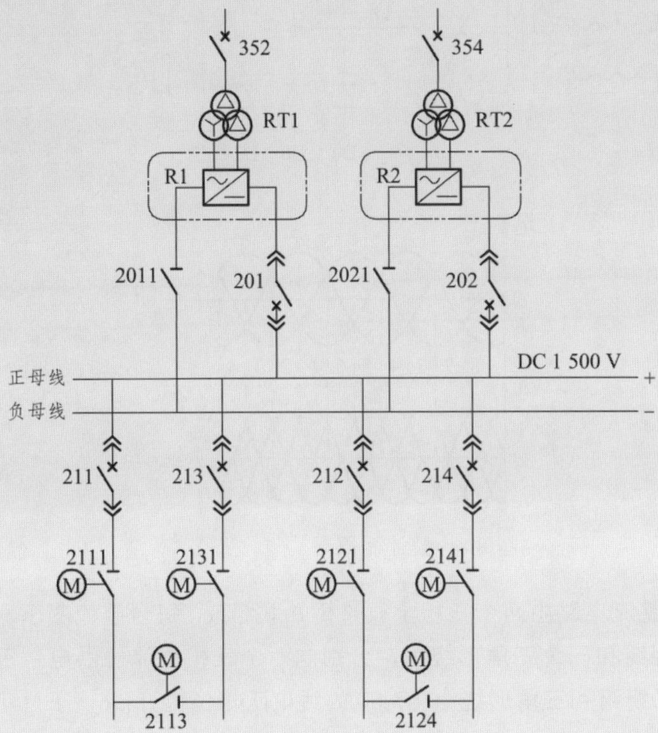

（a）

（b）电气符号

R

（c）文字符号

图 8.6　整流器符号

图 8.7　整流器实物

（2）整流器在牵引变电所的运用。

图 8.8 所示为 1500-D1 型城轨供电整流器原理，一套 12 脉波整流机组包括一台整流变压器、一台整流器以及完整的辅助、控制回路和必要的配件等。两套 12 脉波整流机组经匹配构成一套 AC 33 kV/DC 1 500 V 等效 24 脉波整流机组。

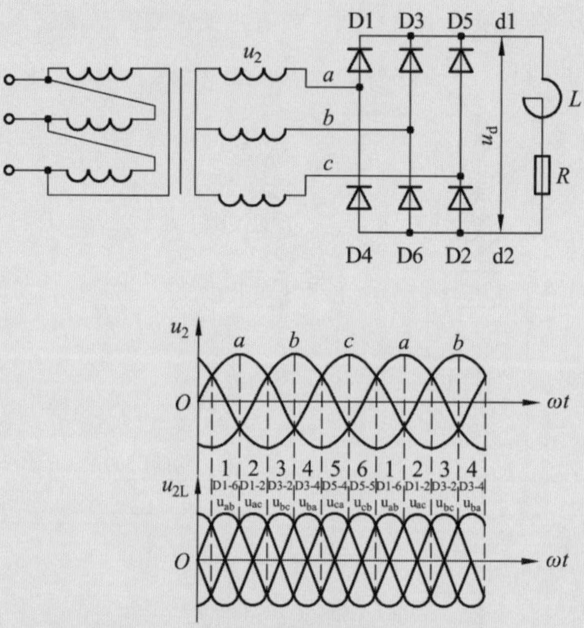

图 8.8　整流器原理

单机组 12 脉波整流电路由两个三相全波整桥并联组成。每台整流变压器的二次绕组有一个星形绕组和一个三角形绕组，分别向两个三相整流桥供电。因为整流变压器二次侧星形绕组和三角形绕组相对应的线电压相位错开π/6，于是可以得到两个三相整流桥并联组成的 12 脉波整流电路。当供给两台 12 脉波整流器的整流变压器高压网侧并联的绕组分别采用 ± 7.5°外延三角形连接时，两套整流器并联运行即可构成 24 脉波整流。

整流原理：在第 1 段期间，a 相电位最高，因而共阴极的 D1 导通，b 相位最低，所以共阳极组的 D6 也导通。这时电流由 a 相经 D1 流向负载，再经 D6 流入 b 相。变压器 a、b 两相工作，共阴极的相电流为正，共阳极的相电流为负。加在负载上的整流电压为 $U_d = U_a - U_b = U_{ab}$。

经过 60°后进入第 2 段时期。这时 a 相电位仍然最高，D1 继续导通，但 c 相电位却变成最高，当经过自然换相点时 c 相 T2 导通，电流即从 b 相换到 c 相，D6 承受反向电压而关断。这是电流由 a 相流出，经 D1、负载、D2 流回电源 c 相。变压器 a、c 两相工作。这时 a 相电流为正，c 相电流为负。在负载上的电压为 $U_d = U_a - U_c = U_{ac}$。

再经过 60°后进入第 3 时期。这时，b 相电位最高，共阴极组在经过自然换相点时，D3 导通，电流从 a 相换到 b 相，c 相 D2 因电位仍然最低而继续导通。此时变压器 b，c 两相工作，在负载上的电压为 $U_d = U_b - U_c = U_{bc}$。

依此类推，在第 4 段时期内，D3、D4 导通，变压器 b，a 两相工作。在第 5 段时期内，D4、D5 导通，变压器 c，a 两相工作。在第 6 段时期内，D5，D6 导通，变压器 c、b 两相工作，再下去又重复上述过程。

2. 逆变器（RE）

（1）逆变器的作用。

逆变器是把直流电能（电池、蓄电瓶）转变成交流电（一般为 220V/50Hz 正弦或方波）的装置（见图 8.9 和图 8.10）。它由逆变桥、控制逻辑和滤波电路组成，广泛适用于空调、家庭影院、电动砂轮、电动工具、缝纫机、DVD、VCD、电脑、电视、洗衣机、抽油烟机、冰箱，录像机、按摩器、风扇、照明等。

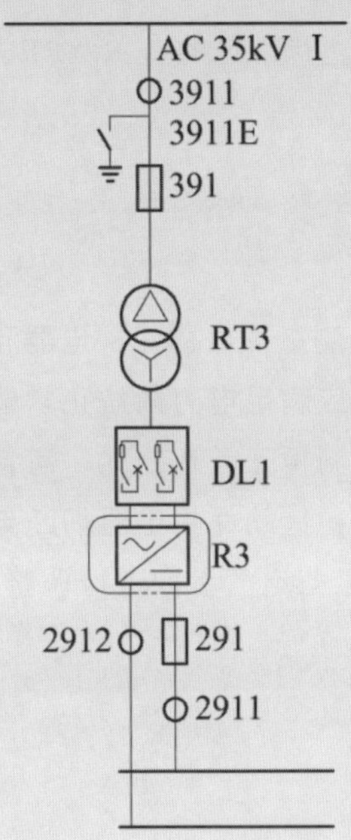

（a）

（b）电气符号

RE

（c）文字符号

图 8.9　逆变器符号

图 8.10　逆变器实物

（2）逆变器在牵引变电所的运用。

图 8.11 所示为 HXNBG-1500/1000 型逆变器的原理，它利用 IGBT 管来实现逆变功能。IGBT 即绝缘栅双极型晶体管，是由 BJT（双极型三极管）和 MOS（绝缘栅型场效应管）组成的复合全控型电压驱动式功率半导体器件，兼有 MOSFET 的高输入阻抗和 GTR 的低导通压降两方面的优点。其实，IGBT 管相当于一个开关，通过软件的控制实现开启和关断从而控制电流的通路和方向，从而实现将交流变为直流。将全桥整流电路的 4 个二极管换为 4 个 IGBT（区别在于 IGBT 的导通可以通过控制其基极实现），假如 4 个 IGBT 从上到下、从左到右的排列顺序为 Q1、Q2、Q3、Q4，其中 Q1、Q2 串联，Q3、Q4 串联，Q1 和 Q2 与 Q3 和 Q4 并联，Q1 和 Q3 集电极接直流正，Q2 和 Q4 发射极接直流负。设置 4 个 IGBT 的导通顺序为 Q1、Q4 同时导通，Q2、Q3 同时关闭→Q2、Q3 同时导通，Q1、Q4 同时关闭→Q1、Q4 同时导通，Q2、Q3 同时关闭。如此反复下去，即可实现直流逆变为交流的过程。

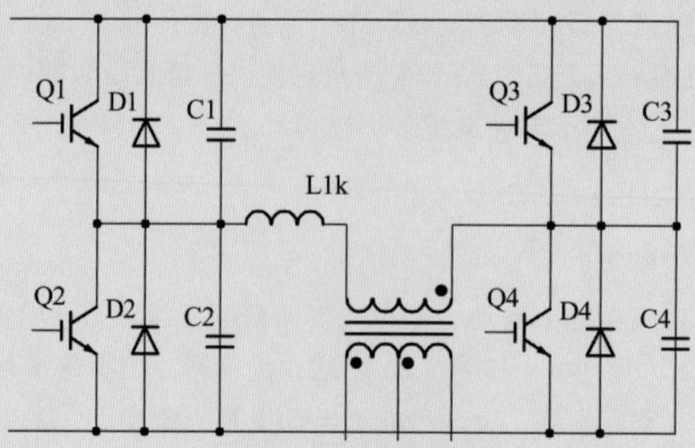

图 8.11　逆变器原理

注：由于逆变模块大多为回路所以并无国标的文字描述，常见的有 R、RE、RE-NB。

3. 控制柜（DL）

（1）控制柜的作用。

控制柜（见图 8.12）是按电气接线要求将开关设备、测量仪表、保护电器和辅助设备组装在封闭或半封闭金属柜中或屏幅上，其布置应满足电力系统正常运行的要求，便于检修，不危及人身及周围设备的安全。控制柜正常运行时，可借助手动或自动开关接通或分断电路。故障或不正常运行时，借助保护电器切断电路或报警。使用测量仪表显示运行中的各种参数，还可对某些电气参数进行调整，对偏离正常工作状态进行提示或发出信号。

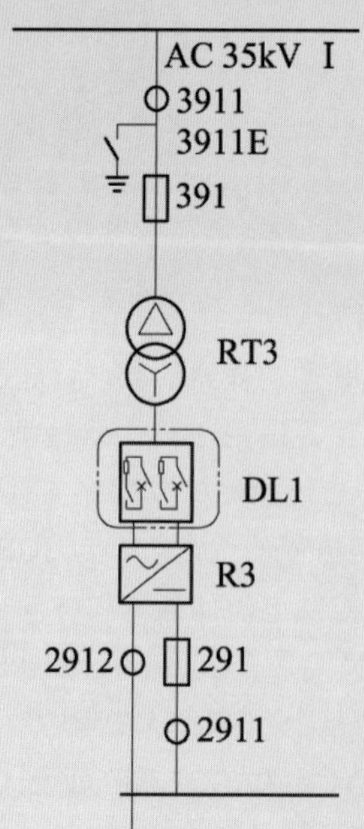

（a）

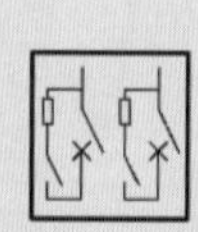

（b）电气符号

DL

（c）文字符号

图 8.12　控制柜符号

（2）控制柜在牵引变电所的运用。

图 8.13 所示为 HXZLG-1500/3500 型控制柜，它在再生能源系统中的作用为直流电源隔离、预充电、NPC 模块协同工作控制、通信及人机界面显示。

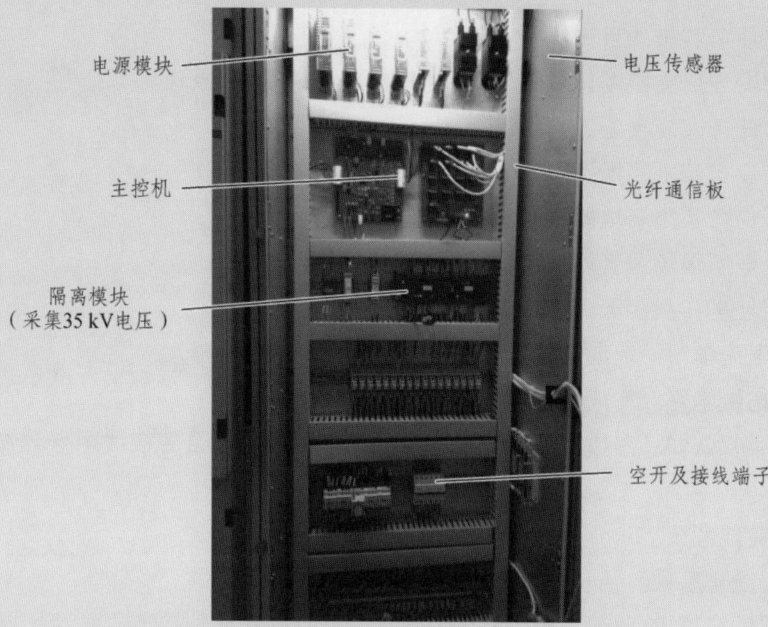

图 8.13　控制柜实物

8.4 任务实施及考核

1. 任务实施

（1）任务实施的目的。

掌握变电所主接图设备各电气元件的识图及其基础原理。

（2）任务实施准备工作。

完成变电所主接图设备各电气元件的识图。

（3）任务实施场地器材。

在变电所现场或者利用照片对照主接线图纸进行指认。

（4）任务实施步骤。

① 理论学习。完成本任务相关理论的学习。

② 拓展学习。完成本任务拓展资料的学习。

③ 实物认知。在掌握相关理论的学习的基础上，结合主接线图与实物进行综合认知。

④ 完成考核。

（5）注意事项。

我国铁路变电所采用的表达方式不一致，所以在课外要自主学习拓展资料。受本书篇幅限制，没有详细展开讲解其他接线方式相关理论知识，需要大家课余深入地对变电所的主接线的电气元件进行拓展了解和认知。

2. 考核表

序号	考核内容	考核标准	标准	得分
1	默画案例中的主接线图	能够正确默画主接线图中各个元件	50 分（不少 80%设备元器件）	
2	标出电气设备元件的符号及其文字符号	能正确画的每个设备电气符号及其文字符号	30 分（能画正确完整 1 个/1 分）	
3	学习并了解城轨供电系统的保护二次回路	能分析出二次回路信号流向，及其驱动方式	20 分	
总分			100 分	

任务 9 二次回路图例识图

任务 9 数字资源

9.1 任务描述

本任务通过变电所二次回路的接线图、现场中设备图片及其符号的识读，熟悉图形符号在变电所二次回路所安装的位置和原理，基本掌握牵引变电二次图中图形符号应用。

9.2 任务资讯

1. 二次回路的基本概念

二次回路也叫二次接线，它是由二次设备组成的电气连接回路。二次回路的任务是通过对一次回路的监视、测量来反映一次回路的工作状态，并且能远动控制一次系统。当一次回路发生故障时，继电保护能将一次回路故障部分迅速切除，并发出信号，以保证一次设备安全、可靠、经济、合理地运行。二次设备通常为低压设备。

二次接线图是由监视用的表计，测量用的仪表，控制用的开关、自动装置、继电器、微机保护装置，信号器具，控制电缆等用图形符号、文字符号按照其作用原理组合成的图。二次回路按照原理实施分别有测量回路、信号回路、保护回路、控制回路、监视回路等。

2. 电气图形符号及其文字符号

（1）图形符号。

通常用于图样或其他以文件表达一个设备或者概念的图形、标记、字符统称为图形符号。国家标准（GB/T 4728.6—2008）《电气简图用图形符号》（符合 IEC 国际标准）。将电气图形符号分为 13 类。

电气图中所用的图形符号主要是一般符号和方框符号。

一般符号：用于表示一类产品或此类产品特征的一种通常比较简单的符号。

方框符号：用以表示元件、设备等的组合及其功能的一种简单图形符号。

图形符号既不给出元件、设备的细节，也不考虑所有连接。

图形符号均是按照无电压、无外力作用的正常状态表示的，如接触器、继电器的线圈未通电，断路器、隔离开关未合闸，按钮未按下，行程开关未到位等。

（2）文字符号。

电气的文字符号目前执行国家标准（GB 5094—85）《电气技术中的项目代号》

和（GB 7159—87）《电气技术中的文字符号制定通则》，这两个标准都是根据 IEC 国际标准制定的。在（GB 7159—87）《电气技术中的文字符号制定通则》中将所有的电气设备、装置和元件分成 23 个大类，每个大类用一个大写字母表示。文字符号分为基本文字符号和辅助文字符号。基本文字符号分为单字母符号和双字母符号两种。优先采用单字母符号，每个单字母符号表示一个电气大类，如 C 表示电容器类，R 表示电阻器类等。双字母符号由一个表示种类的单字母符号和另一个字母组成，第一个字母表示电器的大类，第二个字母表示对某电器大类的进一步划分，如 G 表示电源大类，GB 表示蓄电池，S 表示控制电路开关，SB 表示按钮，SP 表示压力传感器（继电器）。文字符号用于标明电器的名称、功能、状态和特征。同一电器如果功能不同，其文字符号也不同，如照明灯的文字符号为 EL，信号灯的文字符号为 HL。辅助文字符号表示电气设备、装置和元件的功能、状态和特征，由 1～3 位英文名称缩写的大写字母表示，例如辅助文字符号 BW（Backward 的缩写）表示向后，P（Pressure 的缩写）表示压力。辅助文字符号可以和单字母符号组合成双字母符号，如单字母符号 K（表示继电器接触器大类）和辅助文字符号 AC（交流）组合成双字母符号 KA，表示交流继电器；单字母符号 M（表示电动机大类）和辅助文字符号 SYN（同步）组合成双字母符号 MS，表示同步电动机。辅助文字符号也可以单独使用。

二次设备常用电气符号及文字符号见表 9.1。

表 9.1　二次设备常用电气符号及文字符号

序号	名称		电气符号	文字符号（国际标准）	文字符号（国家标准）
1	接触器			KM	JC
2	接触器	常开	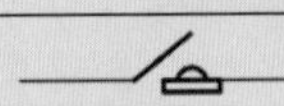	KM	KM
		常闭	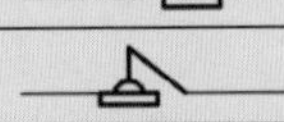		
3	继电器		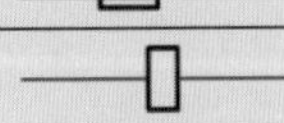	KC	ZJ
4	中间继电器		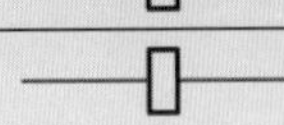	KA	ZJ
5	时间继电器	通电	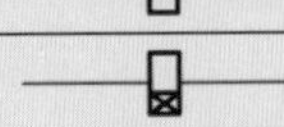	KT	SJ
		断电			
6	电压继电器		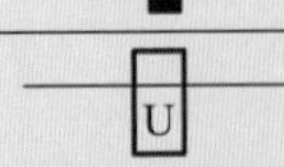	KV	YJ
7	电流继电器		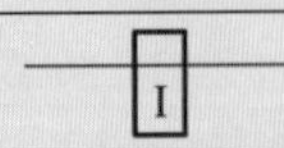	KI	LJ
8	常开接点		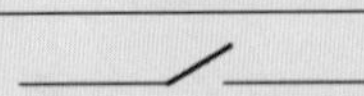	NO	
9	常闭接点		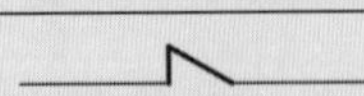	NC	
10	通电延时	断开	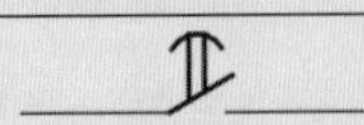	KT	
		闭合			

续表

序号	名称		电气符号	文字符号（国际标准）	文字符号（国家标准）
11	断电延时	断开	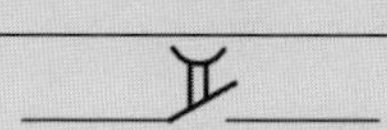	KT	
		闭合			
12	二极管			V	V
13	电阻		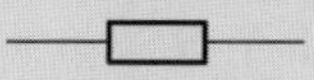	R	R
14	连接片	切换	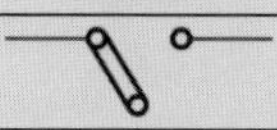	XC	LP
		接通	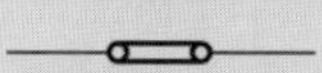	XB	
15	信号灯			HL	XD
16	蜂鸣器			HA	FMQ
17	蓄电池		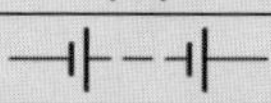	GB	XDC
18	复归按钮	常开	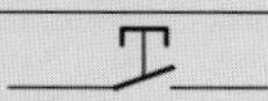	SB	FA
		常闭	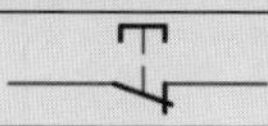		
		复合	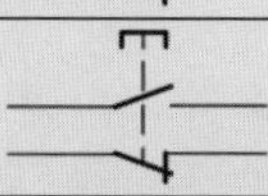		
19	转换开关	常开	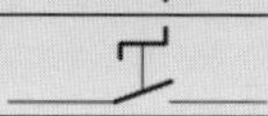	SA	ZK
		常闭			
		复合	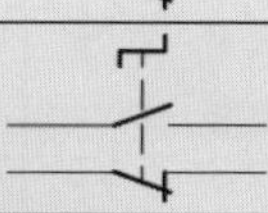		
20	电度表			PJ	WH
21	电压表		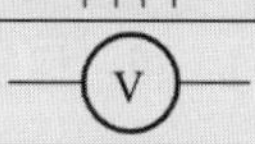	PV	V
22	电流表		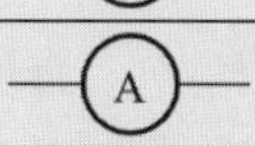	PA	A
23	熔断器		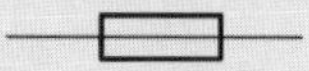	FU	RD
24	整流器			U	U
25	电容		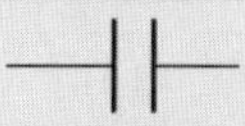	C	C
26	互感器	电压互感器	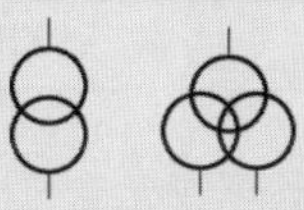	TA	LH
		电流互感器	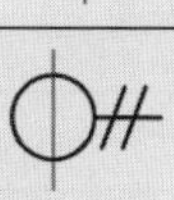 形式1  形式1		
27	光字牌				GP

9.3 作业指导

1. 二次回路的标号原则及方法

（1）等电位标号法：在接线端子处标明连接对象的回路编号，用于端子排电缆侧，与二次回路对应，便于分析。

（2）相对标号法：在接线端子处标明所连接对象编号，以表明其相互连接关系。如图 9.1 所示 I1、I2 各代表 1 个设备单元①、②…⑥代表各单元的接线端子号。

案例所示：I1 设备单元的① 端子（I2-3）接的是 I2 是设备单元的③端子；相反我们也可从 I2 是设备单元的③端子（I1-1）所示找到 I1 设备单元的①端子。

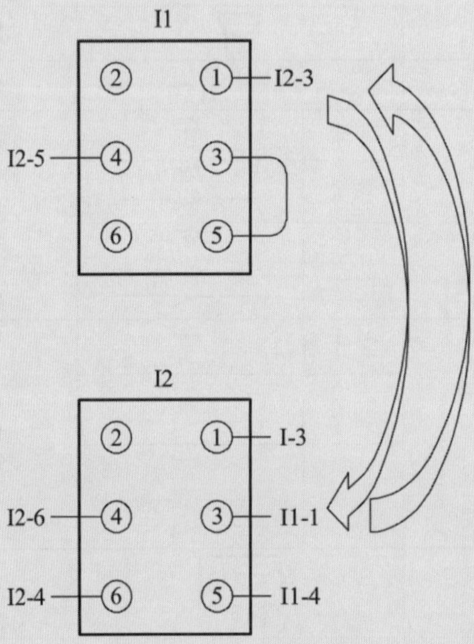

图 9.1　相对标号法

（3）直流回路：按奇数从小依次排列，每经一个非电阻元件标号按奇数递增，经过电阻变为偶数，见表 9.2。

表 9.2　回路标号序号

回路名称	Ⅰ	Ⅱ	Ⅲ	Ⅳ
正电源	1	101	201	301
负电源	2	102	202	302
合闸回路	3 ~ 31	103 ~ 131	203 ~ 231	303 ~ 331
绿灯	5	105	205	305
跳闸回路	33 ~ 39	133 ~ 139	233 ~ 239	333 ~ 339
红灯	35	135	235	335
保护回路	01 ~ 099			

（4）交流回路：按电流和电压回路，由字母和三位数字组成。

如图 9.2 所示，圆圈所示的 1（2）A，1 代表交流电源的 A 相，括号中的（2）代表为 2 号交流电源。

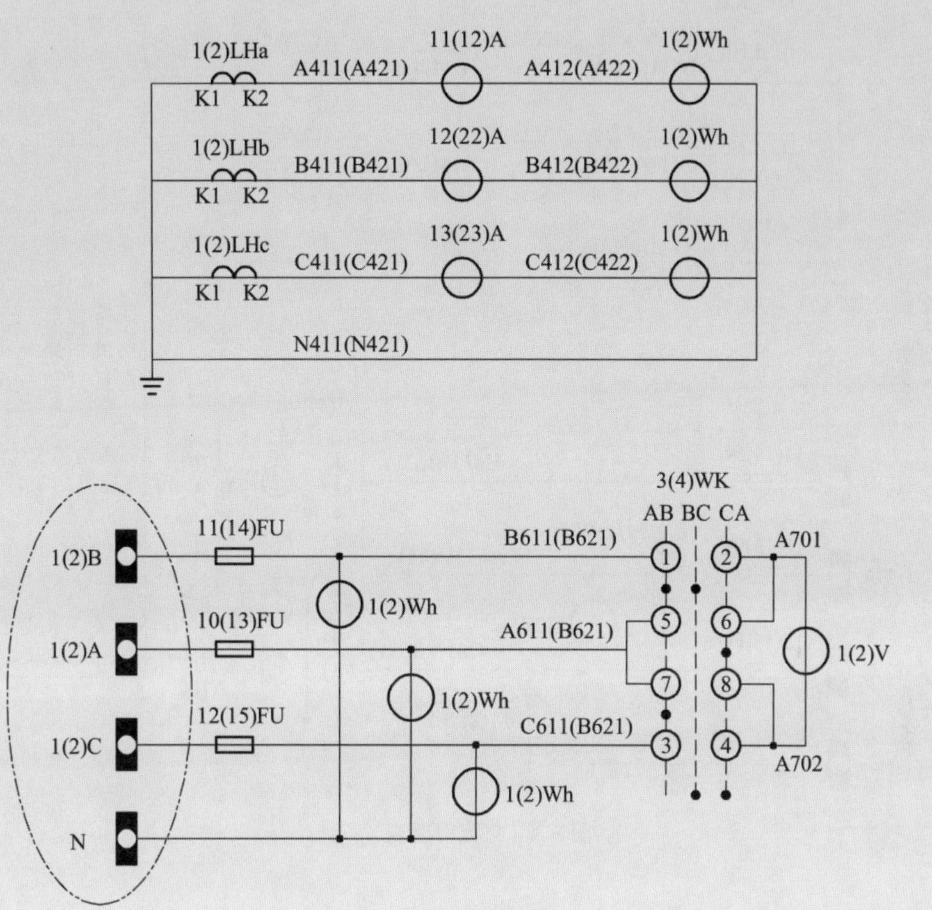

图 9.2　交流回路表（一）

如图 9.3 所示，标示方框内的 A411（A421）…N411（N421）；A66（A621）…C611（621）同上案例一样，括号内的为另一交流回路的设备编号；其中此案例中 A、B、C、N 代表相线；数字 4 开头表示电流回路；数字 6 开头表示电压回路。

2. 交流回路

二次回路是由电流互感器（TA）二次侧供电给测量仪表及继电器的电流线圈等，所有电流元件组成的回路称为交流电流回路。

（1）互感器（TA）。

以交流盘的进线电流测量回路为例，按照回路性质的原则通过电流互感器（LH）A411 至电流表到电度表形成一条电流测量回路，如图 9.4 和图 9.5 所示。

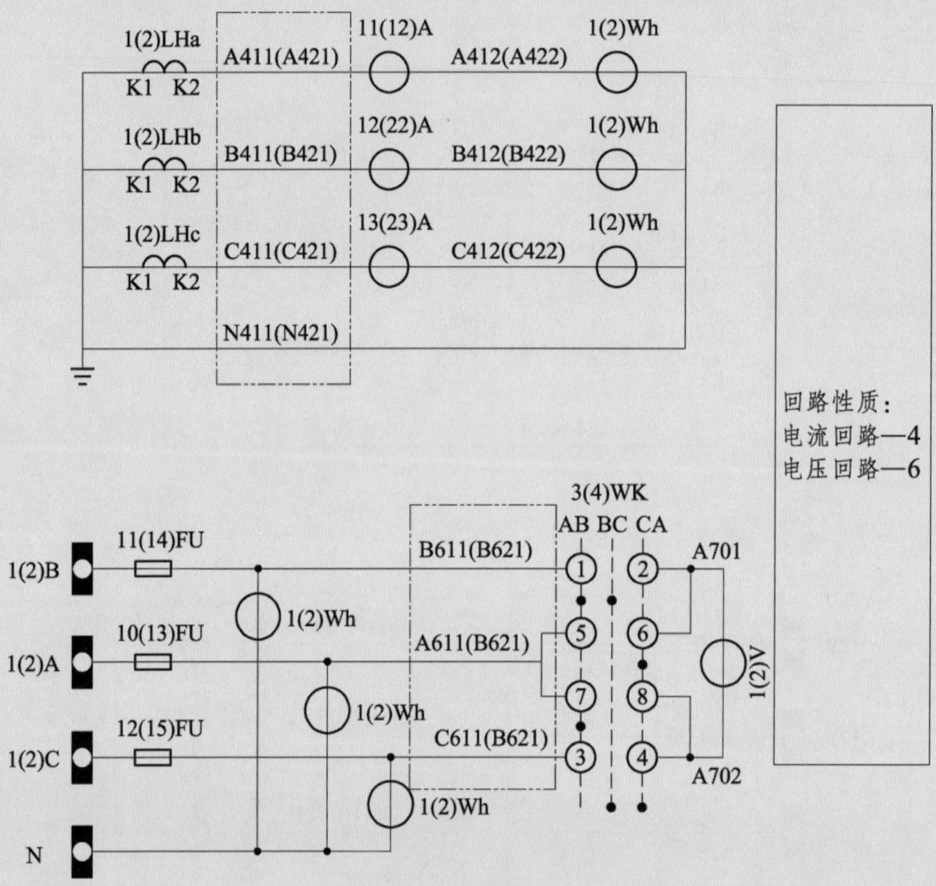

图 9.3　交流回路表（二）

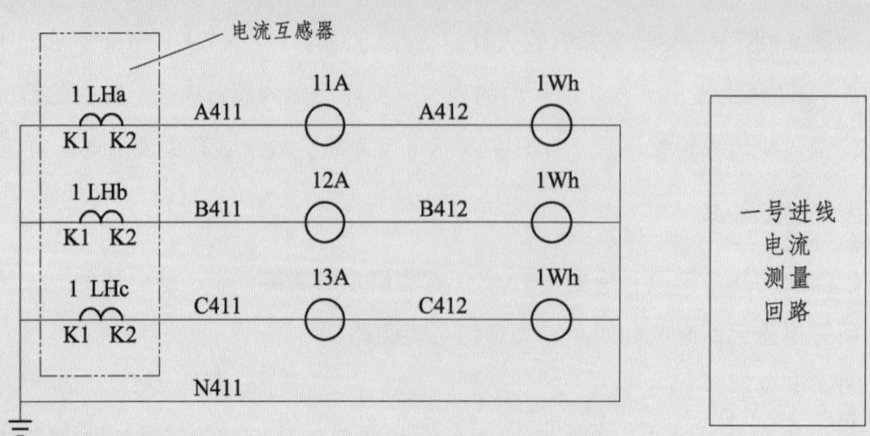

图 9.4　交流回路电流互感器

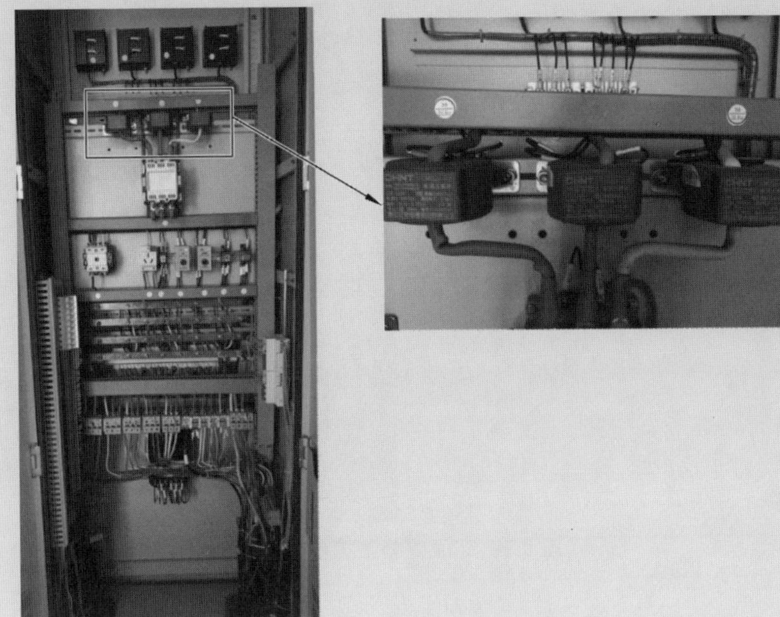

图 9.5　交流回路互感器实物

（2）电流表（A）。

电流表是测量电路中电流大小的电工仪表，如图 9.6 和图 9.7 所示。电流表可以分交流电流表、直流电流表和交直流电能表三大类。图 9.6 回路中的电流表为交流电流表，测量监视电路的负荷大小。

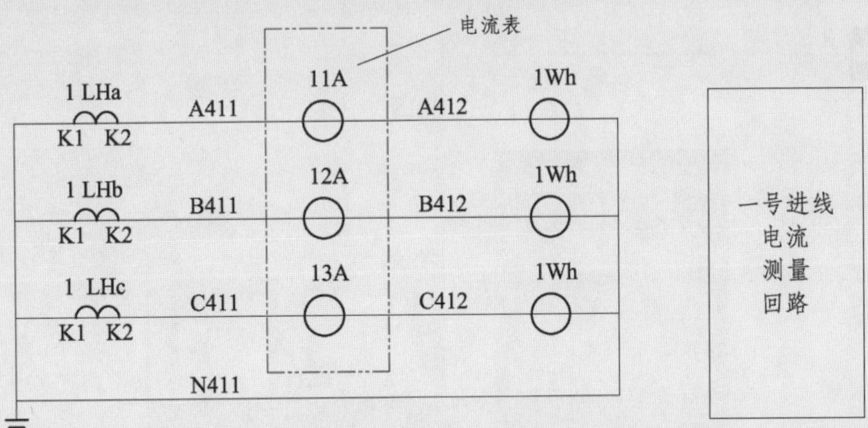

图 9.6　交流回路电流表

（3）电压表（V）。

电压表是个大的电阻器，在理想状态下被认为是断路。电压表并联电路中，此表在回路中的工作是测量三相电压，在巡视中进行转换开关进行转换相与相之间的电压，监视是否正常，如图 9.8 和图 9.9 所示。

图 9.7　交流回路电流表实物

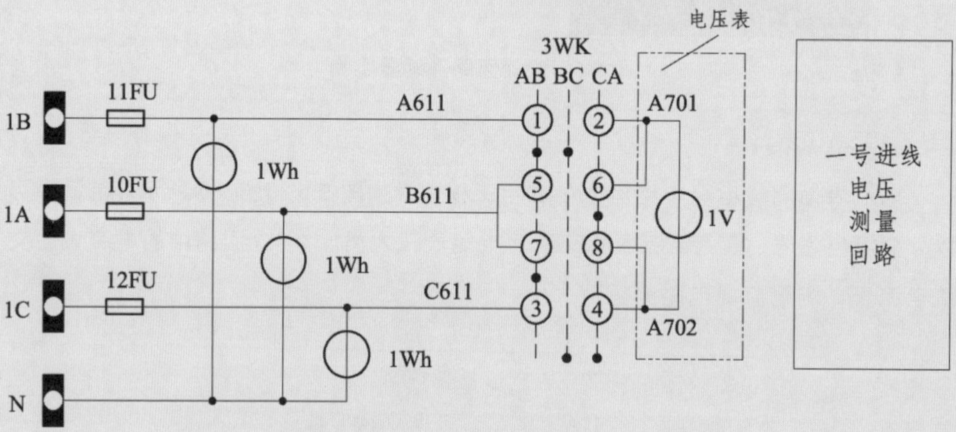

图 9.8　交流回路电压表

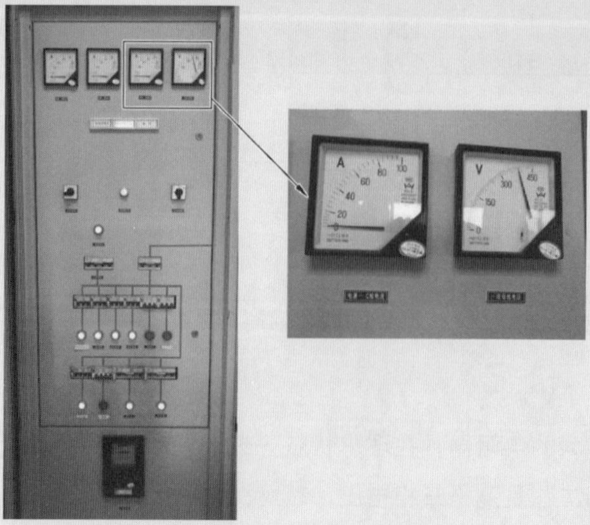

图 9.9　交流回路电压表实物

（4）电度表（WH）。

电度表在图 9.10 所示的回路中用于测量一定时间内用电量，在变电所起计量作用，它的实物如图 9.11 所示。

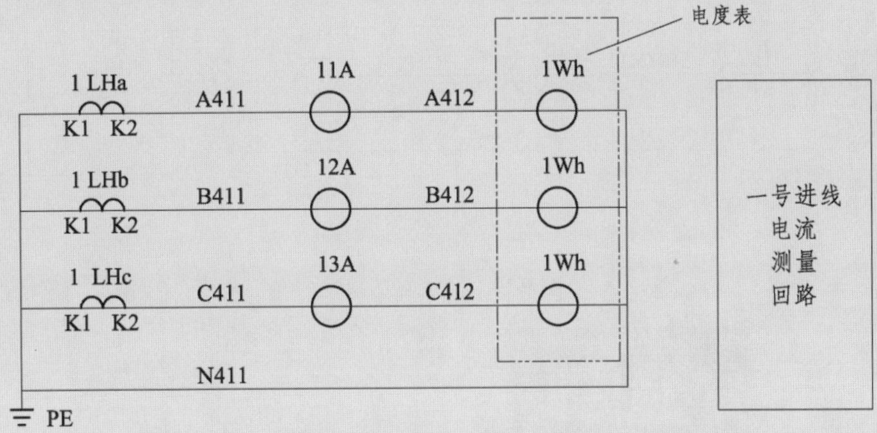

图 9.10　交流回路电度表

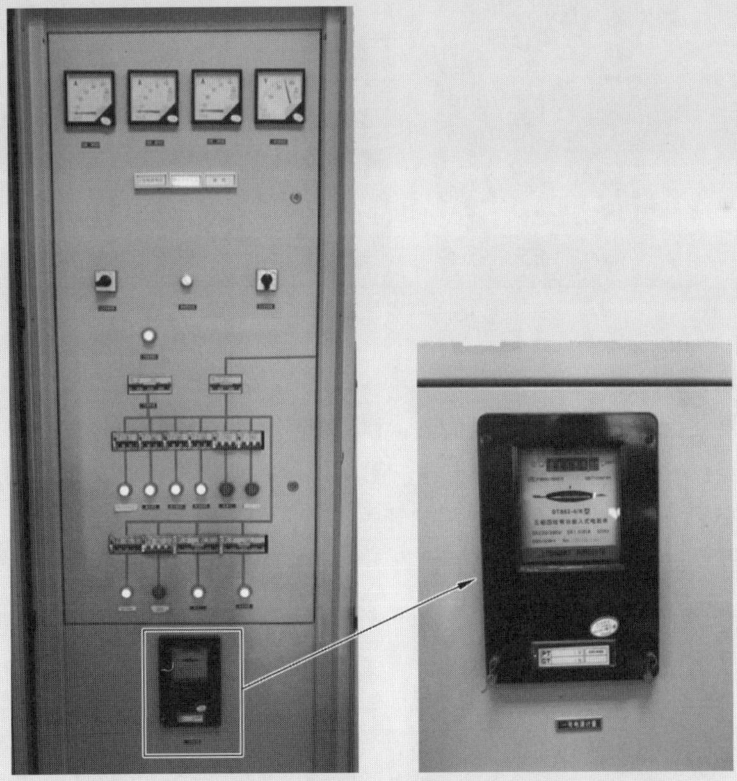

图 9.11　交流回路电度表实物

（5）接地（PE）。

当设备绝缘老化或者损坏时，外壳不接地，其外壳就处在带电状态，人触及该设备就会有电流流过人体，造成人身触电事故。保护接地的作用就是避免这种情况发生，接线和实物如图 9.12 和图 9.13 所示。

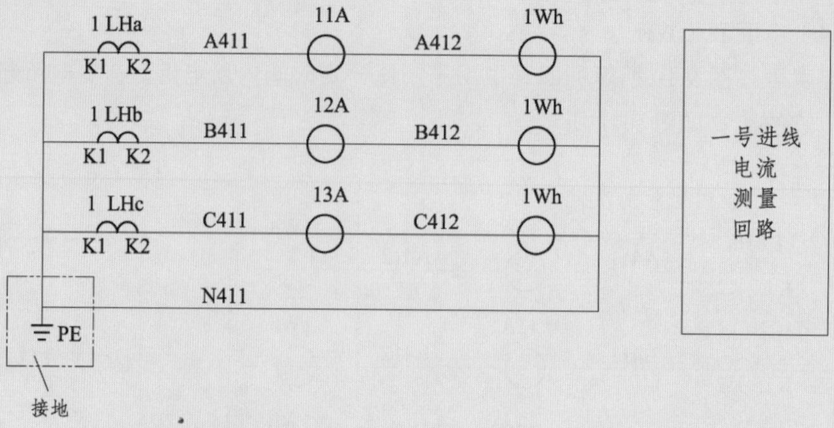

图 9.12　交流盘的接地

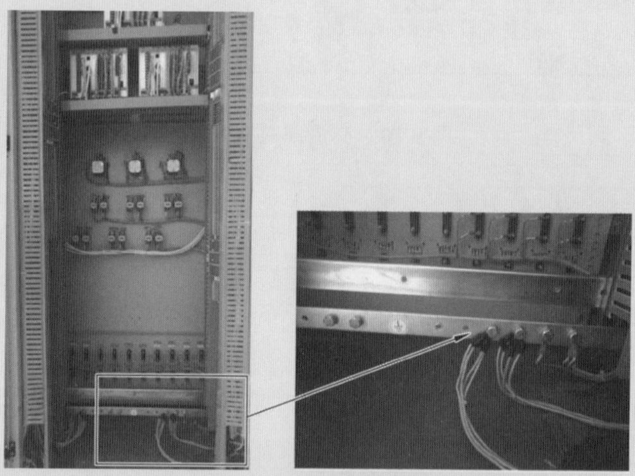

图 9.13　交流盘接地实物

（6）熔断器（FU）。

熔断器是指当电流超过规定值时，以本身产生的热量使熔体熔断，断开电路的一种电器。它是一种电流保护电器。图 9.14 中的回路熔断器为低压熔断器，实物如图 9.15 所示，它还可以当回路的开关进行使用，当回路设备需要进行检修或者更换设备电器时，可以进行隔断操作。

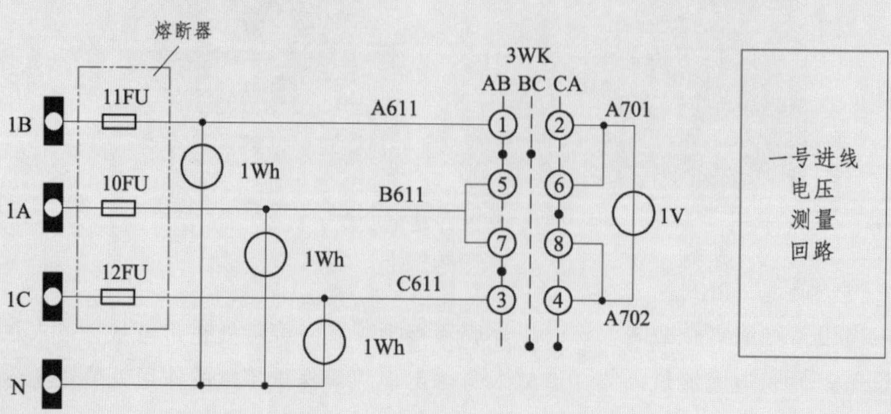

图 9.14　交流回路熔断器位置

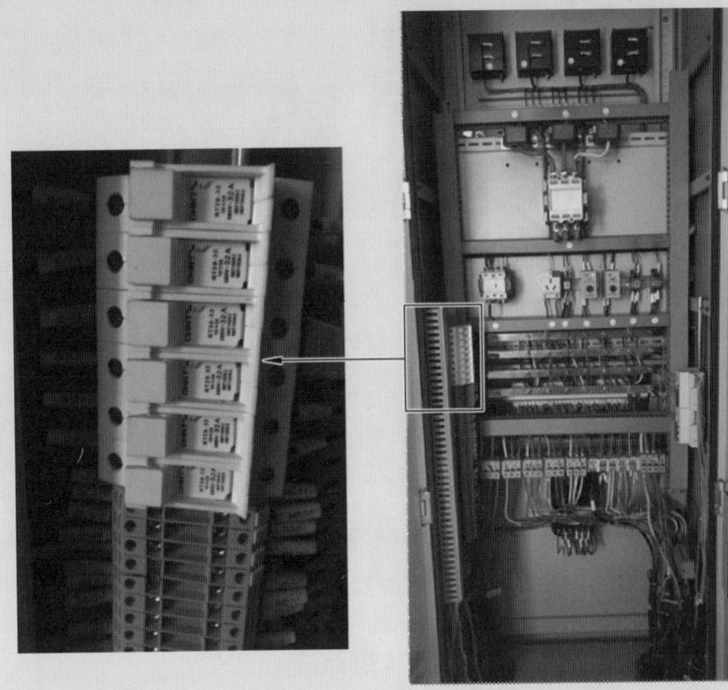

图 9.15　交流盘保险实物

（7）转换开关（WK）。

如图 9.16 所示，转换开关每一行触点下方有实心黑点表明在该位置状态时，开关接通。

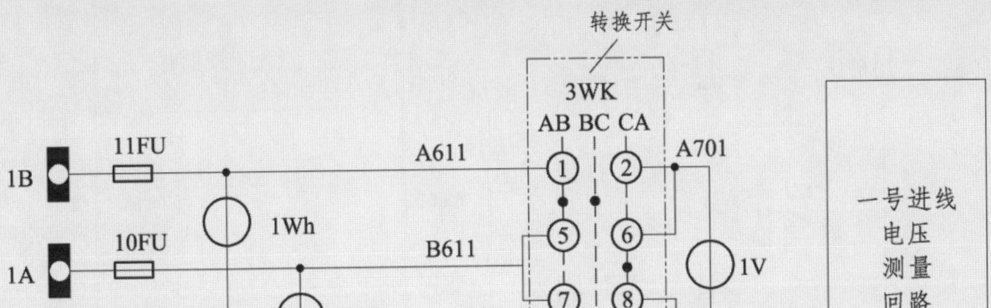

图 9.16　交流回路转换开关位置

此电压回路中的转换开关用于三相电压（AB、BC、AC）之间的转换作用，如图 9.17 所示。

图 9.17　交流盘电压转换开关实物

（8）接触器（J）。

图 9.18 所示回路中的接触器为交流接触器，它广泛用于电力等开断和控制电路中，主要动作动力来源于交流电磁铁，通过利用线圈流过的电流产生磁场，使触头闭合，以达到控制负载的作用。其实物如图 9.19 所示。

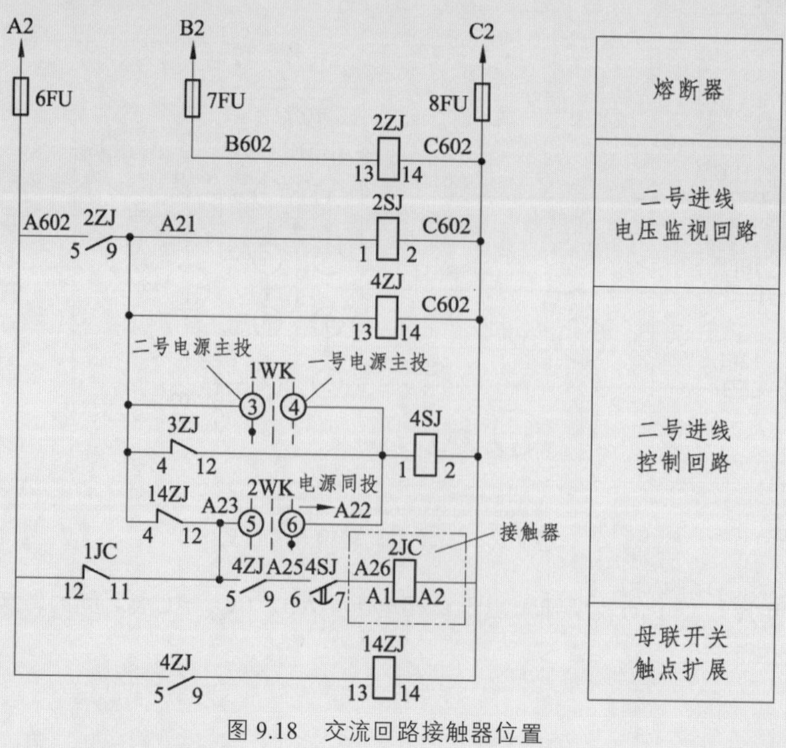

图 9.18　交流回路接触器位置

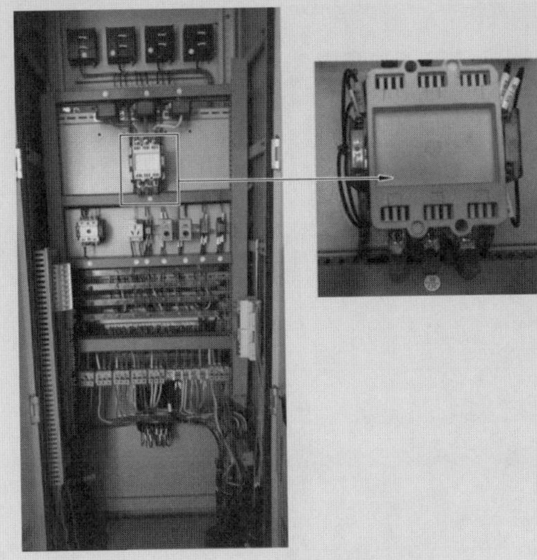

图 9.19　交流接触器实物

（9）按钮开关（SB）。

按钮开关是指利用按钮推动传动机构，使动触头与静触头点接通或断开并实现电路换接的开关，接线和实物如图 9.20 和图 9.21 所示。

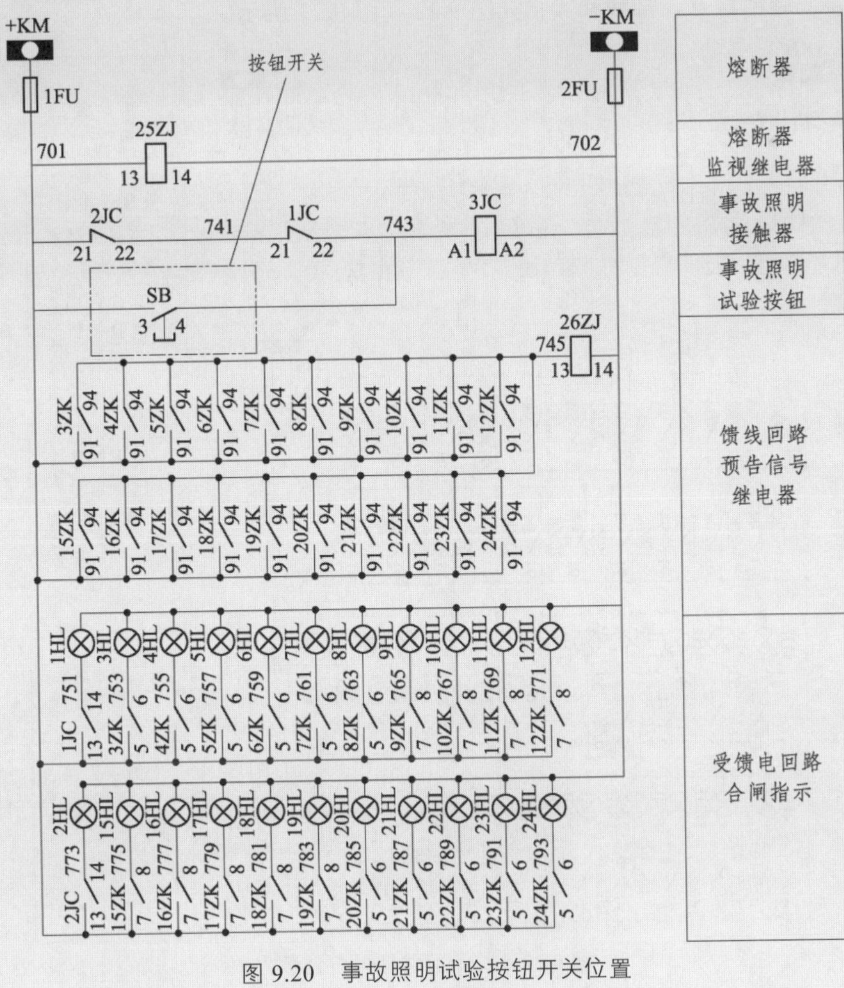

图 9.20　事故照明试验按钮开关位置

图 9.21　事故照明试验按钮实物

（10）信号灯。

指示灯在回路中的作用是表明电路的状态，通常与负载、用电器并联，或连接同步的辅助接点，接线和实物如图 9.22 和图 9.23 所示。

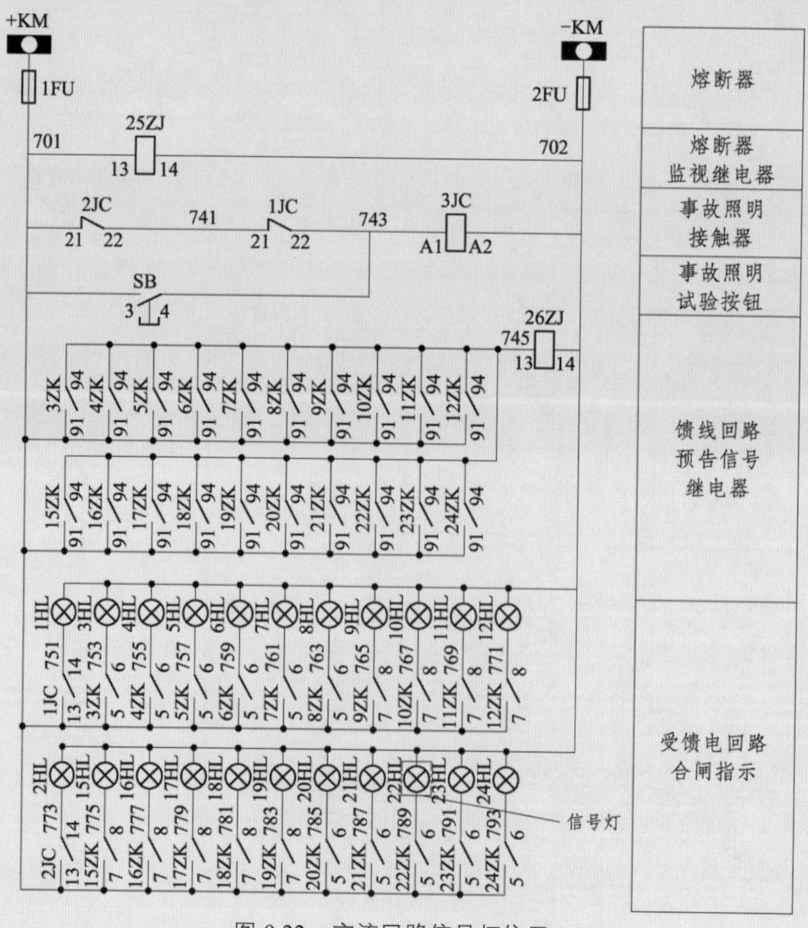

图 9.22　交流回路信号灯位置

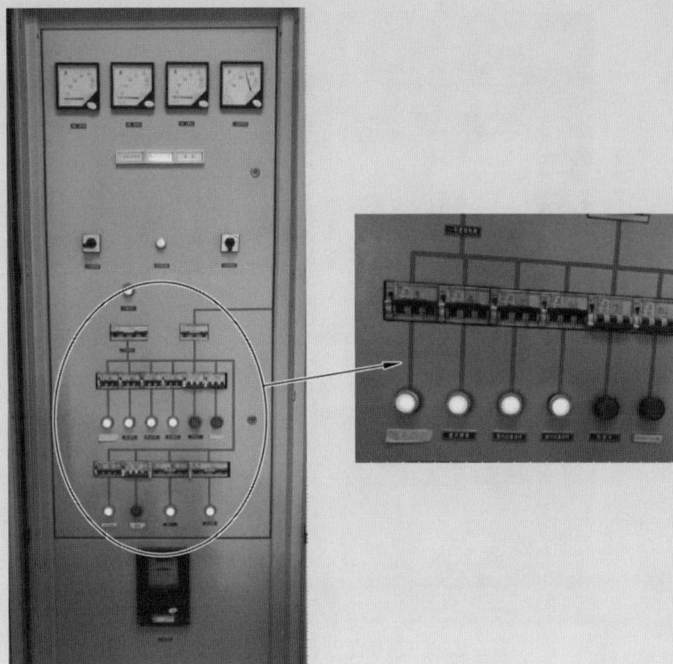

图 9.23　交流盘信号灯实物

（11）时间继电器。

时间继电器是一种使用在较低的电压或者较小电流的电路上，用来接通或者切断较高电压、较大电流的电路的电气元件，它可以用来控制较高电压或较大功率，接线和实物如图 9.24 和图 9.25 所示。

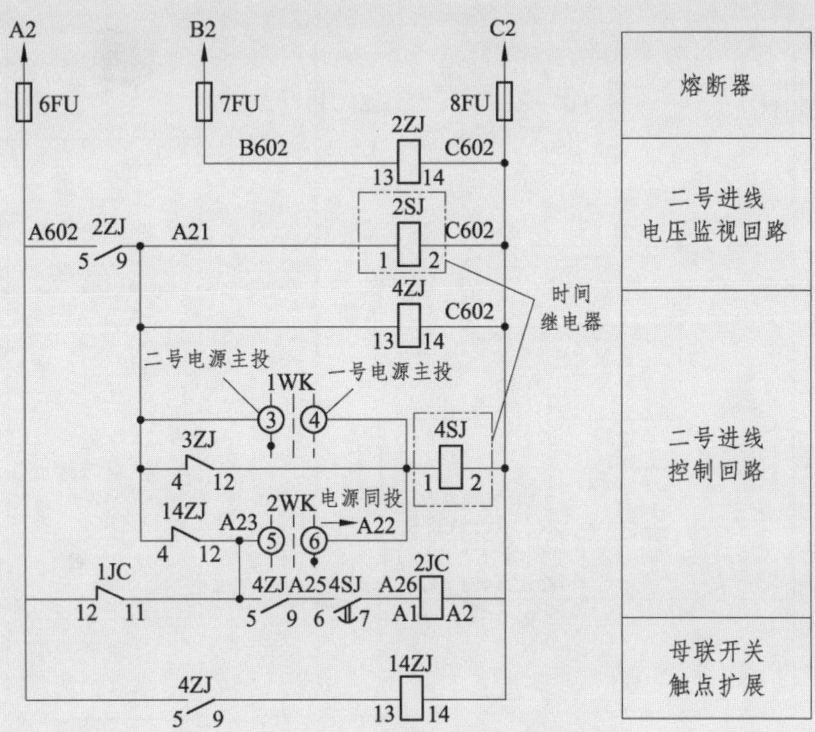

图 9.24　交流回路时间继电器位置

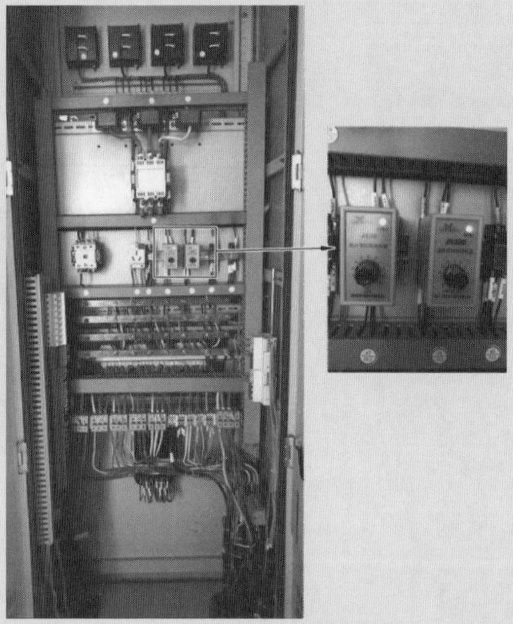

图 9.25　交流盘时间继电器实物

（12）中间继电器。

中间继电器用于继电器保护与自动系统控制系统中，以增加触点的数量及容量，在电路控制系统中，线路中增加一个中间继电器不仅不会改变控制形式，而且增加了接点数量，便于维修，如图 9.26 和图 9.27 所示。中间继电器有接点容量大的特点，并且带有一定负载能力，能达到扩大容量的目的。

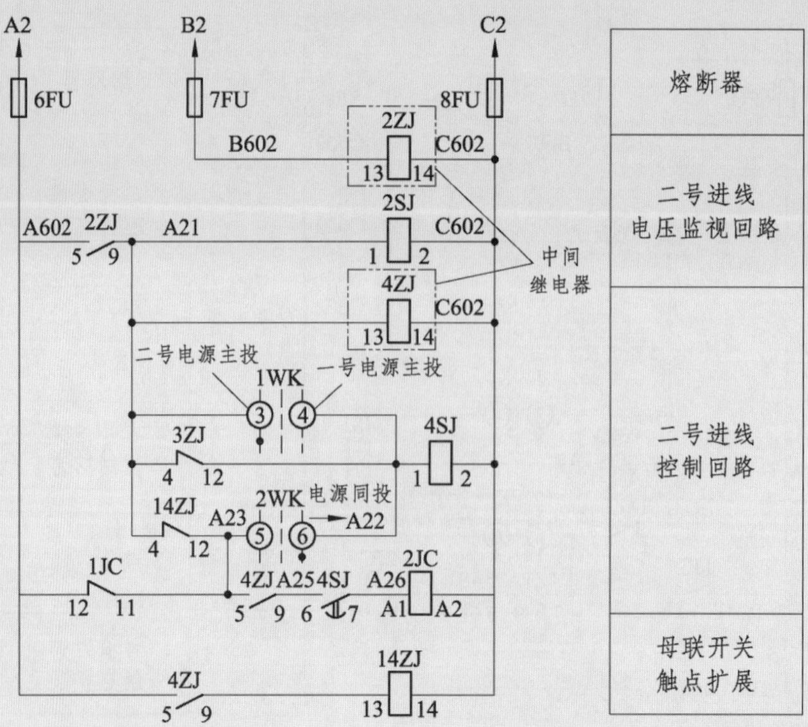

图 9.26　交流回路中间继电器位置

图 9.27　中间继电器实物

（13）光字牌。

在传统的变电所中光字牌是运行人员监视所内设备运行状态、保护动作情况等的重要的信号。其主要由继电器等硬件接点触发，通过中央信号盘上的小光字牌发光进行提醒，接线和实物如图 9.28 和图 9.29 所示。随着综合自动化的改造，传统的光字牌也被监控后台机虚拟的光字牌所取代。

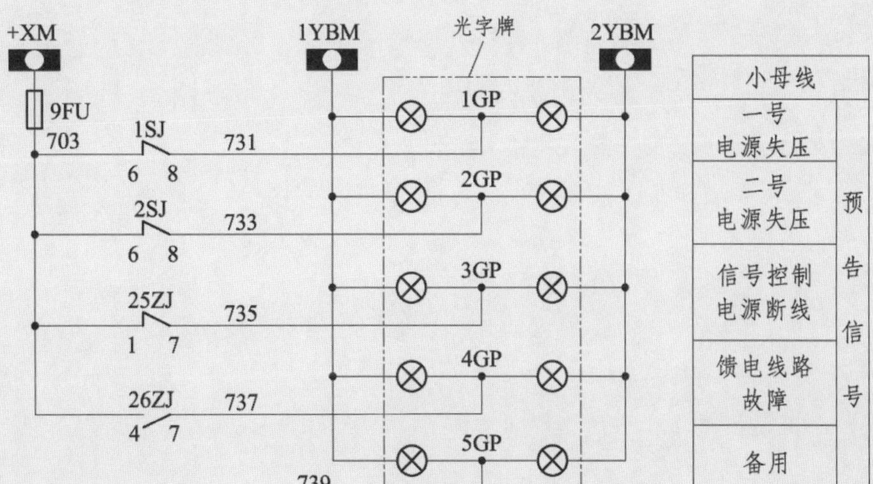

图 9.28　直流回路光字牌位置

图 9.29　直流回路光字牌实物

9.4 任务实施及考核

1. 任务实施

（1）任务实施的目的。

掌握二次回路原理的各设备元件的识图运用。

（2）任务实施准备工作。

完成交流二次原理图各设备元件的识读。

（3）任务实施场地器材。

采用插页 2 所示的交流系统二次原理图纸进行考核。

（4）任务实施步骤

① 理论学习。完成本任务相关理论的学习。

② 拓展学习。完成本任务拓展资料的学习。

③ 实物认知。在掌握相关理论的学习的基础上，结合变电所实物或者图片进行综合认知。

④ 完成考核。

（5）注意事项。

变电所交流系统的设计方和厂家较多，图纸的表达方式各有不同，受本书篇幅限制，没有详细展开讲解其他线路和厂家设备相关理论，任务实施时既要根据本书内容进行基础学习，更要自主学习拓展资料，才能更好建立起对变电所二次图纸较完整的整体认知。

2. 考核表

序号	考核内容	考核标准	标准	得分
1	交流二次原理图实际各设备的安装位置	能正确指出交流系统二次图纸位置运用	70 分（能说出 10/5/0 个以上，得 70/35/0 分）	
2	原理图中各设备元件的符号识别	能正确说出各设备元件的电气符号和文字符号	30 分（能说出 10/5/0 个以上，得 30/15/0 分）	
总分			100 分	

任务 10　变电所二次图案例识读

任务 10 数字资源

10.1　任务描述

本任务主要进行变电所二次接线图案例识读。通过完成本任务，能综合应用二次接线图识图技巧完成图纸识读任务。

10.2　任务资讯

在牵引变电系统中，对一次设备进行控制、保护、监察和测量等用来表明二次设备的配置、相互连接关系和工作原理的电气接线图叫作二次接线图；按照其用途分为归总式原理接线图、展开式原理接线图、安装式原理接线图。保护回路这三种图都有，控制、信号和测量回路一般只有展开式原理接线图和安装接线图。

1. 电流回路

以一组保护用电流回路（见图 10.1）为例，结合前次任务内容，A 相第一个绕组头端与尾端编号 1A1、1A2，第二个绕组则用 2A1、2A2，以此类推。

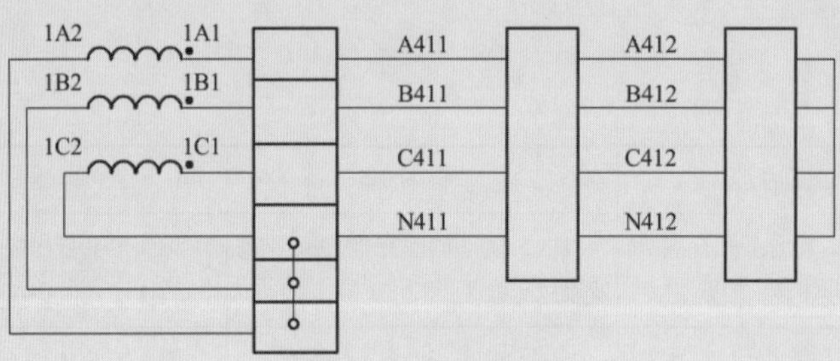

图 10.1　电流回路

2. 电压回路

母线电压回路的星形接线采用单相二次额定电压 57 V 的绕组，星形接线也叫作中性点接地电压接线。以变电站高压侧母线电压接线为例，如图 10.2 所示。

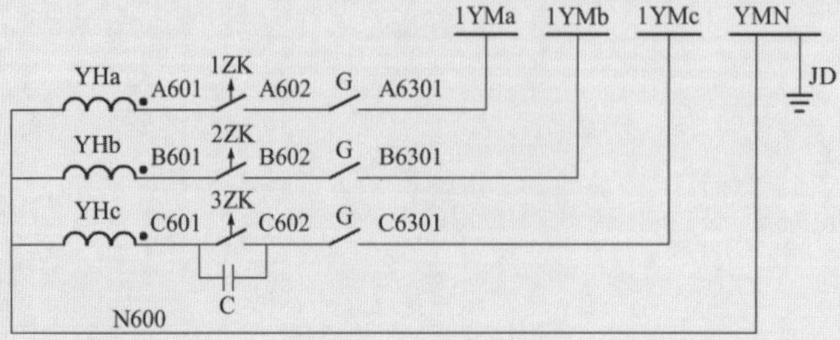

图 10.2　电压回路

（1）为了保证 PT 二次回路在末端发生短路时也能迅速将故障切除，采用了快速动作自动开关 ZK 替代保险。

（2）采用了 PT 刀闸辅助接点 G 来切换电压。当 PT 停用时 G 打开，自动断开电压回路，防止 PT 停用时由二次侧向一次侧反馈电压造成人身和设备事故，N600 不经过 ZK 和 G 切换，是为了 N600 有永久接地点，防止 PT 运行时因为 ZK 或者 G 接触不良，PT 二次侧失去接地点。

（3）1JB 是击穿保险，击穿保险实际上是一个放电间隙，正常时不放电，当加在其上的电压超过一定数值后，放电间隙被击穿而接地，起到保护接地的作用。这样，万一中性点接地不良，高电压侵入二次回路也有保护接地点。

（4）传统回路中，为了防止在三相断线时断线闭锁装置因为无电源拒绝动作，必须在其中一相上并联一个电容器 C，在三相断线时电容器放电，供给断线装置一个不对称的电源。

（5）因母线 PT 是接在同一母线上，所有元件公用的，为了减少电缆联系，设计了电压小母线 1YMa、1YMb、1YMc、YMN（前面数值“1”代表 I 母 PT）。PT 的中性点接地 JD 选在主控制室小母线引入处。

（6）在 220 kV 变电所，PT 二次电压回路并不是直接由刀闸辅助接点 G 来切换，而是由 G 去启动一个中间继电器，通过这个中间继电器的常开接点来同时切换三相电压，该中间继电器起重动作用，装设在主控制室的辅助继电器屏上。

对于双 57 V 绕组的 PT，另一组用于表计计度，接线方式与上面完全一致，公用一个击穿保险 1JB，只是编号略有不同，可以参考相关资料。

3. 保护操作回路

（1）保护操作回路是二次回路的基本回路，110 kV 操作回路构成该回路的基本结构，220 kV 操作回路也是在该回路上发展而来的，同时保护的微机化也是将传统保护的电气量、开关量进行逻辑计算后交由操作回路，因此微机保护仅仅是将传统的操作回路小型化、模块化。下面以图 10.3 为例，讲解 110 kV 的操作回路。

（1）当开关运行时，DL1 断开，DL2 闭合。HD、HWJ、TBJI 线圈，TQ 构成回路，HD 亮，HWJ 动作，但是由于各个线圈有较大阻值，使得 TQ 上分的电压不至于让其动作。保护调闸出口时，TJ、TYJ、TBJI 线圈，TQ 直接沟通，TQ 上分到较大电压而动作，同时 TBJI 接点动作自保持 TBJI 线圈一直将断路器断开才返回（即 DL2 断开）。

（2）合闸回路原理与跳闸回路原理相同。

（3）在合闸线圈上并联了 TBJV 线圈回路，这个回路是为了防止在跳闸过程中又有合闸命令而损坏机构。例如，合闸后合闸接点 HJ 或者 KK 的 5、8 粘连，开关在跳闸过程中 TBJI 闭合，HJ、TBJV 线圈，TBJI 沟通，TBJV 动作时 TBJV 线圈自保持，相当于将合闸线圈短接了（同时 TBJV 闭接点断开，合闸线圈被隔离）。这个回路叫防跃回路，防止开关跳跃的意思，简称防跃。

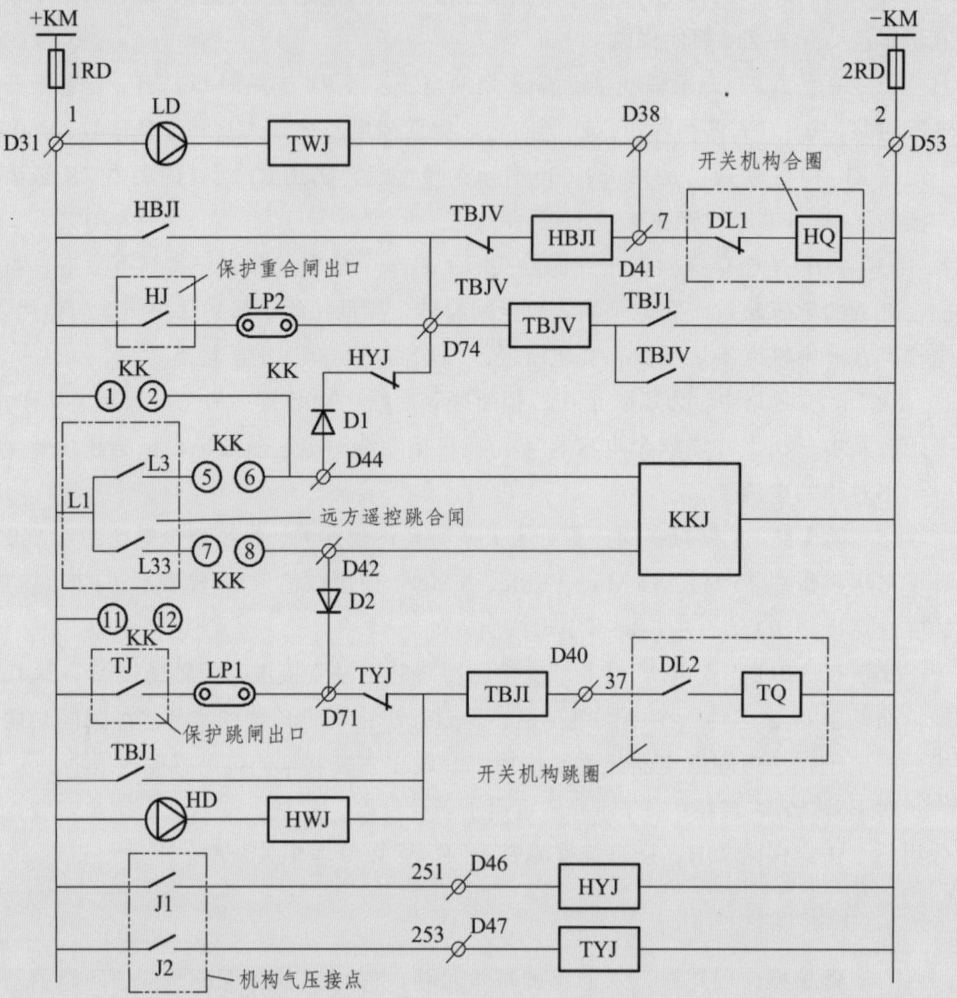

LD—绿灯，表示分闸状态；HD—红灯，表示合闸状态；TWJ—跳闸位置继电器；HWJ—合闸位置继电器；HBJI—合闸保持继电器，电流线圈启动；TBJI—跳闸保持继电器，电流线圈启动；TBJV—跳闸保持继电器，电压线圈保持；KK—手动跳合闸把手开关；DL1—断路器辅助常开接点；DL2—断路器辅助常闭接点。

图 10.3　保护回路

（4）KKJ 是合后继电器，通过 D1、D2 两个二极管的单相导通性能来保证只有手动合闸才能让其动作，手动跳闸才能让其复归。KKJ 是磁保持继电器，动作后不自动返回，KKJ 又称手合继电器，其接点可以用于“备自投”“重合闸”“不对应”等。

（5）HYJ 与 TYJ 是合闸和跳闸压力继电器，接入断路器机构的气压接点，在以 SF_6 为灭弧绝缘介质的开关中，如果 SF_6 气体有泄漏，则当气体压力降至危及灭弧时该接点 J1 和 J2 导通，将操作回路断开，禁止操作。这里应该注意的是，当气压低闭锁电气操作时候，不应该在现场用机械方式打跳开关，气压低闭锁是因为气压已不能灭弧，此时任何将开关断开的方法性质是一样的，容易让灭弧室炸裂，正确的方法是先把该断路器的负荷去掉之后，再手动打跳开关。

（6）位置继电器 HWJ、TWJ 的作用有两个，一是显示当前开关位置，二是监视跳、合线圈，如在运行时，只有 TQ 完好，TWJ 才动作。

4. 防跳回路

当合闸回路出现故障时进行分闸，或短路事故未排除，又进行合闸（误操作），这时就会出现断路器反复合分闸，不仅容易引起或扩大事故，还会引起设备损坏或伤人事故，所以高压开关控制回路应设计防跳。防跳一般选用电流启动，电压保持的双线圈继电器。电流线圈串接于分闸回路作为启动线圈。电压线圈接于合闸回路，作为保持线圈，当分闸时，电流线圈经分闸回路启动。如果合闸回路有故障，或处于手动合闸位置，电压线圈启动并通过其常开接点自保持，其常闭接点马上断开合闸回路，保证断路器在分闸过程中不能马上再合闸。防跳继电器的电流回路还可以通过其常开接点将电流线圈自保持，这样可以减轻保护继电器的出口接点断开负荷，也减少了保护继电器的保持时间要求，如图 10.4 所示。

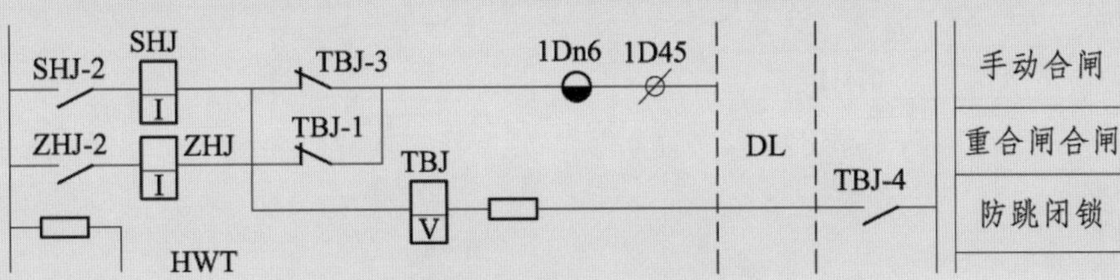

图 10.4　馈线的防跳回路

有些微机保护装置自己具有防跳功能，这样就可以不再设计防跳回路。断路器操作机构选用弹簧储能时，如果选用储能后可以进行一次合闸与分闸的弹簧储能操作机构（也有用于重合闸的储能后可以进行二次合闸与分闸的弹簧储能操作机构），因为储能一般都要求 10 s 左右，当储能开关经常处于断开位置时，储一次能，合完之后，将储能开关再处于断开位置，可以跳一次闸；跳闸之后，要手动储能之后才能进行合闸，此时，也可以不再设计防跳回路。

5. 保护跳闸

保护跳闸出口经过连接片接于跳闸回路，连接片用于保护调试，或运行过程中解除某些保护功能，如图 10.5 所示。

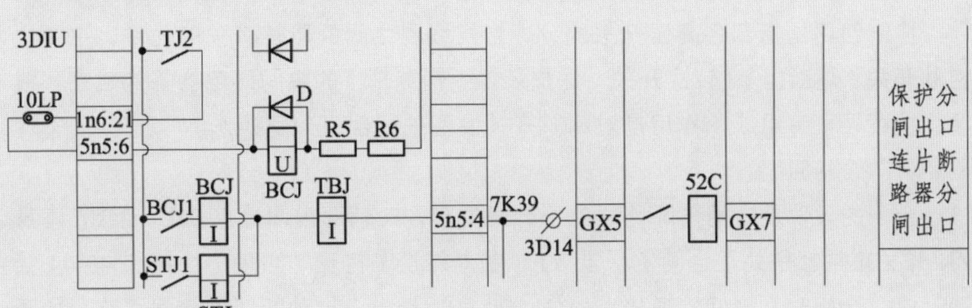

图 10.5　保护跳闸

6. 测量回路

测量回路分为电流回路与电压回路。电流回路中各种设备串联于电流互感器二次侧（5 A），电流互感器是将原边负荷电流统一变为 5 A 测量电流。计量与保护分别用各自的互感器（计量用互感器精度要求高），计量测量串接电流表以及电度表、功率表与功率因数表电流端子，保护测量串接保护继电器的电流端子，如图 10.6 所示。微机保护一般将计量及保护集中于一体，分别有计量电流端子与保护电流端子。

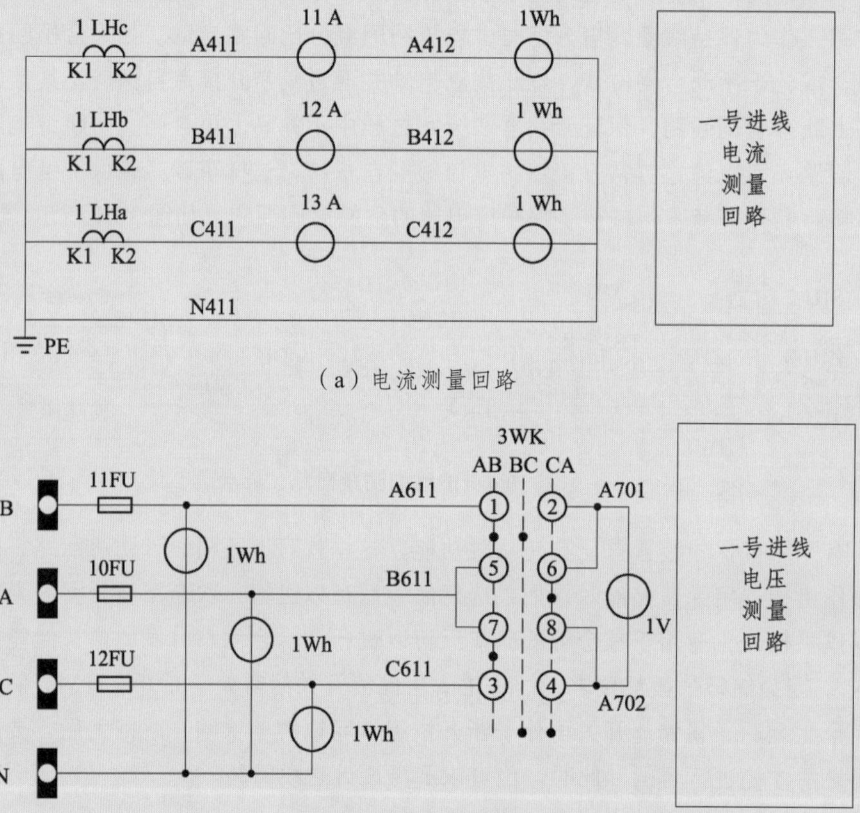

（a）电流测量回路

（b）电压测量回路

图 10.6　测量回路

7. 控制回路

控制回路是指到各高压开关的分、合闸线圈之间的所有有关的元件，主要由控制开关（熔断器）、转换开关、保护装置（辅继箱）的中间继电器等的触点和线圈、接线端子等组成，作用是对高压开关设备进行合、分闸操作。

（1）合闸回路。

合闸的条件是合闸前断路器处于分闸位置，其辅助常闭接点 DL 闭合，本身 ZK 开关正常都是处于合闸位，当 YF（钥匙转换）打至“当地”位接点 43-44 接通，WK 合闸时，瞬间接通接点 3-4；使 SHJ 受电，启动断路器合闸回路，如图 10.7 所示。

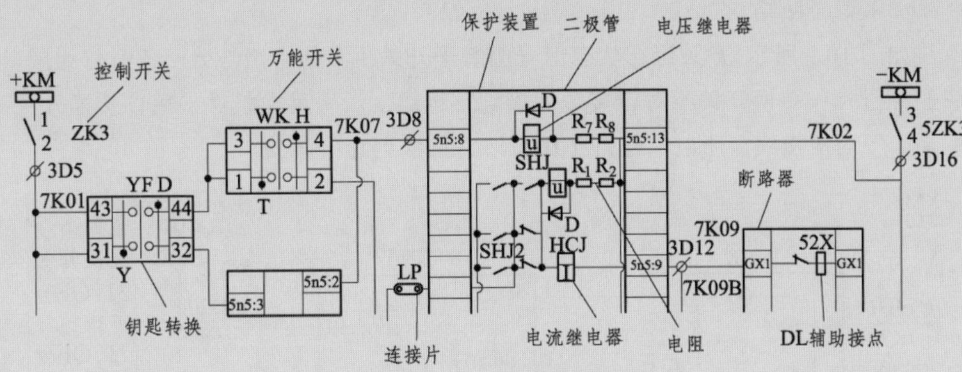

图 10.7 控制回路

（2）交流接触器启动回路。

如图 10.8 所示，交流盘电源选择电源时，当 WK 开关选择电源主投时（一号电源主投 WK 接点 1-2 接通），三相交流电 A1、B1、C1 中的两相 1ZJ 线圈受电，使 1ZJ 常开接点闭合；接通 A11 回路的 1SJ 接通一号进线的电压监视回路；接通了 3ZJ 中间继电器回路，3ZJ 受电；由于选择的是一号电源主投 WK 触点 1-2 接通同时 3SJ 受电；如此 3ZJ、3SJ 同时都得电其辅助常开触点 3ZJ、3SJ 闭合；2JC 未接通所以 2JC 接触器的常闭触点正常处于闭合状态；从而接通了 3FU→2JC 常闭→3ZJ 常开接点（闭合）→3SJ 常开接点（闭合）→1JC 接触器（受电）。这样就启动一号电源主投。

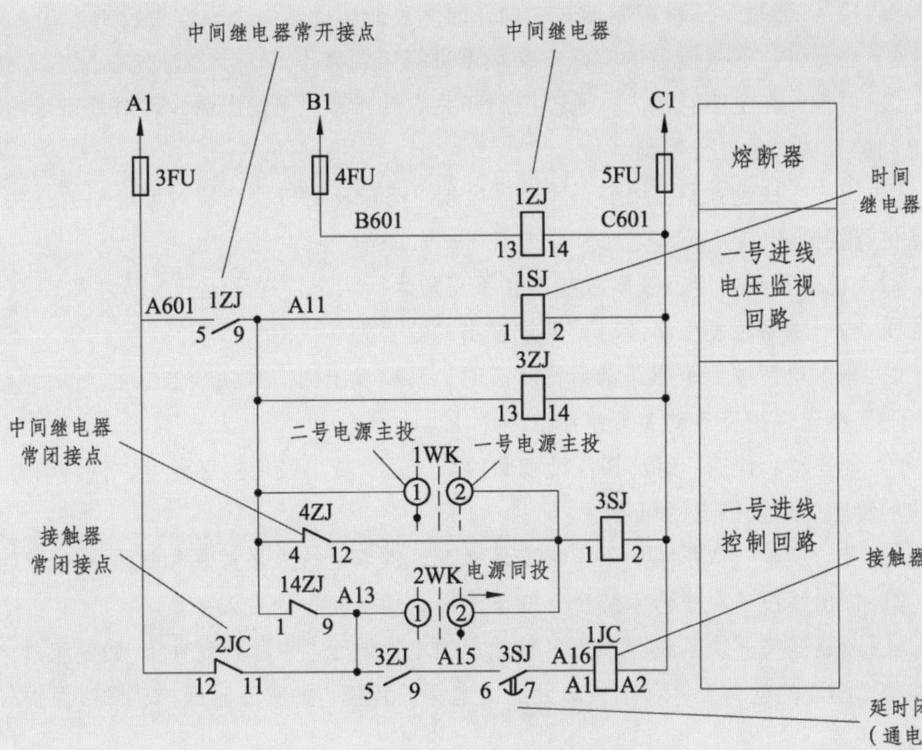

图 10.8 启动回路

（3）信号回路。

如图 10.9 所示，开关运行状态信号由装于开关柜上的合闸与分闸信号灯组成，它们经过操作转换开关不对应接线后接到正电源上。采用微机保护后，转换开关取消了不对应接线，所以信号灯正极可以直接接到正电源上。

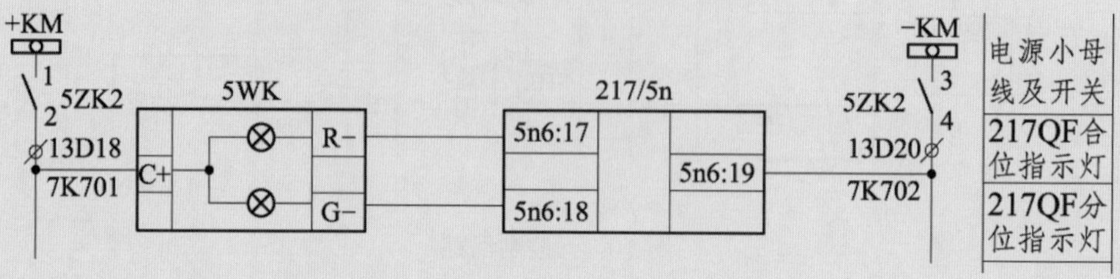

图 10.9　信号回路

10.3　作业指导

1. 变电所二次设备的主要功能

传统的变电所二次设备由控制、信号、继电保护及自动装置、测量及监察装置等部分组成，也包括电流互感器、电压互感器的二次绕组引出线和所有直流操作电源系统。二次设备所构成的电路，称为二次接线或二次回路，用二次回路接线图（简称二次接线图）进行描述。

（1）控制系统：对一次系统的开关设备进行就地或远方分、合闸操作，有“远方”“屏控”“当地”三种控制形式，同一时间只能选择其中之一作为控制方式。

① 当地：在开关设备的实际安装地点进行控制操作。

② 屏控：在主控制室内，通过控制开关（或计算机）发出命令，对几百米内可电动的开关设备进行控制。

③ 远方：在远方调度中心，通过调度端、信道及出口执行端对可电动的开关设备进行控制。

（2）信号系统：能反映事故状态和不正常运行状态，提醒运行人员注意。

① 当一次系统发生事故时，系统发出的信号为事故信号。

② 当供电系统处于不正常运行状态时，系统发出的信号为预告信号。

（3）继电保护及自动装置系统。

① 能自动、快速、有选择性地切除故障设备，减小设备损坏程度，保证电力系统的稳定，增加供电的可靠性。

② 及时反映一次系统的不正常工作状态，提示运行人员关注和处理。

③ 馈出线设一次重合闸装置；双电源设备用电源自动投入装置。

④ 断路器将一次系统分隔为各种独立的电气单元（也称为元件），如变压器、线路等。相应的就有了各种电气单元的继电保护装置，如变压器保护、母线保护、线路保护等。

⑤ 对重要的一次设备设置主保护和后备保护。

（4）测量及监察系统。

① 指示或记录一次系统的运行参数，作为一次系统运行情况、故障处理及经济核算的依据。

② 由各种电气测量仪表、监测装置等设备构成，常见的有电流、电压、频率、功率、电能等电气量的测量和交直流绝缘监测。

（5）操作电源系统。

① 向二次系统提供工作电源，断路器的跳、合闸操作电源，其他设备的事故电源等。

② 操作电源均采用 110 V（或 220 V）直流电源，一般由蓄电池及浮充电系统构成。

2. 设备启动的二次回路

馈线启动回路如图 10.10 所示。

（1）（当地位）合闸启动回路。

+ KM→3ZK2（1-2）→3YF（43-44）→3WK（3-4）→3n6：8→SHJ→3n6：13 -3D20→3ZK2（3-4）→ – KM

（2）（当地位）分闸启动回路。

+ KM→3ZK2（1-2）→3YF（43-44）→3WK（1-2）→3n6：3→STJ→3n6：13 -3D20→3ZK2（3-4）→ – KM

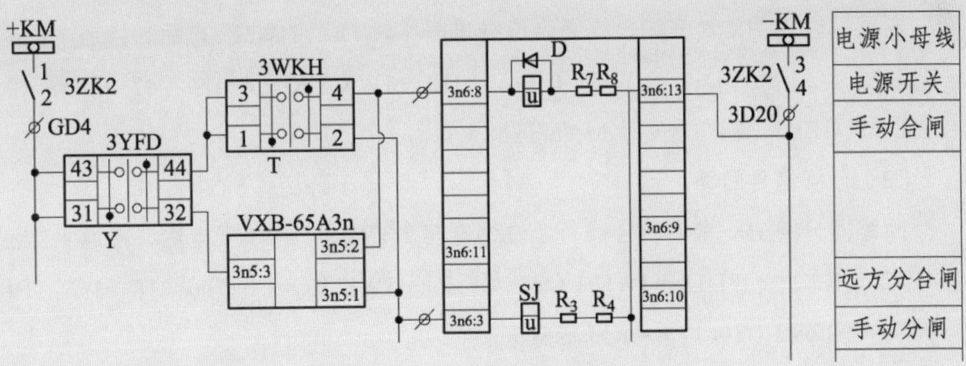

图 10.10　馈线启动回路

馈线执行回路如图 10.11 所示。

（1）合闸执行回路。

+ KM→3ZK2（1-2）GD4→3n6：11→SHJ2→HCJ→3n6：9→3D18→HK→HQ→3D20→3ZK2（3-4）→ – KM

（2）分闸执行回路。

+ KM→3ZK2（1-2）→GD4→3n6：1→STJ1→STJ→TBJ→3n6：4→3D15→HK→TQ→3ZK2（3-4）→ – KM

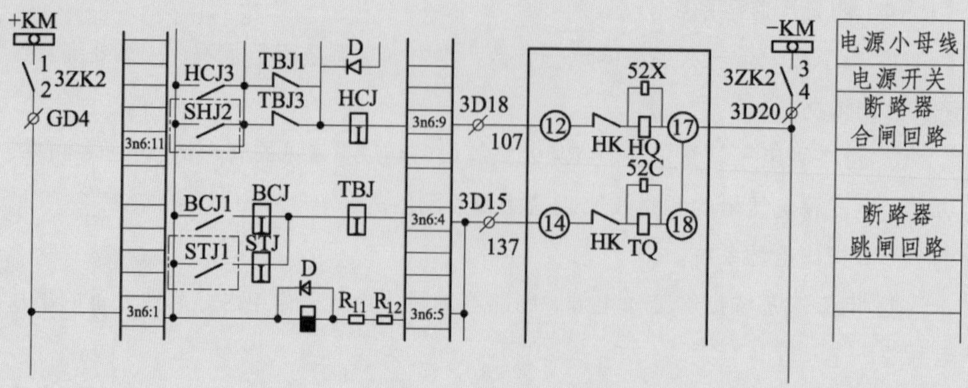

图 10.11 馈线执行回路

馈线信号回路如图 10.12 所示。

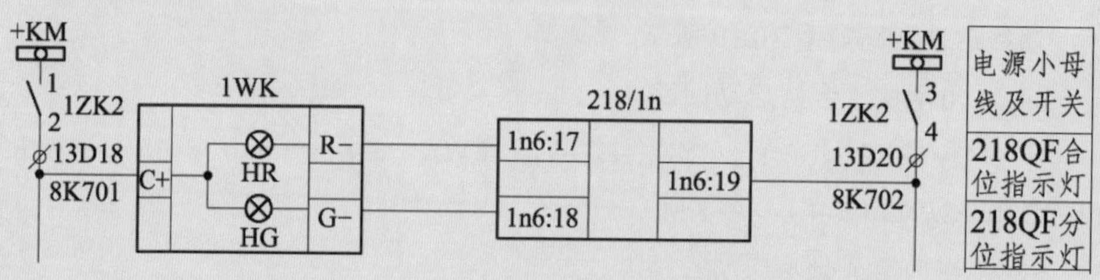

图 10.12 馈线信号回路

（1）合闸信号回路。

断路器合闸 HK 常开闭合接通合位继电器（HWJ）；HWJ 受电后，接通＋KM→1ZK2（1-2）→13D18→1WK（C＋）→HR→1WK（R-）→1n6：17→1n6：19→13D20→1ZK2（3-4）→－KM 红灯亮。

（2）分闸信号回路。

断路器分闸 HK 常闭闭合接通合位继电器（TWJ）；TWJ 受电后，接通＋KM→1ZK2（1-2）→13D18→1WK（C＋）→HG→1WK（G-）→1n6：18→1n6：19→13D20→1ZK2（3-4）→－KM 绿灯亮。

设备布置如图 10.13 所示。

2. 变电所二次设备布置

（1）图 10.13 所示的屏面布置图显示的为设备实体按比例的屏的尺寸框图、仪表设备布置框图（设备编号与屏后设计相对应）；图中有 18 个正方形开孔，分别是预留装设 16 个电流表及 1 个电压表位置，有 1 个转换开关开孔位；有 18 个圆形开孔，分别是 7 个指示灯位置及 11 个按钮开关位置；每个孔位下有一标签位置，分别标示元件及仪表的名称。

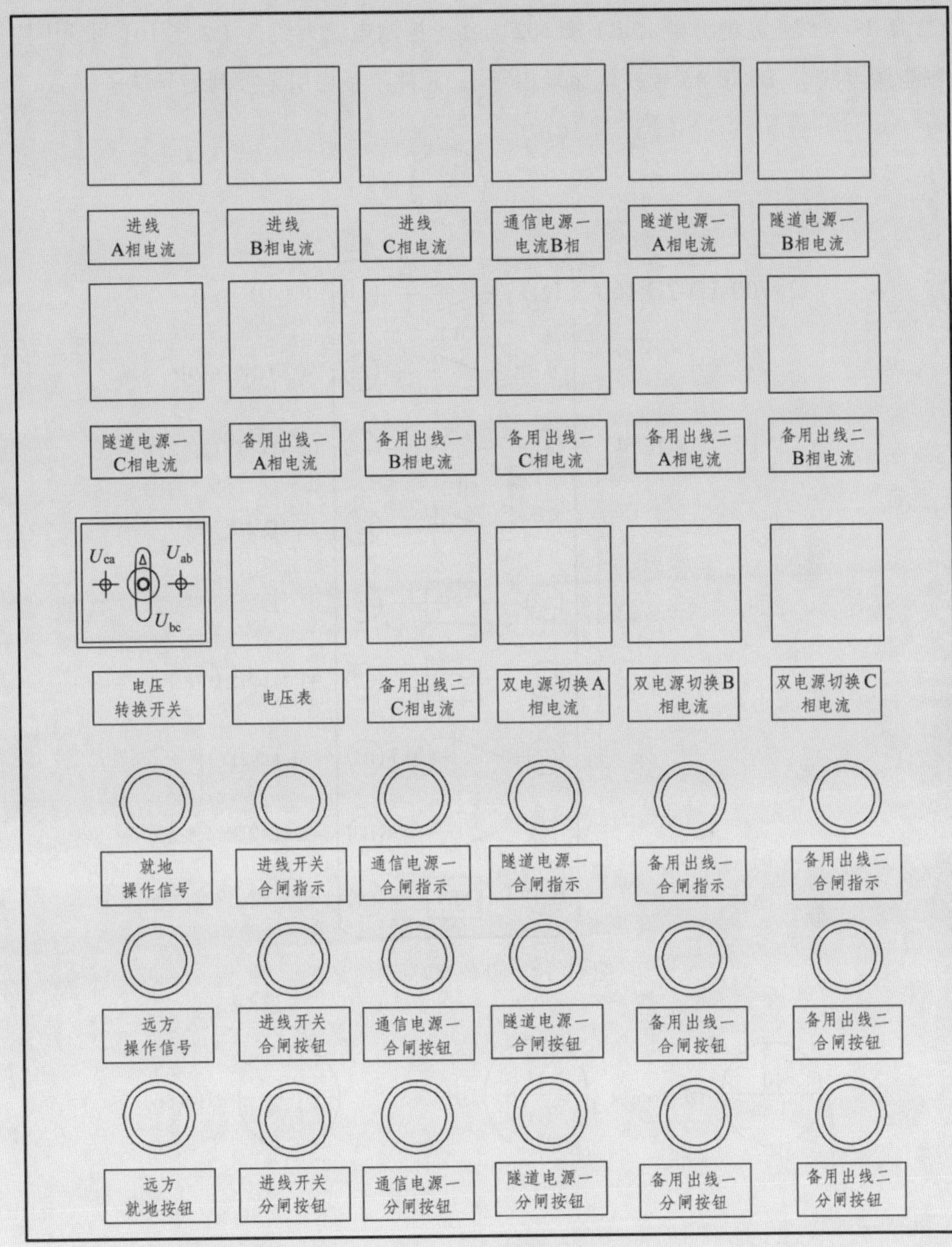

图 10.13　设备布置

注：1. 本图仅是粘贴元器件、仪表门标签的示意图，其大小不代表实际门板大小。
2. 由于图纸为通用图纸，材料的具体型号以及各回路名称请参考对应的一次系统图。

（2）图 10.14 和图 10.15 所示的低压断路器电操接线图和低压馈出线流互接线图是屏背面元件的接线图。其中，QF 为断路器，21 接 700 号线（遥信公共端），22 接 702 号线（分闸信号），24 接 701 号线（合闸信号），11 接 102 号线（控制电源火线），12 接 35 号线（分闸指示），14 接 05 号线（合闸指示），A1 接 102 号线（控制电源火线），A2 接 03 号线（就地合闸），C1 接 102 号线（控制电源火线），

C2 接 33 号线（就地分闸），B1 接 102 号线（控制电源火线），B2 接 101 号线（控制电源零线），B3 接 45 号线（储能指示），元件接线均引至控制信号端子排。

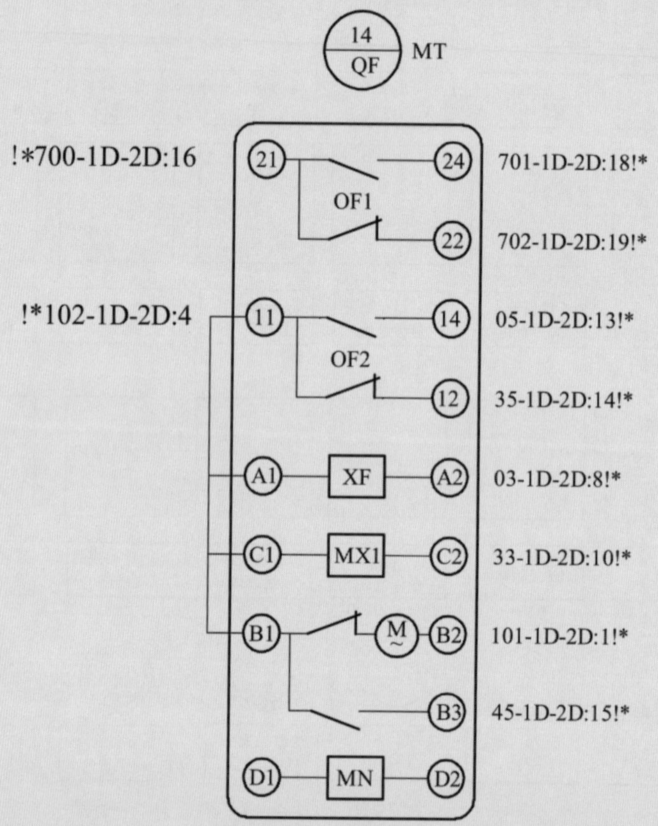

图 10.14　设备相对标号

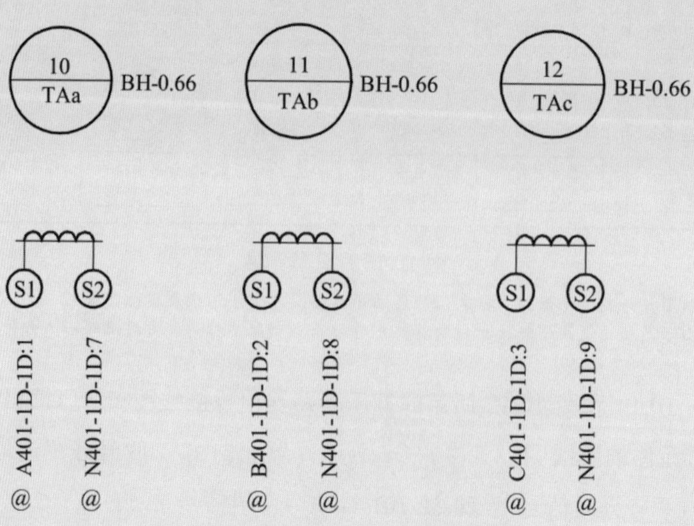

图 10.15　设备端子相对标号

设备 10、11、12 分别是这一低压进线开关的三个电流互感器，产品型号采用

BH-0.66；分别接该断路器的 A、B、C 三相；流互 S1 端子分别引至该开关的交流端子排 1、2、3 端子，流互 S2 端子分别引至该开关的交流端子排 7、8、9 端子，结合端子排来看，7、8、9 端子短接 10 端子，而 10 端子是接地端子，即为该低压进线开关的三个电流互感器 S2 端子短接接地；1、2、3 端子一端接电流互感器 S1，另一端接入 PZ（多功能数显表）4、6、8 端子，从 PZ 的 5、7、9 端子引出，再接入端子排 4、5、6，最后引至 RTU 装置。

（3）图 10.16 所示为端子排接线图，它显示这一低压断路器交流原理图及控制原理图的接线端子。

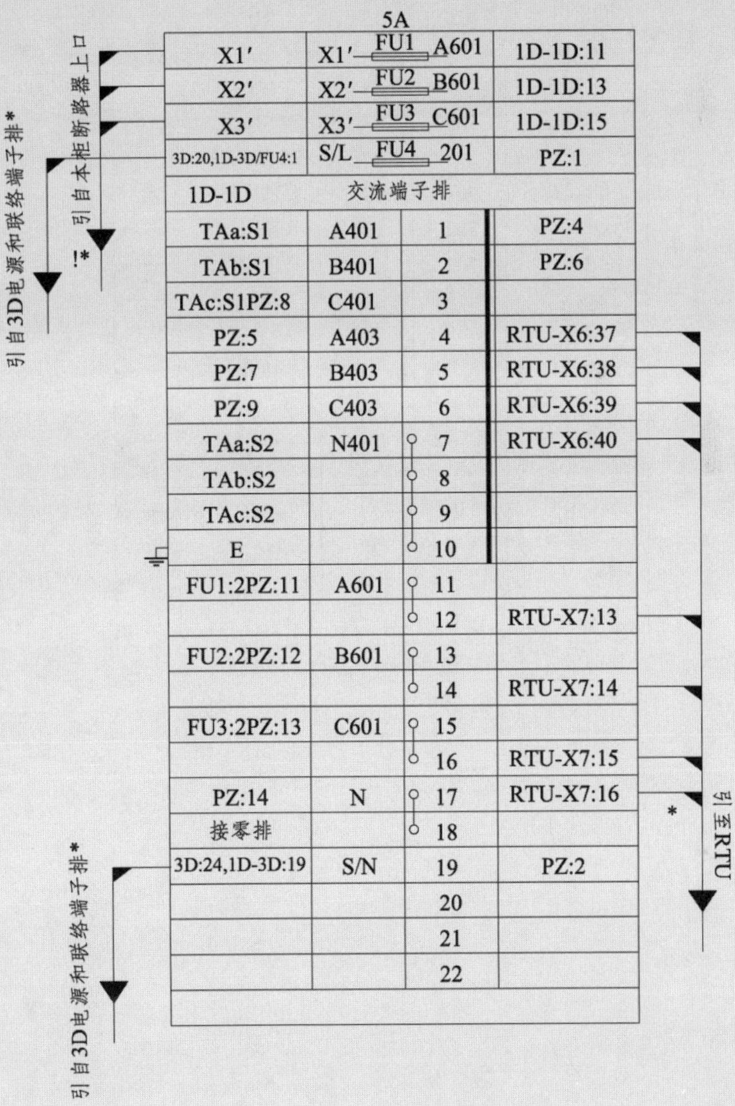

1D-2D	控制信号端子排		
QF:B2	101	1	HR:1
SB:11HY3:1		2	
1D/DK1:2		3	
QF:11	102	4	HY1:2
1D/DK1:4		5	
	04	6	SB:12
		7	RTU-X5:34
QF:A2	03	8	SBC:14
		9	RTU-X5:35
QF:C2	33	10	SBS:14
		11	RTU-X5:36
SBC:13SB:14	07	12	
QF:14	05	13	HR:2
QF:12	35	14	HG:2
QF:B3	45	15	HY3:2
QF:21	700	16	SB:21
		17	RTU-X3:33
QF:24	701	18	RTU-X3:3
QF:22	702	19	RTU-X3:4
SB:22	703	20	RTU-X3:2
485A1	485A1	21	485A1
		22	
485B1	485B1	23	485B1
		24	
485A2	485A2	25	485A2
		26	
485B2	485B2	27	485B2
		28	
		29	

* %

引至RTU

图 10.16　端子排

10.4 任务实施及考核

1. 任务实施

（1）任务实施的目的。

简单掌握二次回路在变电所的运用。

（2）任务实施准备工作。

指出变电所/亭值班期间所用到的设备。

（3）任务实施场地器材。

变电所/亭控制室或者控制室设备图。

（4）任务实施步骤。

① 理论学习。完成本任务相关理论的学习。

② 拓展学习。完成本任务拓展资料的学习。

③ 实物认知。在掌握变电所相关二次回路运用理论基础，结合变电所实物或者图片进行综合设备的认知。

④ 完成考核。

（5）注意事项。

变电所交流系统的设计方和厂家较多，图纸表达各有不同，受本书篇幅限制，没有详细展开讲解其他线路和厂家设备相关理论，任务实施时既要根据本书内容进行基础学习，更要自主学习拓展资料，才能更好地建立起变电所/亭二次图纸较完整的整体认知。

2. 考核表

序号	考核内容	考核标准	标准	得分
1	二次原理图	能正确识读二次图纸工作原理	70 分（完全识读）	
2	了解二次原理图的相关元件	能正确说出二次回路设计各设备元件的电气符号和文字符号	30 分（能说出 10/5/0 个以上，得 30/15/0 分）	
总分			100 分	

任务 11　接触网工程图认知

任务 11 数字资源

11.1　任务描述

本项目主要学习接触网工程相关的平面、供电分区和设备布置等图纸和接触网各典型设备安装图的特点、作用，认知各接触网工程图常见典型图例的含义，为后续开展接触网工程图纸识读和简单制图活动奠定基础。

11.2　任务资讯

接触网平面图是接触网主要设计文件之一，它体现了电气化铁道的技术性能、设备安装位置、技术参数等重要内容，综合了接触网结构、接触网设计计算、接触网平面图绘制等项内容，集中反映了接触网设计上的主要技术原则。作为施工设计文件，接触网平面图是接触网施工、交付运营及进行管理和维修的重要依据。

接触网平面布置工作应在掌握了可靠的线路资料，并熟悉了设计及运营管理规程、规范的基础上进行。接触网平面布置前应进行必要的设计计算，如计算接触悬挂的各种负载、跨距长度、锚段长度、各种支柱容量等，确定设计所必需的各种技术参数，如拉出值、侧面限界、悬挂类型、供电分段等。

1. 接触网平面布置图

（1）接触网平面图的设计步骤。

① 室内设计：根据区间与站场平面图及线路纵断面图，初步确定支柱位置、锚段长度及中心锚结和锚段关节的位置，并提出外业测量时需要特别注意的有关问题。

② 实地外业测量：核对室内设计与现场情况是否相符，进行实地测量以纠正室内设计上的错误，同时注意记录和收集与原资料相差较大的特殊情况，为最后完成平面图设计收集详细的外业资料。

③ 完成正式的施工设计图：将外业资料汇总整理，对室内设计进行必要的调整，完成平面图上的全部设计内容。

在绘制接触网平面布置图时，车站与区间的接触网平面图应相互衔接。一般是先作站场后作区间，绘图比例一般大站取 1∶1 000，小站取 1∶2 000。

（2）接触网平面图的组成。

接触网平面布置图简称接触网平面图，它用接触网图例具体描述了接触网的设备位置、悬挂走向和线路情况，是接触网施工和运营维护的主要依据和主要技术文件。

接触网平面图有站场平面图、区间平面图、隧道平面图三大类。它由图框、图标、平面布置图、附栏、主要工程数量及材料设备表、设计说明、会签栏等内容组成。接触网平面图布局如图 11.1 和图 11.2 所示。

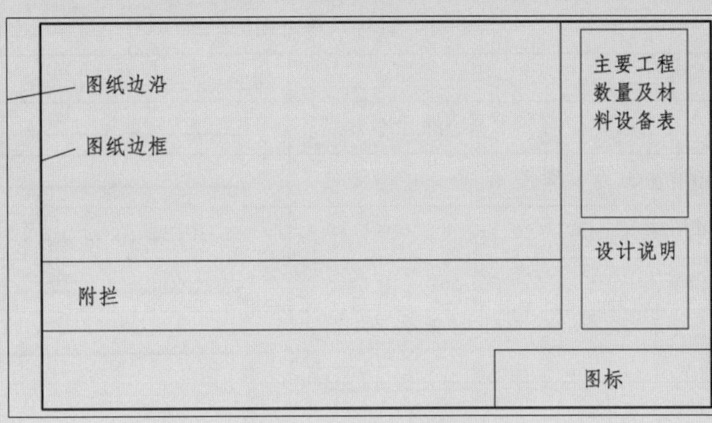

图 11.1　平面布置图

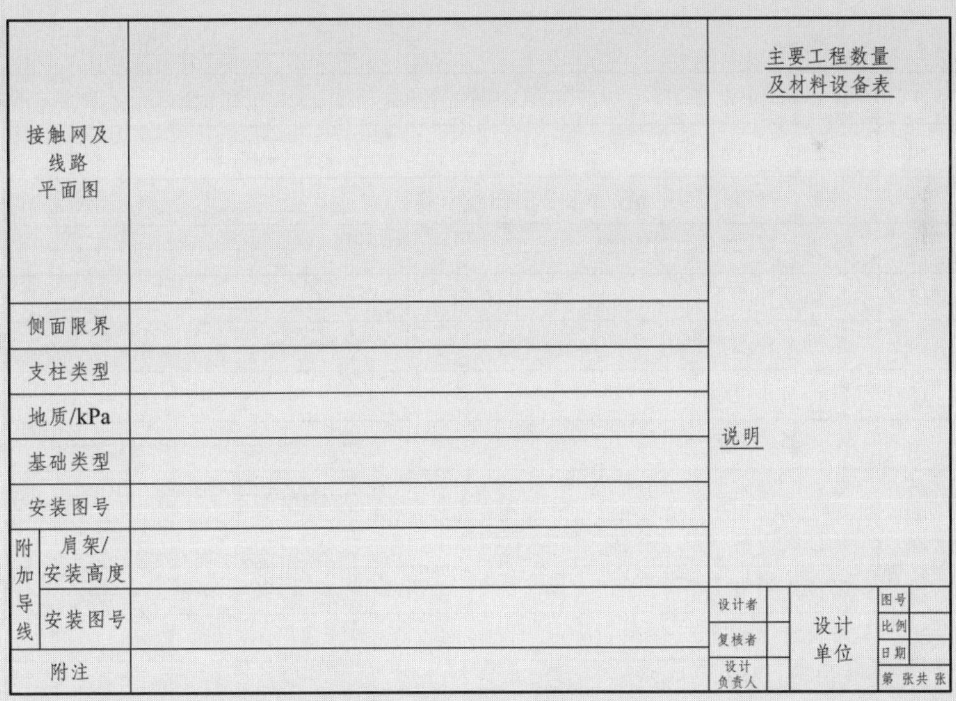

图 11.2　接触网平面图附注栏

（3）接触网平面图图例。

为便于交换图样和技术沟通，接触网平面图必须按规定图例进行绘制。

说明：

① 接触网平面图采用的线条宽度规定为以下三种：

a 粗型 ———— 宽度约为 0.9 mm；

b 中型 ———— 宽度约为 0.6 mm；

c 细型 ———— 宽度约为 0.3 mm。

② 符号中所注尺寸均以毫米计，适用于比例尺 1∶1000 及 1∶2000 的接触网平面图。

③ 符号规定见表 11.1。

表 11.1　接触网常见图例

序号	名　称	符　号
1	电化的正线（区间图中允许用中型线条）	（粗）
2	电化的站线及段管线	（中）
3	非电化既有线路	（中）
4	预留线路	（细）
5	接触悬挂非工作支、供电线及分区亭引出线	（细）
6	加强线	（细）
7	回流线	（细）
8	正馈线（AF 线）	（细）
9	保护线（PW 线）	（细）
10	架空线（GW 线）	（细）
11	接触线硬锚、供电线及分区亭引出线下锚	
12	承力索硬锚	
13	接触线补偿下锚	
14	承力索补偿下锚	
15	链形悬挂硬锚	
16	半补偿链形悬挂下锚	
17	全补偿链形悬挂下锚	
18	加强线下锚	
19	回流线下锚	
20	正馈线（AF）下锚	
21	保护线（PW）下锚	
22	架空线（GW）下锚	
23	区间曲线及其头尾 R——曲线半径（m） L——曲线全长（m） l——缓和曲线长（m）	R—L—l　2
24	站场曲线及其头尾 （R、L、l 同上）	R—L—l

续表

序号	名　　称	符　　号
25	拉出值 300 mm，书写位置即为拉出方向；也可不注“300”，用半箭头表示，箭头指向即为拉出方向。	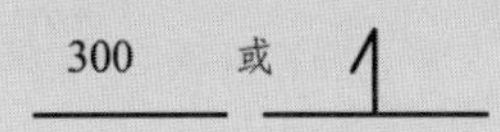
26	拉出值 150 mm（除“300”允许用半箭头表示外，其余均应写出数值），书写位置即为拉出方向。	
27	区间单线腕臂钢筋混凝土柱	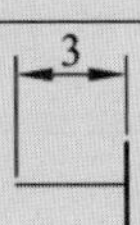
28	区间单线腕臂钢柱	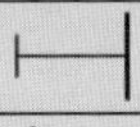
29	站场单线腕臂钢筋混凝土柱	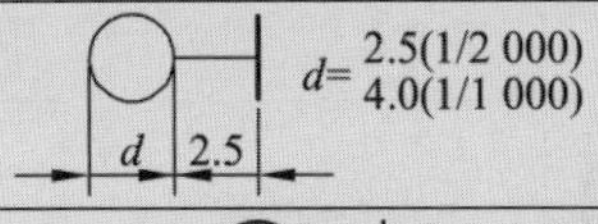
30	站场单线腕臂钢柱	
31	站场单线定位钢筋混凝土柱	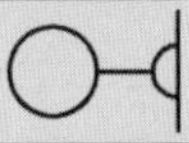
32	站场双线腕臂钢柱	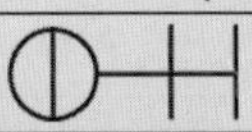
33	站场钢筋混凝土柱软横跨	
34	站场钢柱软横跨	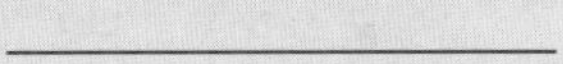
35	站场钢柱硬横跨	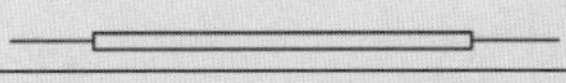
36	非绝缘锚段关节	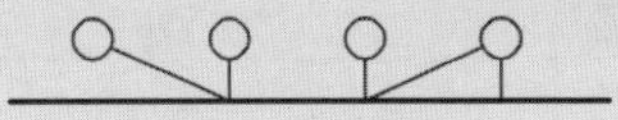
37	绝缘锚段关节	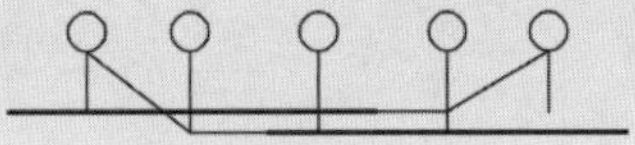
38	半补偿链形悬挂中心锚节、简单悬挂中心锚结	
39	区间全补偿链形悬挂中心锚结	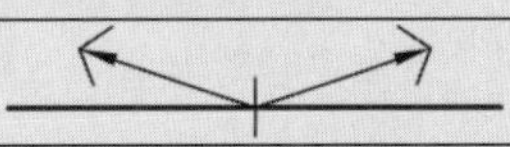
40	站场全补偿链形悬挂中心锚结（细虚线为锚结拉线）	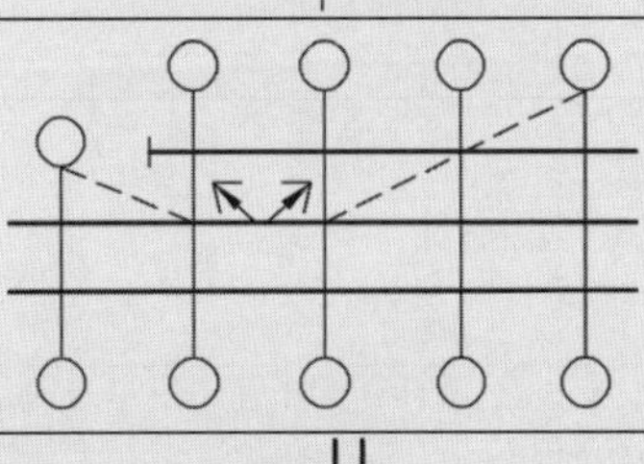
41	分段绝缘子串	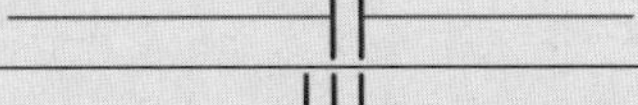
42	分段绝缘器	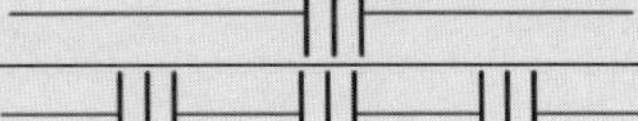
43	分相绝缘器（三根绝缘棒）	
44	股道间电连接	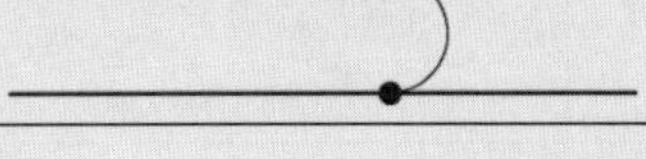

续表

序号	名　　称	符　　号
45	常分隔离开关	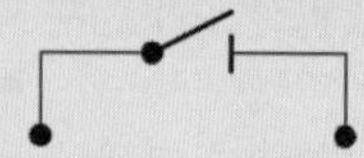
46	常闭隔离开关	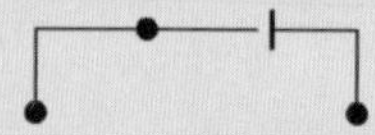
47	常分的带接地刀闸的隔离开关	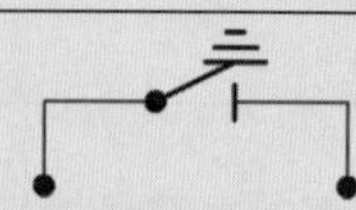
48	常闭的带接地刀闸的隔离开关	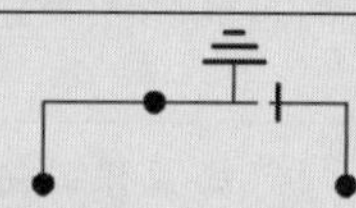
49	避雷器	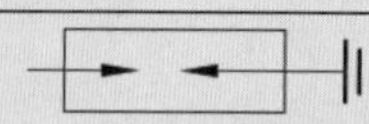
50	区间隧道	
51	站场隧道	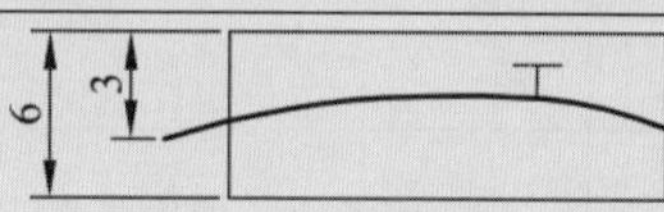
52	隧道内非绝缘锚段关节（全补偿悬挂下锚）	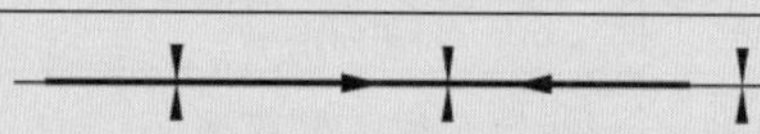
53	隧道内绝缘锚段关节（全补偿悬挂下锚）	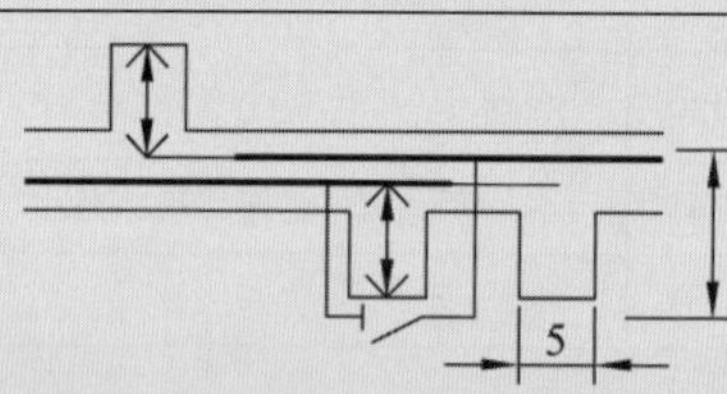
54	上承式桥梁及设计电化线路上的立交桥、拱桥等	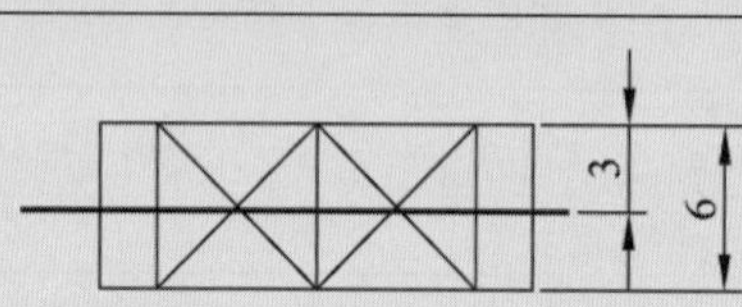
55	下承式栓焊梁桥	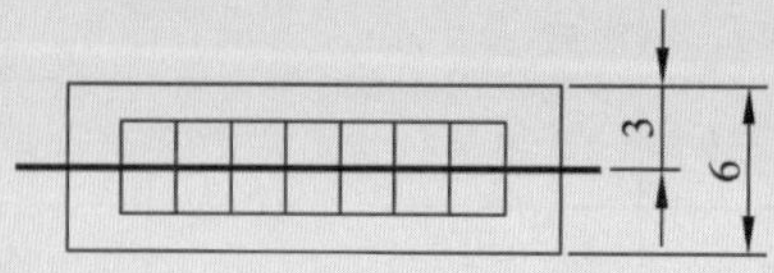
56	小桥、涵渠	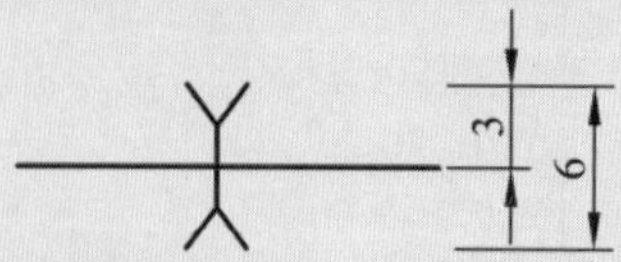
57	设计电化线路在下面的立交桥	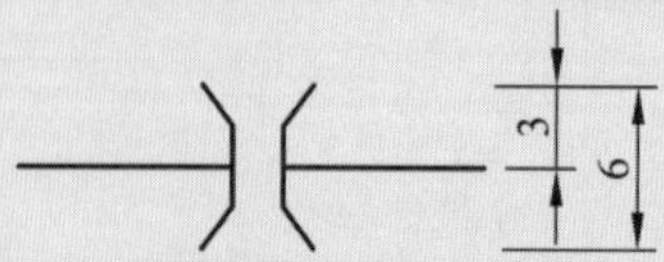
58	架空水槽、水管	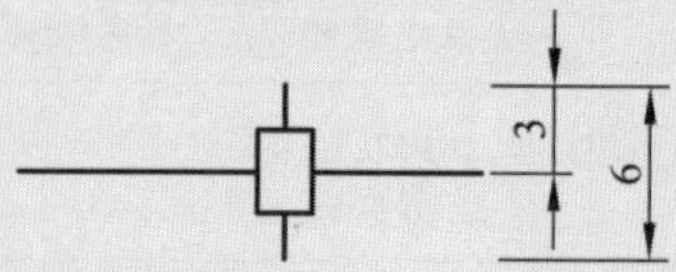

续表

序号	名　　称	符　　号
59	天桥	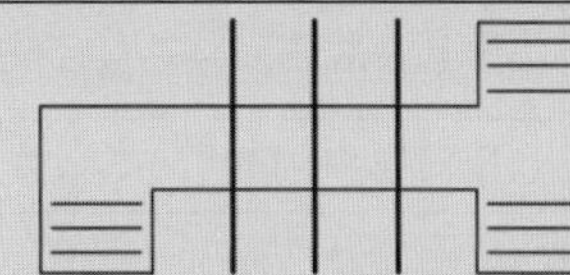
60	地道	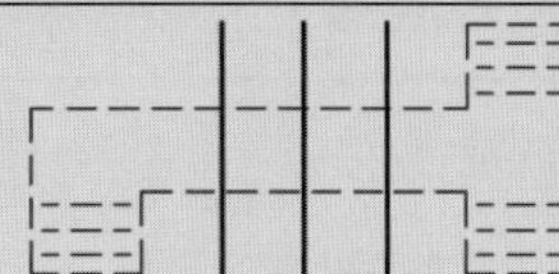
61	渗沟	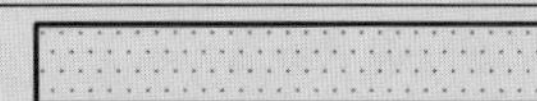
62	雨棚	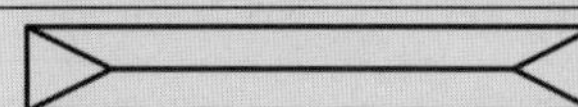
63	仓库	
64	站房	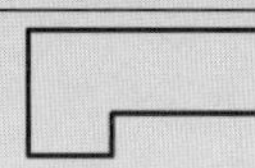
65	路肩挡墙	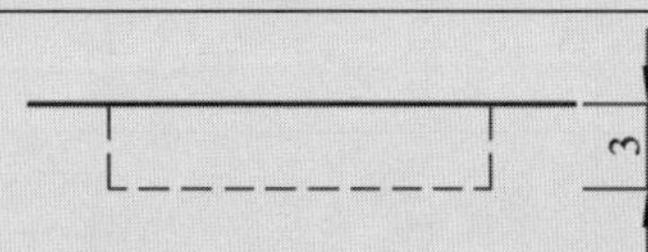
66	托盘式路基墙	
67	有限界门的平交道	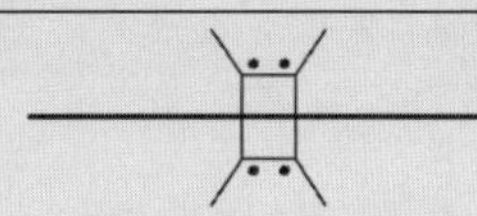
68	区间长（短）链标记	
69	回流线跨越接触悬挂	
70	吸上线位置	
71	吸流变压器	
72	水鹤	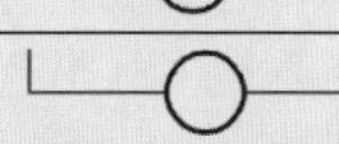
73	进站高柱色灯信号机	
74	通过高柱色灯信号机	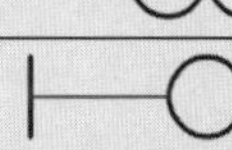
75	区间公里标	
76	机车检查坑	
77	接触网起测点	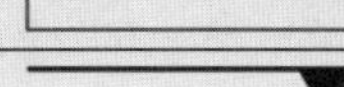

续表

序号	名　　称	符　　号
78	接触网工区	
79	区间横向电连接	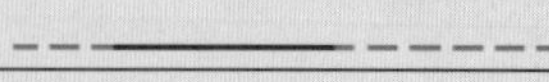
80	架空线在站场钢筋混凝土柱上悬挂	
81	接地极	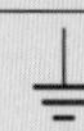
82	接触悬挂锚段下锚 4：表示锚段 1243.6：表示锚段长度	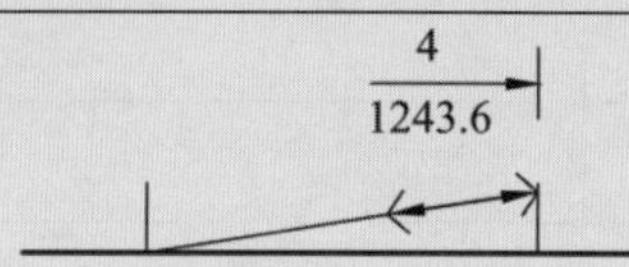
83	扼流变压器	
84	道岔型号及编号 N5-$\frac{1}{38}$	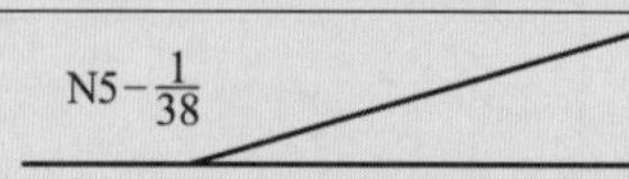
85	火花间隙	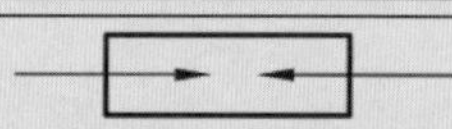
86	放电器	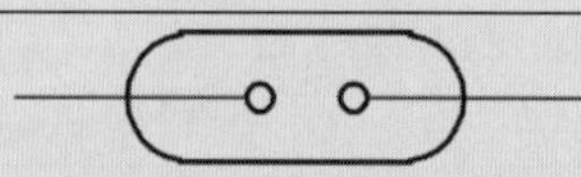
87	AT 区段双极隔离开关	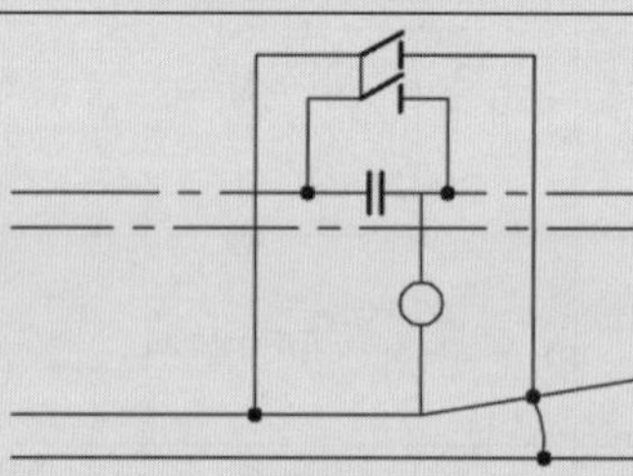
88	AT 区段区间 AEPW 线在钢柱上悬挂	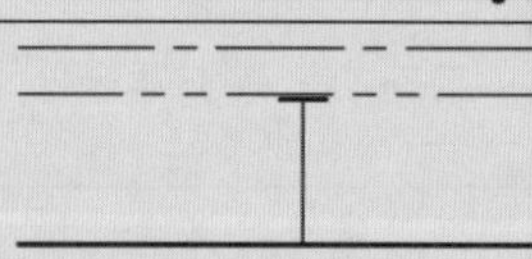
89	AT 区段区间 AEPW 线在钢筋混凝土柱上悬挂	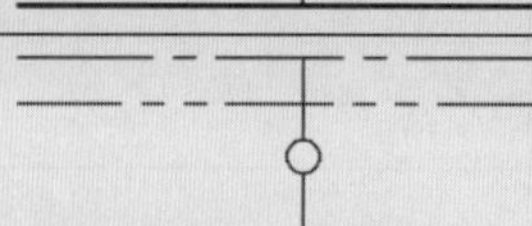
90	AT 区段站场 AEPW 线在钢筋混凝土柱上悬挂	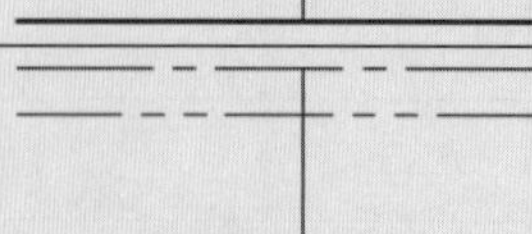
91	架空线在站场钢筋混凝土柱上悬挂	
92	AT 区段 AEPW 线在钢筋混凝土柱上下锚 AF_1—2380.00：AF_1 表示馈线第一锚段；2380.00 表示锚段长度 PW_1—2380.00：PW_1 表示保护线第一锚段；2380.00 表示锚段长度	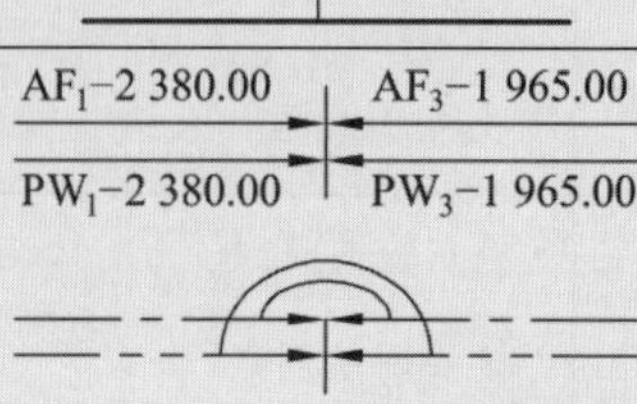

续表

序号	名　　称	符　　号
93	跨距长度/m	65
94	土壤安息角	30°
95	土壤承压力/MPa	200

2. 接触网供电示意图

接触网供电示意图用图例具体描述了供电设备位置、供电方式、电回路的走向趋势、最小停电单元和线路情况等，是接触网运营维护的主要依据和主要技术文件。

接触网供电示意图记录了管辖内的主要设备及其安装位置等信息，如桥梁、隧道、变电所、分区亭、开闭所、车站等的公里标，馈线情况、电分段、隔离开关管、避雷器布置情况，设备、线路编号，上、下行标记等。当某个区段发生事故时，维修班组能从接触网供电示意图中快速找出事故地点及相应的设备，有助于快速了解事故的基本情况，结合竣工图纸又能快速找出事故所需备料，为抢修争取时间。供电调度能根据供电示意图了解正常检修作业时的现场作业地点、作业范围，正确发布调度作业命令，实施正确的跨区供电方案等。

（1）接触网供电示意图组成。

接触网供电示意图由图框、供电分区示意图、图标、说明等内容组成，布局如图 11.3 所示。

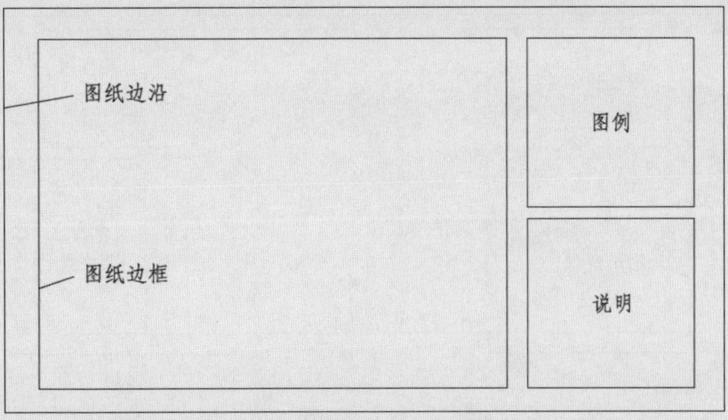

图 11.3　供电分段示意图

（2）接触网供电示意图图例。

为便于交换图样和技术沟通，接触网供电分段示意图必须按规定图例进行绘制，常见图例见表 11.2。

表 11.2　供电示意图常见图例

名称	图例	名称	图例	名称	图例
电化正线	————	锚段关节式电分相		分区所	
电化站线	————	电分段		常闭单极电动隔离开关	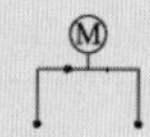
非电化线	— — — —	绝缘锚段关节	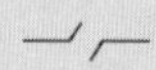	常开单极电动隔离开关	
AF线	- - - - - -	AT所		常闭双极电动隔离开关	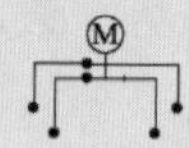
供电线	————	AT变电所	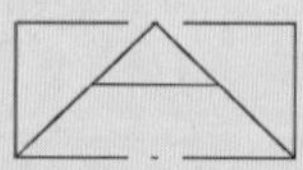	常开双极电动隔离开关	

3. 接触网设备安装图

接触网工程设计安装图是提交施工及运营维护设计文件的重要组成部分，分为腕臂柱安装图、软横跨安装图、隧道悬挂安装图、硬横跨安装图、附加导线安装图、设备安装图等。

接触网安装图主要内容有安装结构及安装尺寸图示、表格栏、材料统计表、说明、图标等。为便于施工参考及进行工程数量统计，在接触网安装图的表格栏中都标有相应装配图的图号，对应装配图图号应与平面布置图中所示的安装图图号相对应。接触网安装图布局如图 11.4 所示。

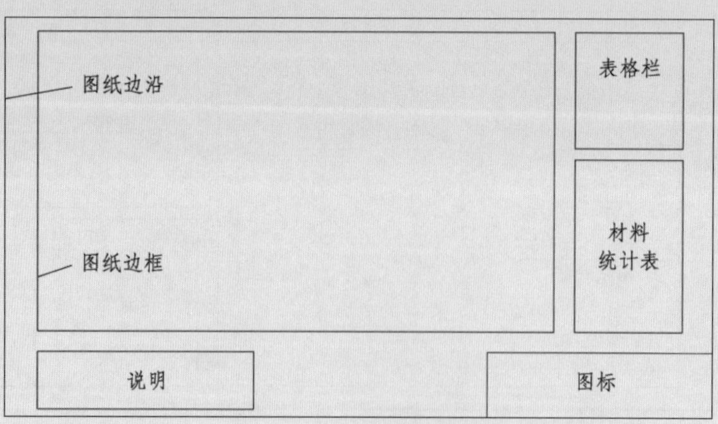

图 11.4　接触网安装图

11.3　作业指导

接触网工程图识图步骤具体如下：

（1）根据需求对应供电示意图名称，找到对应的图纸，并确认相关信息是否与需求相符，供电示意图以一整条线路的局界、段界为单位，一个供电（维管）段管内又以车间分界为单位，以便于管理和掌握。

（2）熟悉图册中“说明”的内容，确认相关信息是否与需求相符，并了解特殊情况说明的具体内容，便于在识图中注意。

（3）熟悉“图例”中各种设备的名称。

（4）根据需求查看供电示意图，查图可根据线路区间、站场、变电所、分区所、AT 所名称等信息，快速找到所需区段。

（5）对照供电示意图掌握各上网开关、电分段、电分相的位置及编号。

（6）沿变电所馈线出口供电路径，到相邻分区所，可以找到相应供电臂的供电范围、停电单元。根据中间 AT 所、电分相关节、电分段的位置找到最小停电范围。

（7）在与应急情况下，可通过供电示意图进行相应开关的分合闸配合，实现直接供电、越区供电或环形供电要求，从而保证供电运输安全。

（8）为便于应急管理，现部分铁路局要求将变电所/亭主接线图、隧道、跨越线、跨线桥（渠)、工作门等进行标注，可通过图纸直观地进行查看及查找。

11.4 任务实施及考核

1. 任务实施

(1)任务实施的目的。

掌握接触网图纸的分类。

(2)任务实施准备工作。

准备好接触网平面图、供电分区图、安装图。

(3)任务实施场地器材。

接触网平面图、供电分区图、安装图纸。

(4)任务实施步骤。

① 理论学习。完成本任务相关理论的学习。

② 拓展学习。完成本任务拓展资料的学习。

③ 实物认知。在掌握相关理论的学习的基础上，结合相关图纸实物进行综合认知。

④ 完成考核。

(5)注意事项。

接触网图纸涉及牵引供电系统的诸多内容，识图要点内容较多，限于篇幅，本任务没有详细展开讲解相关理论，任务实施时既要根据书本内容进行基础学习，更需要自主学习拓展资料，才能对接触网供电图形成较完整的整体认知。

2. 考核表

序号	考核内容	考核标准	标准	得分
1	接触网图纸种类识别	能准确指出接触网图种类的特点内容和区别	100 分（能说出全部/4/2/1/0 个以上，得 100/80/60/40/20 分）	
总分			100 分	

任务 12　接触网平面布置图的识读

任务 12 数字资源

12.1　任务描述

本任务是对接触网平面图相关规定和图例进行介绍。通过完成本任务，培养接触网平面图识图能力，为后续任务的执行奠定基础。

12.2　任务资讯

1. 接触网平面图结构

（1）接触网平面图不仅应明确标出支柱号码、接触网布置走向、锚段长度、跨距长度、拉出值的大小及方向、线路情况等，而且为了便利施工和交付运营后进行维修和管理，在平面图的下方（或上方）附有表格栏，在平面图的右方附有说明及材料统计表等。

（2）接触网平面图中的说明是对设计方案、设计原则、设计依据、接触网悬挂类型、技术要求、接触线高度、接地要求、选用材料规格及性能，以及其他应该特别指出和注意的问题，进行的补充说明。对于站场，其咽喉区的布置比较复杂，为了清楚地表明接触网走向和定位，一般都应对其绘出局部放大图。

2. 接触网平面图内容

（1）接触网平面图的内容。

① 全部电化股道（近期及远期）、与接触网架设有关的非电化股道。

② 股道编号及线间距（股道编号应与运营部门编号一致）。

③ 道岔编号、型号及出站道岔的中心里程。

④ 曲线起讫点、半径、缓和曲线长度及总长。

⑤ 桥梁名称、中心里程、总长、孔跨式样及结构形式。

⑥ 隧道名称、起讫里程和总长。

⑦ 涵管、虹吸管、平交道、地道、天桥、跨线桥、架线渡槽等中心里程及高度、宽度。

⑧ 站场的名称、中心里程、站台范围及与架设接触网有关的建筑物（含站舍、雨棚及上下挡墙等）。

⑨ 进站信号机的位置及里程。

（2）平面图上正图栏内应有的主要内容。

① 支柱（钢柱、钢筋混凝土柱）跨距、位置、编号及数量。

② 支柱类型及侧面限界。

③ 锚段号、锚段长度及起讫杆号、下锚方式。

④ 地质备件、基础及横卧板。

⑤ 拉出值（拉出方向、拉出值大小）及导线高度。

⑥ 支持装置及安装图号、软横跨节点。

⑦ 设备安装及其位置（中心锚节、避雷器、隔离开关、分段绝缘器、分相绝缘器、限界门等）。

⑧ 附加导线的走向、位置、设备及安装图号。

⑨ 起测点位置及校核点。

（3）说明栏的内容。

① 设计依据及现场测量时间、修改说明等。

② 采用的悬挂类型，正线是哪一股道。

③ 站场内悬挂点接触线工作支高度（特殊情况应在图中做特殊说明）。

④ 道岔编号、型号及定位情况。

⑤ 支柱接地情况（双接地、单接地、是否经火花间隙等）。

⑥ 图中数字的计量单位。

⑦ 支柱防护要求。

⑧ 特殊设计及特殊说明。

（4）材料表的内容。

① 接触线类型及长度。

② 承力索类型及长度。

③ 附加导线类型及长度。

④ 支柱类型及数量（站场包括钢柱类型及数量）。

⑤ 横卧板类型及数量（站场包括软横跨柱用横卧板类型及数量、基础类型及数量）。

⑥ 隔离开关类型及数量。

⑦ 避雷器类型及数量。

⑧ 分相绝缘器数量（站场包括分段绝缘器）。

⑨ 附加导线的肩驾类型及数量。

⑩ 各种安装图号的统计。

3. 站场接触网平面图

站场接触网平面图与实际线路状态相符，其比例一般为大站 1∶1 000，小站 1∶2 000。道岔编号与型号应与实际状况相符，不符的需要做出说明，在材料表中应包括软横跨节点统计。在进行接触网站场平面设计时，应注意下述原则：

（1）选择硬横跨或软横跨。

目前，在站场咽喉区以内，一般使用绝缘软横跨或硬横跨，尽量不用双线路腕臂柱。因双线路腕臂都是接地的，在维修方面不如绝缘软横跨安全、方便。硬横跨稳定性好，较软横跨在某些方面具有更优越的性能，对于高速电气化线路应该首先选用硬横跨。在站场中心区进行支柱布置时，其跨距应尽可能接近最大允许值，以减少支柱数量，特别是减少软横跨和钢柱等大型支柱的数量。

（2）支柱布置。

先从咽喉区开始设计正线上的道岔柱，道岔原则上应尽量采用标准定位。

（3）尽量使用最大计算跨距。

接触网支柱布置，其跨距大小应根据悬挂类型、曲线半径、接触线最大风偏移值和运营经验综合考虑确定。在最大计算风速条件下，接触线距受电弓中心轨迹的最大水平偏移值，一般不得大于 450 mm。

设计中尽量采用标准跨距。常用标准跨距定位 5 的整倍数，即 40 m、45 m、50 m、55 m、60 m、65 m 数种，最大允许跨距除在个别大站及特殊情况下，一般不超过 67 m。

（4）考虑支柱与信号机的相对位置。

支柱布置时应考虑不要妨碍信号瞭望。在直线区段，支柱应设置在进站信号机和区间信号机的显示前方，同侧接触网支柱要适当加大其侧面限界值；在曲线区段，支柱应设置在信号机前方 5 m 以外；单线铁路直线区段在地形条件允许时，支柱应设置于信号机的对侧。

（5）站场上支柱布置应考虑各个站场的特点。

支柱设置要尽可能地照顾站场的远期发展，如果将来股道增多，则近期设立的支柱应考虑远期可以利用。对于远期铺设或预留的股道，如果土石方工程已做好，则软横跨支柱的容量及侧面限界一般均应考虑预留。对于股道延长部分，设立近期支柱时，以对今后整个支柱布置不产生影响为原则。

（6）支柱设置要考虑站场美观。

站场是客货集散地，在技术、经济合理的条件下，应注意美观。对于客流较大或有政治影响的特等站或一等站，尤其应考虑美观因素，不能因经济上的某些损失而破坏了整体美观条件。

靠近站房的支柱，要注意不要正对着门窗，站旁两侧的支柱，要尽量对称布置。

基本站台或中间站台上的支柱，其边缘至站台边缘的距离应分别不小于 4 m 或 2 m。

（7）尽量减少咽喉区支柱数量。

咽喉区聚集着大量的道岔群，各个站场的情况不一，对于较大的站场有时相当复杂，一般应提出两个或两个以上的布置方案进行比较，在保证技术条件合理的情况下，应尽量减少支柱数量，选择最优或较优方案。

（8）部分特殊跨距值应缩小。

锚段关节的转换跨距、中心锚节所在的跨距以及其他特殊跨距，应较一般跨距缩短 5 ~ 10 m，或缩减原跨距的 10%。

在站场上，由于两端咽喉区道岔密集，线路较多，存在站台、地道、天桥、跨线桥、雨棚等多种建筑，其支柱布置形式各式各样，但支柱布置所遵循的基本原则是技术合理、节省支柱和便于信号瞭望。

4. 区间接触网平面图

区间接触网平面布置的主要依据是线路纵断面图，还有桥、涵及隧道的图标资料。区间与站场接触网平面图基本相同，但比站场平面图简单，它的比例一般为 1∶2 000。在复线区段区间平面图上应标明上下行区间，在线路并行的情况下，支柱布置可考虑在线路的同一垂直面上。

区间接触网平面图应标明区间信号机的位置，在实际施工时注意对信号机位置核对。区间接触网支柱一般从站场两端锚段关节外第一根支柱（1 号支柱）算起，其工作量统计从 1 号支柱开始，而接触悬挂长度则应根据锚段长度累计。

（1）区间锚段长度的划分。

区间接触网平面布置的次序与站场类似，但区间的锚段划分常常在支柱布置之前进行。确定锚段长度的原则与站场正线类同。在整个区间要使锚段数量尽量少，锚段在许可条件下应尽量长，整个区间各个锚段长度要尽量均匀。为了减少接触网和承力索内的张力增量值，锚段关节尽量避免设在曲线区段上，特别是不要设在小半径曲线区段上。

（2）区间支柱的平面设计。

区间的支柱布置，一般先从车站两端的锚段关节处开始。若区间支柱布置早于站场的支柱布置，此时车站两端应预留锚段关节位置，并且保证该处有调整变动的可能性。支柱布置应尽量用最大跨距，且相邻跨距差不大于小跨距的 25%。

在单线区段上，接触网支柱应设置于曲线外侧。在复线区段上，上下行线路的支柱应各沿线路一侧布置，使各正线的接触网在机械上和电气上尽量独立。在桥上尽量不设支柱，不得已时才在桥墩台上设钢柱。

（3）缓和曲线区段接触线最大偏移值及跨距值的确定。

电气化铁路的列车运行速度较高，一般线路在曲线和直线衔接地段都设置有长度不等的缓和曲线。缓和曲线的作用是使列车建立向心力逐渐增长的条件，以消除冲击和颠簸，保证列车安全平稳地由直线区段过渡到曲线区段（或由曲线区段过渡到直线区段）。

缓和曲线的特点是曲线半径 R 变化的曲线。在确定缓和曲线上支柱的位置时，其跨距值也随其所在缓和曲线上的位置不同而变化。跨距值的确定，没有固定可沿用的计算公式，目前设计中只是凭设计经验认定。跨距值取得偏小，固然安全可靠，但经济性差；若取值偏大，投入运营以后遇有强风出现时，接触线就可能出现刮弓事故，中断行车，打乱复杂的运输秩序，造成巨大经济损失。因此，设计中在确定了缓和曲线上的杆位后，还应逐一验算接触线相对于受电弓中心轨迹的最大偏移值，以便对所选定的跨距进行必要的调整。

5. 隧道接触网平面图

隧道内接触网平面图是专供隧道接触悬挂使用的，平面图中还应标注的内容如下：

（1）悬挂点间跨距。

（2）悬挂点的数量及位置。

（3）安装埋入孔的位置。

（4）定位点的配置。

（5）拉出值的大小及方向。

（6）锚段关节及中心锚节的具体位置。

隧道内接触网平面图的说明应包括：所设计区段隧道的净空高度，所采用的悬挂类型，是否需要对隧道进行开挖，开挖的尺寸及位置。

在进行隧道内接触网平面设计时，一般要考虑下述技术原则：

（1）跨距应根据线路情况、悬挂类型、既有隧道断面及悬挂安装形式等因素确定。一般来说，隧道内跨距的大小在直线区段取决于允许的接触线弛度，而在曲线区段既决定于接触线的允许弛度，也取决于接触线对受电弓中心的最大允许水平偏移。跨距越大，则接触线弛度越大，因而对隧道净空的要求也高。跨距选用时应综合考虑上述各种因素，进行技术经济比较后确定。

（2）隧道内平面布置应与隧道外的平面布置相配合。隧道口第一个悬挂点的位置及接触线的拉出值应与隧道口外相邻支柱的位置及拉出值相协调。另外，在通常情况下，链形悬挂的承力索在出隧道后要升高，隧道口第一个悬挂点的位置应考虑承力索升高后，对拱顶的距离不得不小于最小绝缘间隙。

（3）跨距布置应尽量均匀。

（4）定位点的配置及拉出值的选定，应考虑外轨超高在一定范围内变化不需调整时，仍能保证接触线对受电弓中心的水平偏移不超过 450 mm。

（5）隧道内锚段关节及中心锚节的位置应根据隧道所在区间的平面布置确定。

6. 锚段关节

接触悬挂中的承力索和接触线在延续到一定的长度后，为了满足机械受力方面的要求及方便施工，必须分成一个个相互独立的线段，这些相互独立的线段即为接触网的机械分段。机械分段的作用是缩小事故范围，即当某一个线段发生事故时，不影响另一个线段的接触悬挂，也便于在线段的两端设张力自动补偿装置。必要时，还可将其设置成电气上能相互分开的线段，同时起电分段的作用。

接触网进行机械分段的线段称为锚段，相邻两个锚段的衔接区段（重叠部分）称为锚段关节。锚段关节的设置，使接触网不间断地贯通于全线。锚段关节分为 3 种：

（1）仅起机械分段作用的称为非绝缘锚段关节，该处相邻的两个锚段在电气上是连通的。

（2）不仅起机械分段作用，同时又起同相电分段作用的锚段关节，称为绝缘锚段关节。

（3）带有中性嵌入段，既起机械分段的作用，又具有电分相功能的，称为电分相锚段关节。

在锚段关节处，两锚段的接触悬挂是并排架设的。对它的基本要求是当机车通过时，应保证受电弓能平滑地由一个锚段过渡到另一个锚段。

根据锚段关节所含跨距数，又可分为三跨、四跨、五跨、六跨、七跨、八跨、九跨、十跨、十一跨、十二（十三）跨式锚段关节。六跨及以上的锚段关节基本为电分相锚段关节。

12.3 作业指导

接触网的平面设计图一般都是由有资质的设计院出具的，所以本任务主要将重点放在接触网平面图的识图上。首先要掌握接触网平面图里常见的图例，然后掌握图上标注的支柱号、侧面限界、安装图号、地质情况、技术说明、工程清单等信息，从而帮助我们了解整个接触网平面位置布置、走向以及工程总体概况。

插页 3 所示为高速铁路接触网平面布置图，图中用双点画线框将该图分为 8 个组成部分：第一部分为区间接触网平面图，第二部分为站场接触网平面图，第三部分五跨锚段关节平面图，第四部分为“附注”，第五部分为“工程数量表”，第六部分为“说明”，第七部分为图例，第八部分为图标。下面将对平面布置图的识图步骤进行简要介绍。

（1）根据需求对应接触网平面布置图图标，找到对应站场或区间（包含隧道）的图纸，并确认相关信息是否与需求相符，平面布置图均以一个站场或一个区间为单位，如××集团××客专××段××站（××站—××站区间）接触网平面布置图。

（2）熟悉图册中“说明”的内容，确认相关信息是否与需求相符，并了解特殊情况说明的具体内容，便于在识图中注意。

（3）初步了解“主要工程数量”，也可通过该表查看是否有需求内容。

（4）根据需求查看平面布置图，查图可根据线路公里标、道岔号、支柱杆号、锚段号、桥梁或隧道名称等信息，快速找到需求区段。

（5）对照平面布置图掌握需求点的基本信息，如支柱号、公里标、跨距、设计拉出值、设备类型及名称。

（6）沿需求点垂直向上或向下找到“附栏”，从“附栏”中可以找到对应支柱编号、基础中心距离线路中心距离（或标注侧面限界）、支柱类型、基础类型、腕臂安装图号、附加线图号等信息。

（7）根据安装图号找到相应设备安装图纸及资料（安装图的识图步骤在后续任务中进行介绍）。

图 12.1 所示为区间接触网平面布置图，图中双点画线框内容如下：注 1 为对应支柱 152 号、165 号相关备注（含附加线图号、软硬横跨节点或腕臂安装图号、基础类型、基础中心距线路中心的距离、支柱编号），注 2 为对应支柱的公里标，注 3 为跨距（两相邻支柱的距离），注 4 为下锚处该锚段编号及锚段长度，注 5 为全补偿下锚，注 6 为涵洞，注 7 为站场单线腕臂钢柱，注 8 为五跨锚段关节。

备注						
附加线图号	1403-Ⅱ-09 1403-Ⅱ-09	1403-Ⅱ-09 1403-Ⅱ-09	1403-Ⅱ-09 1403-Ⅱ-09	1403-Ⅱ-09 1403-Ⅱ-09	1403-Ⅱ-09 1403-Ⅱ-09	1403-Ⅱ-09 1403-Ⅱ-09
软横跨节点或腕臂安装图号	05-02/05-03 1181-Ⅰ-06 05-02/05-03 1181-Ⅰ-07	1181-Ⅲ-15 1181-Ⅲ-12	1181-Ⅲ-14 1181-Ⅲ-13	1181-Ⅲ-13 1181-Ⅲ-14	1181-Ⅲ-12 1181-Ⅲ-15	1181-Ⅰ-07 05-02/05-03 1181-Ⅰ-06 05-02/05-03
基础类型	ZH160 ZM55 ZH160 ZM55	ZH140 ZH160	ZH140 ZH160	ZH140 ZH140	ZH160 ZH140	ZH160 ZM55 ZH160 ZM55
支柱类型	GHT240B/7.8 GHT240B/7.8	GHT240A/7.8 GHT240B/9.5	GHT240A/7.8 GHT240A/7.8	GHT240A/7.8 GHT240A/7.8	GHT240B/9.5 GHT240A/7.8	GHT240B/7.8 GHT240B/7.8
基础中心距线路中心距离	3.000 3.000	3.067 3.009	3.087 3.041	3.073 3.012	3.054 3.019	3.058 3.022
支柱编号	152 165	150 163	148 161	146 159	144 157	142 155

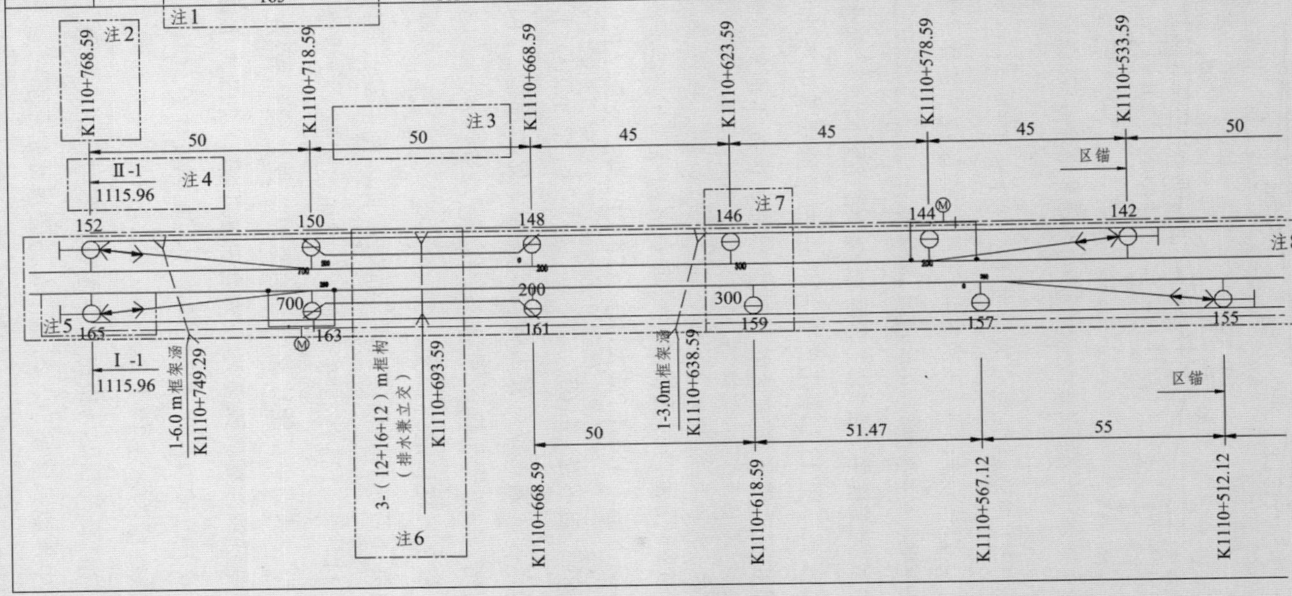

图 12.1　区间接触网平面布置图（含锚段关节）

为方便对锚段关节进一步认识，将注 8 所示五跨锚段关节详图放大为图 12.2。

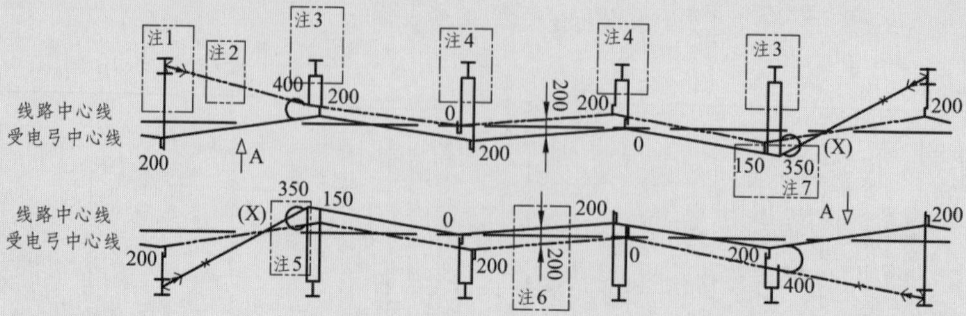

图 12.2　五跨非绝缘锚段关节

图 12.2 中双点画线框内容如下：注 1 为下锚柱（全补偿），注 2 为分段绝缘子串，注 3 为锚段关节的转换柱，注 4 为锚段关节的中心柱，注 5 为电连接，注 6 为两线间距，注 7 为定位点设计拉出值。

在实际工程中，受地理环境影响，线路区间通常有普通路基、高架桥和隧道 3 种地形形式。图 12.1 所示的区间平面布置形式适用于路基和高架桥接触网布置情况，但并不适用于隧道接触网布置情况，因此下面对隧道接触网平面布置形式单独介绍。

图 12.3 所示为隧道接触网平面布置图，图中双点画线框内容如下：注 1 为隧道口对向下锚，AF2（PW2）与 AF4（PW4）表示 AF（PW）线的 2 号锚段与 4 号锚段的对向下锚，“1655.52”与“171.04”表示 AF（PW）线锚段长度；注 2 为吸上线；注 3 为定位点受力方向；注 4 为定位吊柱；注 5 附加悬挂吊柱；注 6 为中心锚结，“3”表示该区间第 3 个锚段，“574.68”和“534.87”表示半锚段长度；注 7 为隧道名称和隧道长度。

插页 4 所示为站场接触网平面布置图，图中双点画线框内容如下：注 1 为对应支柱 114 号、125 号相关备注（含附加线图号、软硬横跨节点或腕臂安装图号、基础类型、基础中心距线路中心的距离、支柱编号），注 2 为对应支柱的公里标，注 3 为站场钢柱硬横跨，注 4 为全补偿下锚，注 5 为下锚处该锚段编号及锚段长度，注 6 为道岔编号，注 7 为跨距（两相邻支柱的距离），注 8 为股道信号机，注 9 为分段绝缘器，注 10 为站台。

另外，在高铁站场接触网平面布置图中，线岔是极为重要的组成部分，但在插页 2 中未能完整呈现，因此，有必要对线岔平面布置图单独介绍。鉴于交叉线岔结构较为简单，在此仅对无交叉线岔做简要说明。

图 12.4 所示为接触网无交叉线岔平面布置图，图中双点画线框内容如下：注 1 为电连接；注 2 为理论岔心；注 3 为侧线接触悬挂；注 4 为正线接触悬挂；注 5 为始触区；注 6 为道岔柱标记。

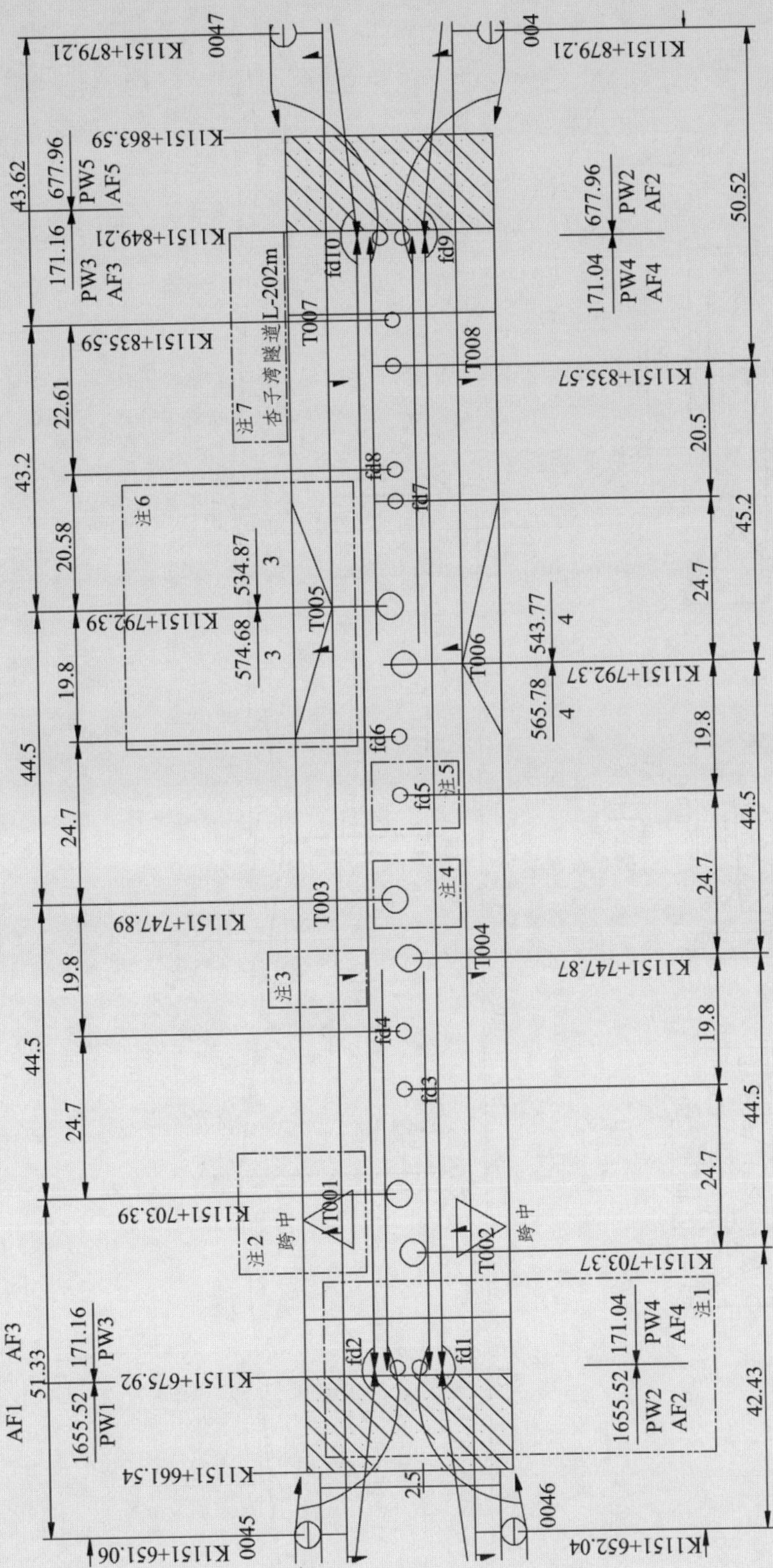

图 12.3 隧道接触网平面布置图

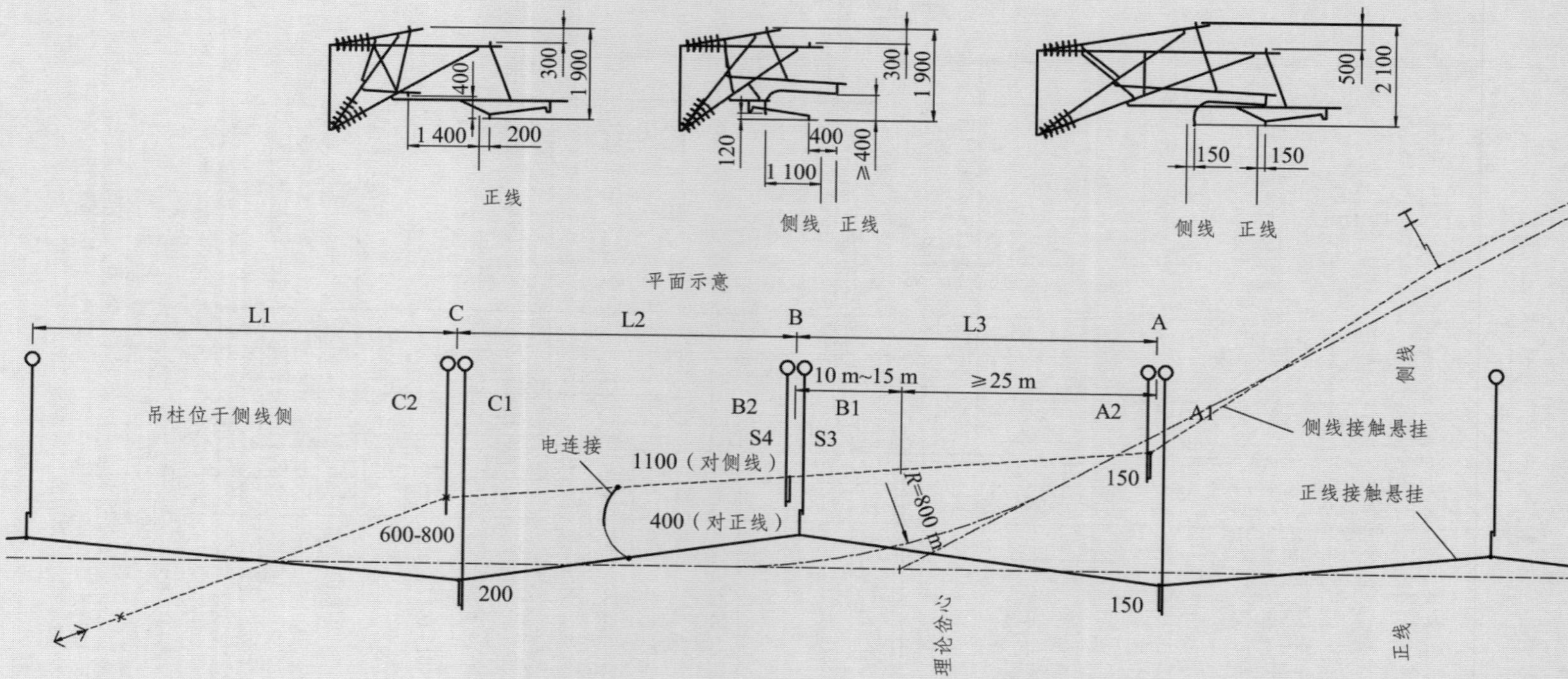

图 12.4　接触网无交叉线岔平面布置图

图 12.5 所示为接触网平面布置图“附注”部分，可以看出：该部分清楚地显示了支柱编号、基础中心距离线路中心距离（或标注侧面限界）、支柱类型、基础类型、腕臂安装图号、附加线图号等信息。上述内容可以找到相对应的安装图纸及资料，便于后续施工及维修作业。

备注			
附加线图号	1403-Ⅱ-09 1403-Ⅱ-09	1403-Ⅱ-09 1403-Ⅱ-09	1403-Ⅱ-09 1403-Ⅱ-09
软横跨节点或腕臂安装图号	05-02/05-03 1181-Ⅰ-06 05-02/05-03 1181-Ⅰ-07	1181-Ⅲ-15 1181-Ⅲ-12	1181-Ⅲ-14 1181-Ⅲ-13
基础类型	ZH160 ZM55 ZH160 ZM55	ZH140 ZH160	ZH140 ZH160
支柱类型	GHT240B/7.8 GHT240B/7.8	GHT240A/7.8 GHT240B/9.5	GHT240A/7.8 GHT240A/7.8
基础中心距线路中心距离	3.000 3.000	3.067 3.009	3.087 3.041
支柱编号	152 165	150 163	148 161

图 12.5　接触网平面布置图“附注”

图 12.6 所示为接触网平面布置图“主要工程数量”部分，该部分对图纸所示工程的用料情况、施工量等信息进行了罗列。

主要工程数量

名称	型号	单位	数量	名称	型号	单位	数量	名称	型号	单位	数量
接触线	CTMH150	m	4129.56	横梁		根	31	叁化	1181-Ⅱ-12		4
	CTS120	m	7310.98	装配	中间柱	处	166		1181-Ⅱ-15		4
承力索	JTMH120	m	4129.56		非绝缘转换柱	处	16		1181-Ⅱ-13		4
	JTMH95	m	7310.98		绝缘转换柱	处	12		1181-Ⅱ-14		4
正馈线	JL/LB1A-315	m	3072.84		道岔柱	处	34		1181-Ⅲ-12		3
保护线	LBGLF-185/25(24/7)	m	3072.84	安装图号	长昆客专施网				1181-Ⅲ-15		2
下锚	全补偿	处	29		209-02-02		2		1181-Ⅲ-13		2
	无补偿	处	4		209-02-03		2		1181-Ⅲ-14		2
	中心锚结	处	3		209-03		40		1181-Ⅰ-06		9
正馈线	肩架	处	106		209-04		25		1181-Ⅰ-07		13
	对向下锚	处	2		209-05		29		1184-06		4
保护线	肩架	处	106		209-06		7		1184-07		5
	对向下锚	处	2		209-07		3		1184-08		4
H形钢柱					209-14		5		1184-10		2
	ZGZ-6		10		209-15		5		1184-11		2
	BGZ-5		22		209-18		18		05-02/05-03		29
	BGZ-6		20		209-19		16		05-04		4
	GH240A/7.5		6		209-25		3		05-07		3
	GH240A/7.8		7		209-27		15				
	GH240A/8.0		22		209-28		15				
	GHT240B/7.5		2		209-30		2	通化			
	GHT240A/8.0		3		209-31		6		1403-Ⅱ-09		60
	GHT240A/7.8		19		209-37		2		1403-Ⅱ-44		2
	GHT240B/10		24		209-38		3	隔离开关		处	3
	GHT240B/7.8		21		209-41		3	分段绝缘器		处	4
	GHT240B/9.5		3		209-43		4	避雷器		处	3
吊柱		处	47		209-44		1	股道电连接		处	
基础					209-45		1	支柱号码牌		处	261
	QJ-A2		7		209-51		1				
	QJ-B		2								
	QJLX-1		2								
	ZH140		48								
	ZH160		49								
	ZM35		26								
	ZM55		17								
	ZYHJ-2		22								

图 12.6　接触网平面布置图“主要工程数量”

图 12.7 所示为接触网平面布置图“说明”部分，该部分对设计方案、设计原则、设计依据、接触网悬挂类型、技术要求、接触线高度、接地要求、选用材料规格及性能，以及其他应该特别指出和注意的问题所进行的补充说明。

说明：

1.接触网正线为全补偿弹性链形悬挂，站线为全补偿简单链形悬挂。

2，接触线、承力索正线为CTMH-150（30kN）+JTMH-120（21kN）；正线间渡线为CTMH-150（15kN）+JTMH-120（15kN）；站线及其它为CTS-120（15kN）+JTMH-95（15kN）；正馈线JL/LBLA-315-45/7；保护线JL/LB1A-200-26/7、架空地线JL/LB1A-63-6/1；吊弦为JTMH-10整体吊弦。

3.接触线悬挂点为5 300 mm，最低点为>5 150 mm；除关节外和特殊点，接触线不允许有坡度。结构高度一般为1 600 m，跨线建筑物下及困难处不下于1 100 mm。

4.一般中间柱基本柱高：路基地段7.8 m，桥梁地段7.5 m；其他见底栏表，相邻支柱跨差一般不大于10 m。

5.本线为高雷区，本线暂按不设避雷线，采用在以下位置设氧化锌避雷器方式防雷：

（1）接触网电分相或绝缘锚段关节来电侧；

（2）供电线上网处；

（3）封顶式雨棚站区两端接触网；

（4）高压电缆与架空裸导线转换处，在所内的转换由变电专业考虑；

（5）长度大于2 000 m及以上隧道或隧道群两端。

（6）高架桥、高路基上每隔一个锚段在锚段关节附近（不得在锚段关节内）设置一台避雷器。

6.隧道内滑道槽根据台车模板顺线路长度及搭接缝长度布置。

7.绝缘、非绝缘锚段关节采用5跨形式，绝缘锚段关节在开口侧设常闭电动隔离开关；绝缘锚段关节两导线间距为500 m，非绝缘锚段关节为200 mm锚段关节内跨距的选取不大于相应曲线半径的标准跨距。

8.本线设置贯通的综合接地系统，接触网接地纳入综合接地系统。AT区段架设保护线（PW），作为钢轨回流的并联通道，工作接地兼闪络保护、安全接地。独立供电线支柱成排时设架空地线集中接地，个别支柱接接地极单独接地。

9.上跨桥下两端口的承力索，吊弦应缠绝缘热缩带，一般情况桥内5 m，桥外5 m.

10.接触网正线、站线、路基上附件线的下锚、中锚采用拉线实体基础。

11.悬吊滑轮、悬局承力索、中锚等处、供电线转角、下锚等均采用预绞丝防护条防护。

12.隧道内腕臂绝缘子、分段、关节绝缘子、重污区地段、无柱雨棚站等绝缘子均采用合成绝缘子。

13.下锚采用采用棘轮补偿器。

14.支柱基础编号为阿拉伯数字，拉线基础编号为阿拉伯数字前加前级L.

15.拉线基础位于支柱有拉线基础符号一侧，距支柱中一般为7 m，当在端梁时为7 m留头1 m.

16.图中尺寸拉出值以mm计，其他以m计。

图 12.7　接触网平面布置图“说明”

图 12.8 所示为接触网平面布置图“图例”部分，该部分对图纸中采用的特殊符号或形状做了定义说明。

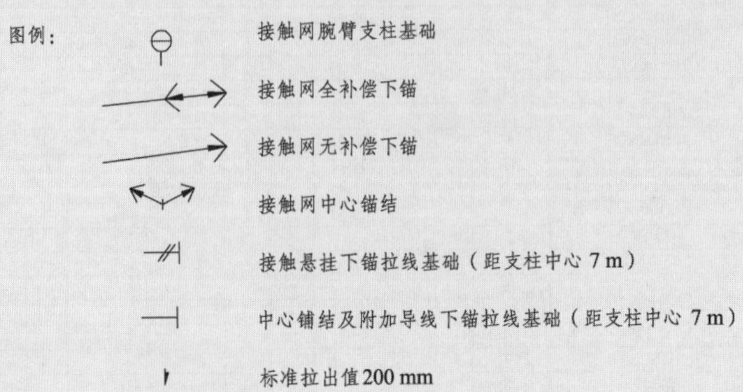

图 12.8　接触网平面布置图“图例”

图 12.9 所示为接触网平面布置图“图标”部分，该部分给出了图纸名称、施工（竣工）里程、比例尺、图号、相关人员会签情况等信息。

项目负责人		××××集团 新建CK铁路客运专线CKHN段 XTB接触网平面布置图竣工图 工程：DK24+867.50-DK27+165.00 竣工里程：K1108+471.08-K1110+768.59	图号	长昆客专竣(长玉) 网-101(A)
主管工程师			比例尺	1：1000
技术负责人			开工日期	
监理工程师			竣工日期	
总监			制图者	
			复核	

图 12.9　接触网平面布置图“图标”

12.4 任务实施及考核

1. 任务实施

（1）任务实施的目的。

掌握接触网平面图的识读。

（2）任务实施准备工作。

完成接触网平面图的识读。

（3）任务实施场地器材。

接触网平面站场或区间用图可使用插页 5 和插页 6 所示图纸，也可以另外提供图纸进行考核。

（4）任务实施步骤。

① 理论学习。完成本任务相关理论的学习。

② 拓展学习。完成本任务拓展资料的学习。

③ 实物认知。在掌握相关理论的学习的基础上，结合平面图实物进行综合认知。

④ 完成考核。

（5）注意事项。

接触网平面图设计和识图要点较多，受到本书篇幅限制，很多相关理论并没有详细展开讲解，任务实施时既要根据本书内容进行基础学习，更要自主学习拓展资料，才能对接触网平面图形成较完整的整体认知。

2. 考核表

序号	考核内容	考核标准	标准	得分
1	站场平面图例识别	能指出站场平面图上图例的含义	70 分（能说出 15/10/5/1/0 个以上，得 65/45/35/15/0 分）	
2	站场平面图附注识别	能明确说出站场平面图上附注表示的含义	30 分（能说出 15/10/5/1/0 个以上，得 30/20/15/10/0 分）	
总分			100 分	

任务 13 接触网供电示意图的识读

任务 13 数字资源

13.1 任务描述

本任务对接触网供电示意图相关内容和图例进行介绍。通过完成本任务，掌握接触网供电示意图识图能力，为后续任务的执行奠定基础。

13.2 任务资讯

1. 接触网供电设计应符合的规定

（1）接触网供电应符合维修天窗的检修条件，同时应符合双向行车及事故抢修的要求，在车站两端、长大隧道的出入口宜设置绝缘锚段关节及电动隔离开关。

（2）电分相应设在进站信号机 500 m 以外或经行车检算确认，应避免设在变坡点、大电流和加速区段，宜设置在 6‰及以下坡度的区段。

（3）电分相应采用带中性区的绝缘锚段关节形式，中性区应设电动负荷隔离开关并与前进侧接触网相连。

（4）供电线宜采用架空方式，地形困难处所及上网处可采用电缆方式，上网开关应采用电动隔离开关。

（5）大型及以上旅客车站的接触网应根据行车组织及运营维护需要，按行车组织或站台分区分束供电，应符合基本站台独立停电检修的要求。当旅客车站设有牵引变电所或开闭所时，每束接触网应设独立供电线。分束供电时，应设电动隔离开关并纳入远动系统。

2. 供电示意图标注的内容

（1）供电示意图上的电分段。

接触网是一种特殊形式的供电线路，为了保证供电的可靠性和灵活性，缩小停电事故发生的范围，要进行分段。被分段的接触网在电气方面是独立的，并通常用隔离开关连接。当某区段发生事故或停电进行检修时，可以打开相应段的隔离开关使该区段无电，而不致影响其他各段接触网的运行。

接触网分段有横向分段和纵向分段两种形式。接触网线路（或线群）之间所进行的分段称横向分段，如站场内因各股道的作用不同而进行的分段。在复线或多线路上，其正线之间一般采用分开供电，以保证上下行线路电气方面的独立性。

车站两端连接两条正线的渡线中间的分段就属于横向分段。接触网沿线路方向所进行的分段称为纵向分段，如在站场或区间衔接处所进行的分段。站场和区间的接触网应是各自独立的，因此在它们的连接处必须进行分段。

（2）牵引变电所。

牵引变电所的作用是将电力系统电网输送来的电能经主变压器降压，并把三相电源转换成两个单相电源，然后通过馈电线分别供电给牵引变电所两侧的接触网。接触网通常在相邻两个牵引变电所的中央是断开的，将两个牵引变电所之间的接触网分成两个不同的供电分区，每个供电分区称为一个供电臂。每个供电臂只从一端的牵引变电所获得电能的方式称为单边供电，若能同时从两个牵引变电所中获得电能则称为双边供电。

单边和双边供电都是正常的供电状态，还有一种非正常供电状态，称为越区供电，即当牵引变电所由于某种原因不能对供电臂正常供电时，该牵引变电所负担的供电臂通过分区所的有关开关设备，由两侧相邻的牵引变电所提供临时供电。越区供电只能保证客车或重要火车通过，是作为避免中断运输的临时性措施。

（3）分区所。

分区所设在两个牵引变电所的供电区中间，其作用是提高接触网末端电压水平、减少能耗以及必要时实现越区供电。

（4）开闭所。

开闭所也称为辅助分区所，其作用一是将长供电臂分段，发生故障时缩小停电范围，如在复线 AT 牵引网中，增设在分区所与牵引变电所之间的开闭所；另一作用是扩大馈线数目，起到配电所的作用，如设置在枢纽站、编组场、电力机务段等处的开闭所。

开闭所的主要设备是断路器。电源进线一般设两回路，复线时可由上、下行牵引网各引一回路，出线则按需要设置。当出线数量较多时，也可将开闭所母线实行分段。

（5）AT 所。

自耦变压器站简称 AT 所，是 AT 牵引网的重要组成部分，其作用是改善电压水平和防干扰性能。AT 所中自耦变压器的两个出线端子（电压为 55 kV）分别经隔离开关（或断路器）跨接于接触网和正馈线间。其中点经中性线、电流互感器、隔离开关与钢轨、接触网保护线相连。接触网与钢轨间电压仍为 27.5 kV。工频单相交流电气化铁道采用自耦变压器（AT）供电方式时，在牵引变电所与分区所中间设 AT 所。

（6）锚段关节式电分相。

在牵引变电所出口处和分区所处，一般把两相不同的供电区分开，这称为电分相。对于速度大于 160 km/h 的铁路和高速电气化铁路，电分相多采用锚段关节式电分相。

13.3　作业指导

如图 13.1 所示为高速铁路接触网供电示意图，图中用双点画线框出了该图的 6 个组成部分：第一部分为牵引变电所，第二部分为区间及车站，第三部分为 AT 所，第四部分为分区所，第五部分为图例，第六部分为“说明”。

下面将对平面布置图的识图步骤进行简要介绍，具体如下：

（1）根据需求对应供电示意图名称，找到对应的图纸，并确认相关信息是否与需求相符，供电示意图以一整条线路的局界、段界为单位，一个供电（维管）段管内又以车间分界为单位，便于管理和掌握。

（2）熟悉图册中“说明”的内容，确认相关信息是否与需求相符，并了解特殊情况说明的具体内容，便于在识图中注意。

（3）熟悉“图例”中各种设备的名称。

（4）根据需求查看供电示意图，查图可根据线路区间、站场、变电所、分区所、AT 所名称等信息，快速找到所需区段。

（5）对照供电示意图掌握各上网开关、电分段、电分相的位置及编号。

（6）沿变电所馈线出口供电路径，到相邻分区所，可以找到相应供电臂的供电范围，停电单元。根据中间 AT 所、电分相关节、电分段的位置找到最小停电范围。

（7）在应急情况下，可通过供电示意图进行相应开关的分合闸配合，实现直接供电、越区供电或环形供电要求，从而保证供电运输安全。

（8）为便于应急管理，现部分铁路局要求将变电所亭主接线图、隧道、跨越线、跨线桥（渠）、工作门等进行标注，可通过图纸直观地进行查看及查找。

在识图过程中，为快速准确读懂图纸各部分，读者可先对图纸中的“图例”和“说明”部分识读，在此基础上对整个图纸进行仔细识读。

插页 7 中，第一部分清楚显示了牵引变电所、馈线、锚段关节分相、隔离开关等组成部分，并且详细标出了各部分的公里标位置情况；第二部分显示了站场股道、绝缘锚段关节、电分段等信息；第三部分显示了 AT 所、AT 所馈线等信息；第四部分显示了分区所、所馈线、隔离开关等信息；第五部分为图例，起到对图例符号说明的作用；第六部分为说明，对图纸的一些情况进行说明。下面对各部分详细阐述。

图 13.1 所示为高铁供电示意图的第一部分，图中双点画线框内容如下：注 1 为牵引变电所，注 2 为变电所馈出线，注 3 为常闭单极电动隔离开关（上网开关），注 4 为锚段关节式电分相，注 5 为常开双极电动隔离开关（上下行并联开关），注 6 为各开关所在位置公里标、开关编号及接触网杆号。

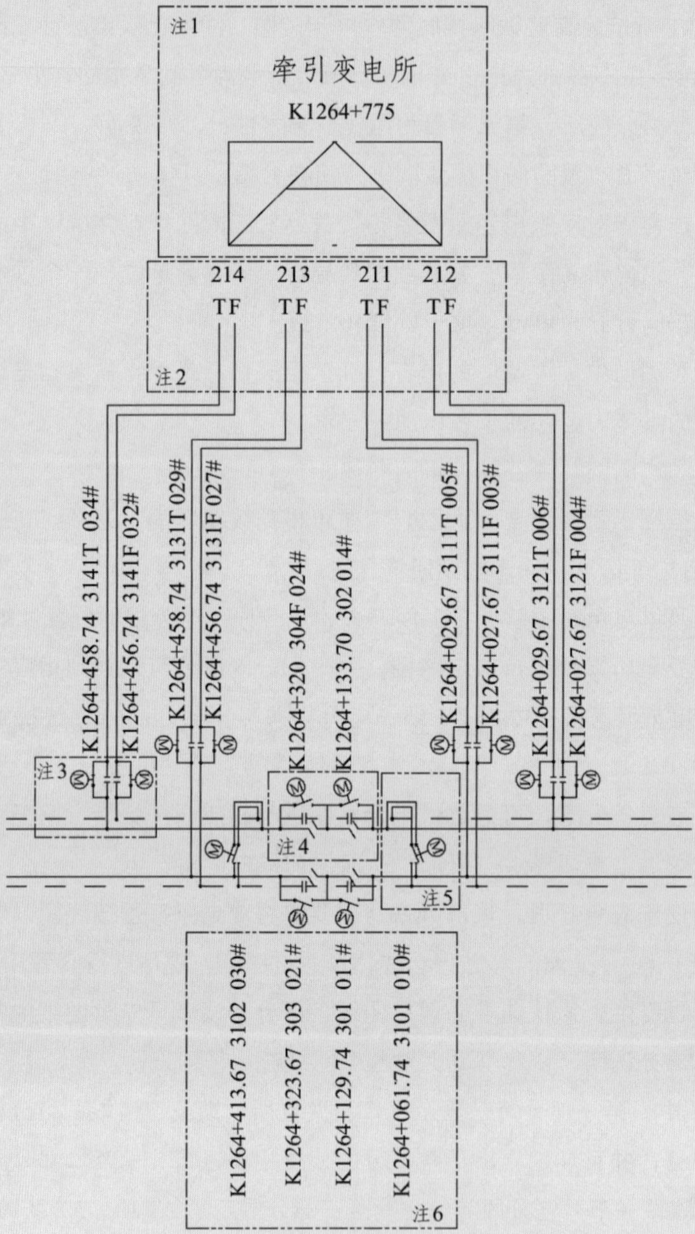

图 13.1　供电示意图第一部分注释

为清晰显示图 13.1 中“注 4”所示锚段关节点分相工作原理，现将其详细布置图绘制如下。

图 13.2 所示为六跨锚段关节式电分相详细布置图，图中双点画线框内容如下：注 1 为补偿下锚；注 2 为绝缘子串；注 3 为常开单极电动隔离开关；注 4 为电连接；注 5 为硬锚；注 6 为线索最小间距。

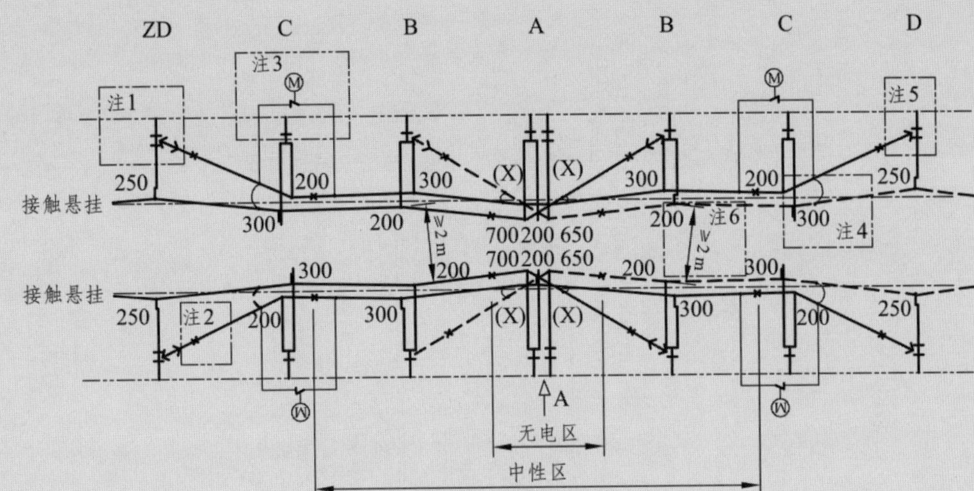

图 13.2 六跨锚段关节式电分相

图 13.3 所示为高铁供电示意图的第二部分，图中双点画线框内容如下：注 1 为绝缘锚段关节及常闭双极电动隔离开关，注 2 为电分段，注 3 为道岔编号，注 4 为股道编号，注 5 为站场中心公里标，注 6 为各开关所在位置公里标、开关编号及接触网杆号。

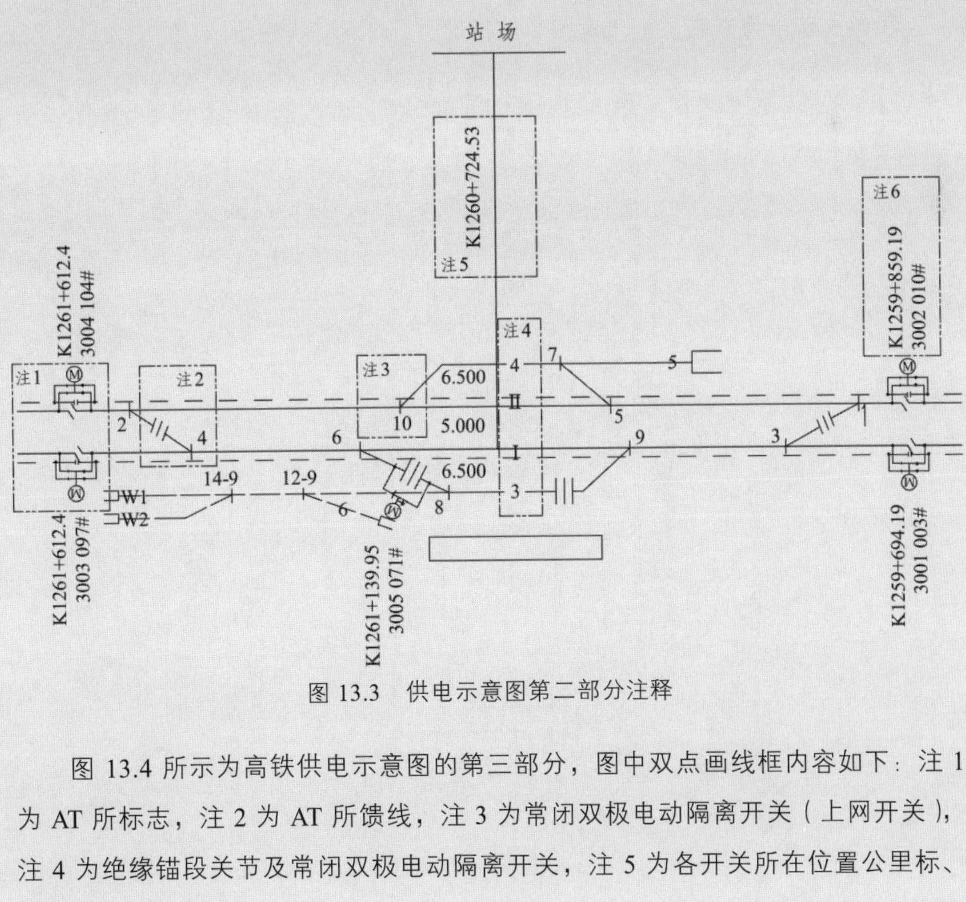

图 13.3 供电示意图第二部分注释

图 13.4 所示为高铁供电示意图的第三部分，图中双点画线框内容如下：注 1 为 AT 所标志，注 2 为 AT 所馈线，注 3 为常闭双极电动隔离开关（上网开关），注 4 为绝缘锚段关节及常闭双极电动隔离开关，注 5 为各开关所在位置公里标、开关编号及接触网杆号。

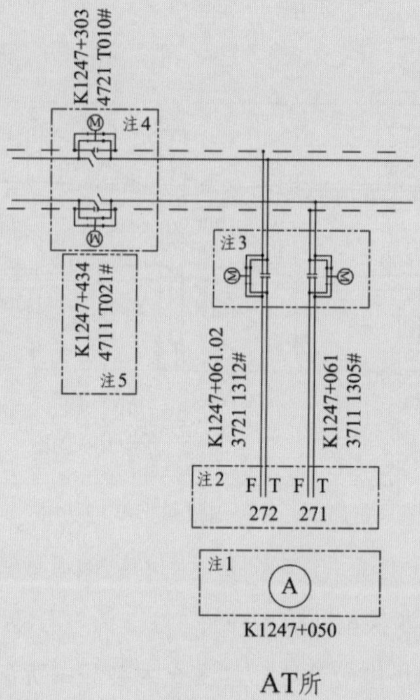

图 13.4　供电示意图第三部分注释

图 13.5 所示为高铁供电示意图的第四部分，双点画线框所示：注 1 为分区所，

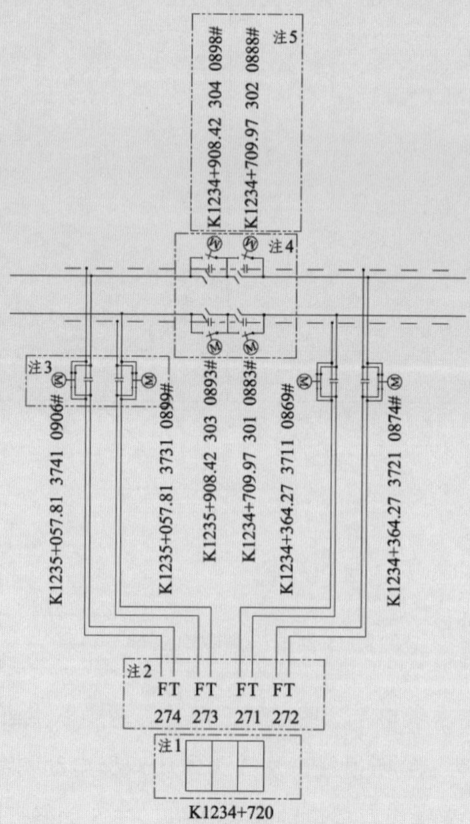

图 13.5　供电示意图第四部分注释

注 2 为分区所馈线，注 3 为常闭双极电动隔离开关（上网开关），注 4 为锚段关节式电分相，注 5 为各开关所在位置公里标、开关编号及接触网杆号。

图 13.6 所示为高铁供电示意图的第五部分，图例表征了图纸中特定符号或图形的含义，识记图例是准确识图的关键。

图 例

名称	图例	名称	图例	名称	图例
电化正线	————	锚段关节式电分相	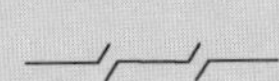	分区所	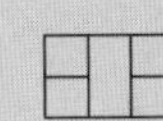
电化站线	————	电分段		常闭单极电动隔离开关	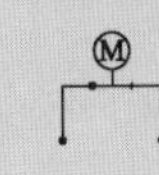
非电化线	— — —	绝缘锚段关节	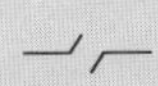	常开单极电动隔离开关	
AF线	- - - -	AT所		常闭双极电动隔离开关	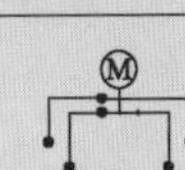
供电线	————	AT变电所	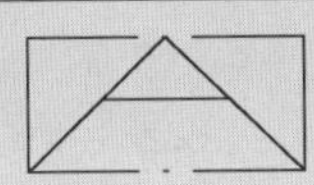	常开双极电动隔离开关	

图 13.6　供电示意图第五部分注释

图 13.7 所示为高铁供电示意图的第六部分，“说明”对整个图纸涉及的供电方式、用料选型、结构参数、悬挂形式、侧面限界等接触网供电关键信息进行了补充说明，便于识图和施工。

说明：
1.本图系根据站场、线路、牵引供电有关设计资料并结合现场实际情况编制。
2.××客专为AT供电方式，娄邵联络线为直供带回流线的供电方式。
3.正线接触悬挂采用CTMIH-150+JTMH-120，站线CTS-120-JTMH-95，附加线采用铝包钢芯铝绞线。
4.接触悬挂点距轨面高度为5 300 mm，接触网结构高度1 600 m，因难时不小1 110 m。
5.速度350 km/h高速正线区段采用全补偿弹性链形悬挂；其他正线、站线、渡线、联络线采用全补偿简单链形悬挂。
6.区站正线腕臂支柱侧面限界无砟轨道区段一般不小于3.0 m，有砟道区段一般不小于3.1m。

图 13.7　供电示意图第六部分注释

13.4 任务实施及考核

1. 任务实施

（1）任务实施的目的。

掌握接触网供电相关识图的方法。

（2）任务实施准备工作。

完成接触网供电相关识图。

（3）任务实施场地器材。

接触网供电图纸可以另外提供图纸，也可以使用插页 8 所示的供电示意图进行考核。

（4）任务实施步骤。

① 理论学习。完成本任务相关理论的学习。

② 拓展学习。完成本任务拓展资料的学习。

③ 实物认知。在掌握相关理论的学习的基础上，结合相关图纸实物进行综合认知。

④ 完成考核。

（5）注意事项。

接触网供电涉及牵引供电系统的诸多内容，识图要点内容较多，限于篇幅，很多相关理论并没有详细展开讲解，任务实施时既要根据书本内容进行基础学习，更要自主学习拓展资料，才能对接触网供电图形成较完整的整体认知。

2. 考核表

序号	考核内容	考核标准	标准	得分
1	供电图组成部分识别	能准确指出接触网供电图组成部分	30 分（能说出全部/4/2/1/0 个以上，得 30/20/10/5/0 分）	
2	供电图详细构成识读	能准确识读接触网供电图的各部件	70 分（能说出 15/10/5/1/0 个以上，得 70/50/40/20/0 分）	
总分			100 分	

任务 14　接触网安装图的识读

任务 14 数字资源

14.1　任务描述

本任务主要以高铁支柱、分段绝缘器、中心锚结、补偿装置、避雷器、正馈线（AF 线）、吊弦、下锚拉线安装图为例，对接触网安装图相关内容和图例进行介绍。通过本任务的完成，掌握接触网安装图识图能力，为后续任务的执行奠定基础。

14.2　任务资讯

1. 支　柱

将支柱安装图按照导高、侧面限界、接触悬挂、气象条件等的不同分为 A、B、C、D、E 等几种装配形式，每种形式的适用范围如下：

A 类：接触线悬挂点高度为 5.8 m，结构高度为 1.5 m，用于区间全补偿链型悬挂，一般采用地面以上高度为 8.2 m 的支柱。

B 类：接触线悬挂点高度为 6 m，结构高度为 1.5 m，用于区间或车站最外道岔至绝缘锚段关节的全补偿链型悬挂，一般采用地面以上高度为 8.7 m 的支柱。

C 类：接触线悬挂点高度为 6.45 m，结构高度为 1.5 m，用于车站最外道岔至绝缘锚段关节的全补偿链型悬挂，一般采用地面以上高度为 9.2 m 的支柱。

D 类：接触线悬挂点高度为 6 m，结构高度为 1.7 m，用于车站或区间半（全）补偿链型悬挂，一般采用地面以上高度为 8.7 m 的支柱。

E 类：接触线悬挂点高度为 6.4 m，结构高度为 1.7 m，用于车站半（全）补偿链型悬挂，一般采用地面以上高度为 9.2 m 的支柱。

上述支柱类型中，B、C、D、E 型可用于覆冰地区，A 型用于无冰地区。

高速铁路接触网支柱装配的各部尺寸，要由现场支柱安装的实际情况来直接采集相关数据，再由相关计算软件进行各部安装尺寸的精确计算，所以各类支柱安装图上一般没有标准具体明确的安装尺寸。一般根据支柱用途的不同分为中间柱、转换柱、道岔定位柱、锚柱和中心柱的装配，以及直线与曲线支柱的装配。

2. 分段绝缘器

分段绝缘器是接触网分段设备之一。在正常情况下，机车受电弓中心带电滑行通过。当某一侧接触网发生故障或因检修需要停电时，可以打开分段绝缘器处的隔离开关，将该部分接触网断电，而其他部分接触网仍能正常供电，从而提高了接触网运行的可靠性和灵活性。利用分段绝缘器进行分段的处所主要有：货物线及有货物装卸作业的站线，机车整备线，同一车站内不同车场之间及双线区段车站内上、下行之间。这些处所由于受线路条件等因素的制约，难以布置绝缘锚段关节，因而设置分段绝缘器。分段绝缘器由于材质及结构上存在一定的问题，虽然不断改进，但仍为薄弱环节，应合理使用，尽量少设。

目前，现场常用的分段绝缘器有高铝陶瓷、菱形分段绝缘器和消弧分段绝缘器，其安装图均以厂家提供为主。

3. 中心锚节

中心锚节在锚段的中部，其作用有：其一，在一个锚段实行两端补偿时可防止补偿器向一侧滑动，特别是在具有坡度的线路上，设置中心锚节更显得必要，其作用和效果也更加明显；其二，缩小事故范围，当中心锚节的一侧接触线发生断线时，不致影响另一侧的接触网，且容易排除事故及易于恢复正常行车。

接触悬挂的每一个锚段，它的导线都是独立的线段，在正常情况下，无论是硬锚还是补偿下锚，一个锚段内的导线都是作为整体面而工作的，导线在温度变化时要伸长（或缩短），而对两端硬锚的导线，纵向不会产生位移，导线所产生的伸长都耗散在每一个跨距内。两端补偿下锚的导线，因导线上各种拉力和阻力不同，两端会出现不平衡的拉力，从而使导线向一端移动。为了防止这种现象的产生以及当锚段内出现断线后缩小事故范围，可以在锚段的约一半长度的一个跨距内（锚段中间部位）设置中心锚节，将该点的导线拉紧固定，在任何情况下该点都不会出现偏移。中心锚节的形式和结构，根据接触网的悬挂类型及安装地点而有所不同。

中心锚节按其作用分为防断和防窜两种。

4. 补偿装置

接触网补偿装置是自动调节接触线和承力索张力的补偿器及其制动装置的总称。它装在锚段的两端，并且串接在接触线和承力索内，它的作用是补偿线索内的张力变化，使张力保持恒定。在大气温度发生变化时，接触线和承力索会发生伸长或缩短，从而使线索内张力发生变化，这时就会影响到接触线和承力索的弛度也发生变化，因而使受流条件恶化。为改变这种情况，一般在一个锚段的两端，在接触线及承力索内串接张力自动补偿装置后，再进行下锚。

补偿装置有许多种类，如滑轮式、棘轮式、鼓轮式、液压式及弹簧式等。

补偿装置的要求有两个，一是补偿装置应灵活，在线索内的张力发生缓慢变化时，应能及时补偿，传送效率要高；二是具有快速制动作用，一旦发生断线事故或其他异常情况，线索内的张力迅速发生变化时，补偿装置还应有制动功能。一般对于全补偿的承力索内的补偿装置，如不具备这种功能时，还需专门加有断线制动装置，以防止在发生断线时，坠砣串落地面造成事故扩大、恢复困难。

5. 避雷器

避雷器安装在接触网支柱上，与接触悬挂相连接，作为接触网大气过电压、操作过电压保护之用。大气过电压指接触网附近发生雷击时产生的过电压；操作过电压指牵引供电设备（断路器分合、电容投撤等）操作时，电磁波动产生的高电压。

接触网是露天供电装置，为了安全运行，应采取必要的大气过电压防护措施。《铁路电力牵引设计规范》规定“接触网大气过电压的防护，应根据雷电活动情况，结合运营经验，采取相应的防护措施，在下列重点位置应适当设置避雷装置：电分相和电分段锚段关节、长大隧道两端、分区亭引入线或牵引所馈电线出口处”。

目前，接触网上采用的避雷器有氧化锌避雷器、管型避雷器和角隙避雷器等三种。随着电气化铁路的飞速发展，现在普遍采用氧化锌避雷器，该避雷器具有理想的伏安特性，以及响应迅速快、残压低、通流容量大、可靠性高、免维护等特点，绝缘外套宜采用复合材料，具有泄漏监测功能。

6. 正馈线（AF 线）

正馈线用于 AT 供电区段，AT 供电方式的一个特点是有一根与接触网电压相同但反相的正馈线（简称 AF 线），AF 线与 PW 线同时悬挂在支柱田野侧，其线肩架上 PW 线靠支柱侧、AF 线靠田野侧，在停电作业时，AF 线和接触线的地线同时接钢轨，而 PW 线经接地柱接大地。

7. 吊　弦

吊弦是链型悬挂的重要组成部件之一，接触线通过吊弦悬挂在承力索上，调节吊弦的长度可以保证接触悬挂的结构高度和接触线距轨面的工作高度，增加了接触线的悬挂点，从而改善接触悬挂的弹性，提高电力机车受电弓的受流质量。

吊弦按其结构和功能的不同分为普通环节吊弦、弹性吊弦、滑动吊弦、防风吊弦和整体吊弦。

在高速接触网悬挂中，吊弦是其中的主要环节，为适应高速的要求，吊弦向整体式和轻型化发展，过去采用的环节吊弦逐步被淘汰，同时相应地加大了吊弦的密度。应根据计算和试验确定每根吊弦的长度及间距。

8. 下锚拉线

下锚支柱除承受垂直线路的横向负载外，还要承受接触悬挂的下锚的纵向负载；要使锚柱稳固，应采用下锚安装拉线，它主要用来平衡下锚接触悬挂纵向负载对支柱产生的影响。

下锚拉线具体技术要求如下：

（1）拉线在任何情况下不得侵入限界，应位于接触悬挂下锚支的延长线上，锚板拉杆与拉线应成一条直线；拉线与地面夹角一般情况下为 45°，最大不得超过 60°。

（2）拉线不得有断股、松股、接头及严重的锈蚀，且应紧绷，在同一支柱上的各拉线应受力均衡；由镀锌钢绞线制成的拉线应涂防腐油。

（3）埋锚杆的埋入深度及位置应符合要求，埋入地下部分的地锚拉杆应涂防腐漆。UT 线夹螺栓外露螺纹长度应有可调余量，UT 线夹不得埋入地中。各部螺栓紧固良好并涂油。

（4）拉线基础外形尺寸应符合设计要求。拉线基础不得有松动迹象，基础周围不得有积水。

（5）设在挡土墙、隧道口、桥墩、坚石地带及砂浆砌石护坡上等处打孔灌注的地锚杆，其埋入深度应符合规定。受力后其周围水泥灌注部分不得有裂纹、破损及脱落现象。禁止将地锚杆设在孤石、风化石、次坚石上。

14.3 作业指导

图 14.1 所示为接触网安装图示例，图中用双点画线框出了该图的 5 个组成部分：第一部分为安装结构及安装尺寸图示，第二部分为表格栏，第三部分为图纸“说明”部分，第四部分为材料统计表，第五部分为图标。一般而言，安装图主要由这几部分组成，当然，部分图纸也会根据实际需要确定是否有表格栏，其他 4 部分一般来说是安装图不可或缺的，每一部分在整个图纸中均起着特定的作用。下面将对安装图的识图步骤进行简要介绍。

（1）根据接触网平面布置图表格栏中的安装图号，如 CK 客专施网-05-02，查找相关的安装图册。

（2）从安装图册中的“目录”栏中查找该安装图所在的页码，找到该安装图。

（3）熟悉该安装图册中“总说明”的内容，了解该图册的适用范围及设计原则等。

（4）从该安装图右下角的表格栏中，先确认图号及安装图的名称是否和平面图中的一致，并可以了解到该安装图的其他信息，如比例尺大小、制图者、开工日期等。

（5）熟悉安装图中“说明”内容，了解该安装图的适用范围及要求。

（6）识读安装图结构及安装尺寸图示，从该图中可以了解该安装部件的安装结构及安装尺寸。

（7）从安装图材料统计表中可以知道该安装结构图示中每个编号具体采用的是什么型号的零部件。

（8）图中“←*A*”等类似符号表示从箭头方向看过去的结构。

根据以上步骤可对该安装图有基本认识，接着就可以根据材料统计表中所列的材料，按照安装结构图示进行装配工作。

下面将对接触网几个构成部分的安装结构图示进行详细说明，表格栏、“说明”、材料统计表等内容则不再列出。

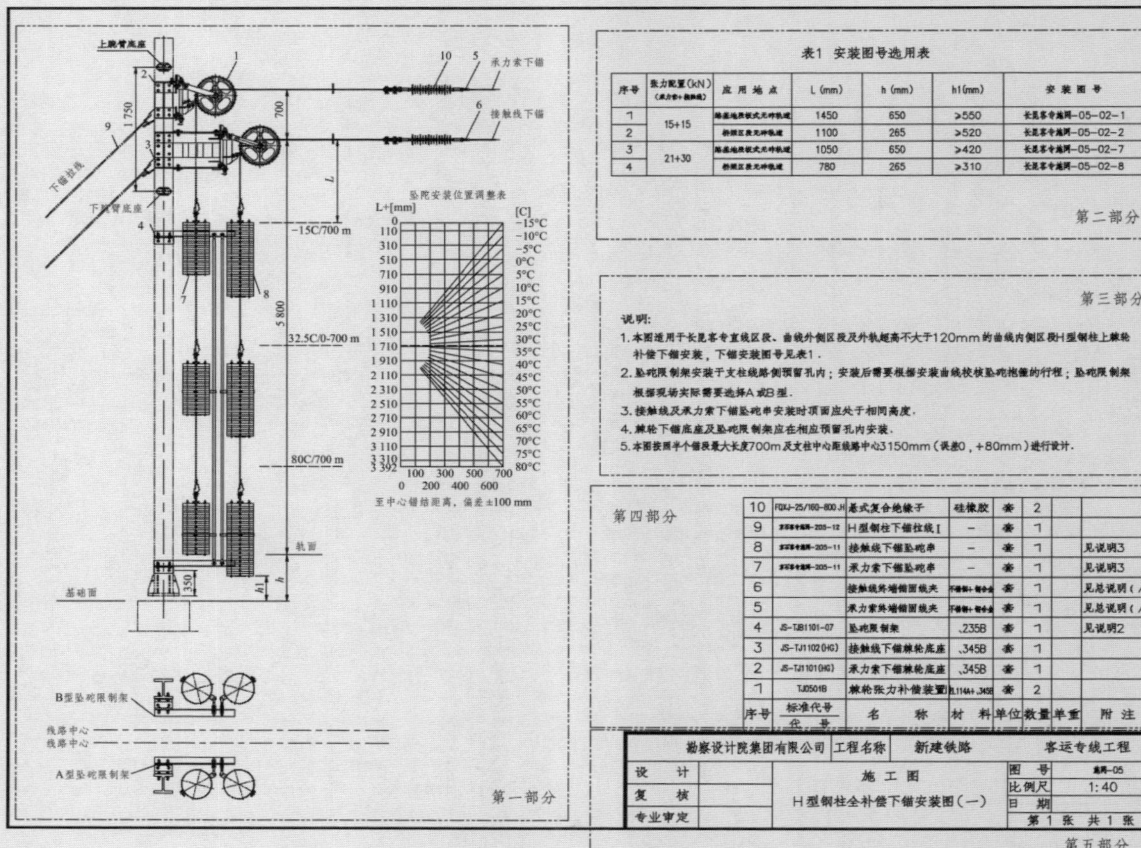

图 14.1 接触网安装图示例

1. 支　柱

图 14.2 所示为接触网中间柱（正定位）安装图。

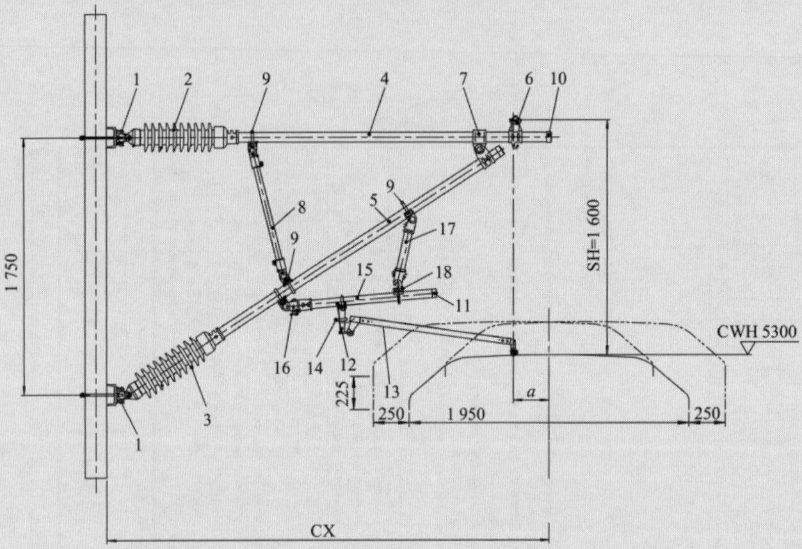

1—单腕臂底座；2—棒形柱式绝缘子（平腕臂）；3—棒形柱式绝缘子（斜腕臂）；4—平腕臂；
5—斜腕臂；6—承力索座；7—套管座（双套筒连接器）；8—腕臂支撑；9—70 型套管单耳；
10—70 型管帽；11—55 型管帽；12—定位支座；13—铝合金定位器；
14—定位器电连接跳线；15—定位管；16—旋转双耳；
17—定位管支撑；18—55 型套管单耳。

图 14.2　中间柱（正定位）

图 14.3 所示为接触网中间柱（反定位）安装图。

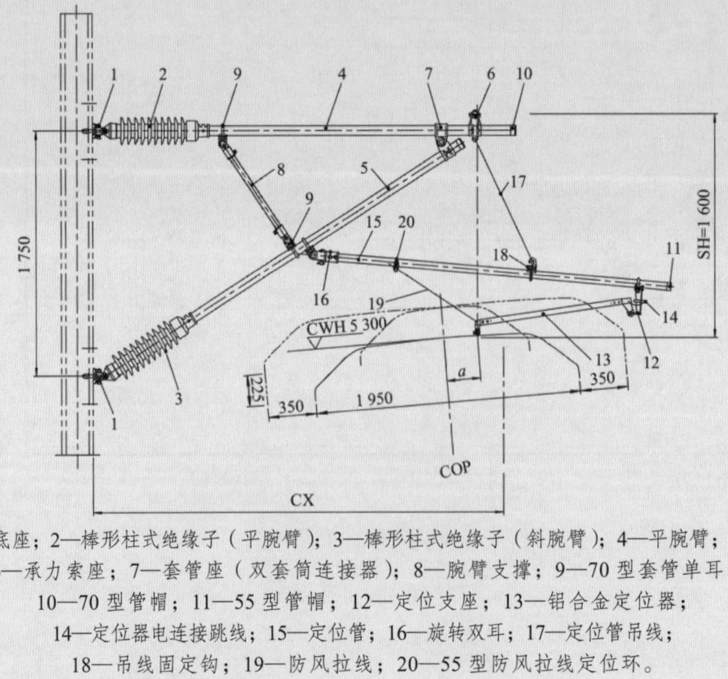

1—单腕臂底座；2—棒形柱式绝缘子（平腕臂）；3—棒形柱式绝缘子（斜腕臂）；4—平腕臂；5—斜腕臂；
6—承力索座；7—套管座（双套筒连接器）；8—腕臂支撑；9—70 型套管单耳；
10—70 型管帽；11—55 型管帽；12—定位支座；13—铝合金定位器；
14—定位器电连接跳线；15—定位管；16—旋转双耳；17—定位管吊线；
18—吊线固定钩；19—防风拉线；20—55 型防风拉线定位环。

图 14.3　中间柱（反定位）

2. 分段绝缘器

图 14.4 所示为吴江天龙分段绝缘器示意图，图中双点画线框图内容如下：第一部分为分段绝缘器主视图，第二部分为分段绝缘器俯视图。

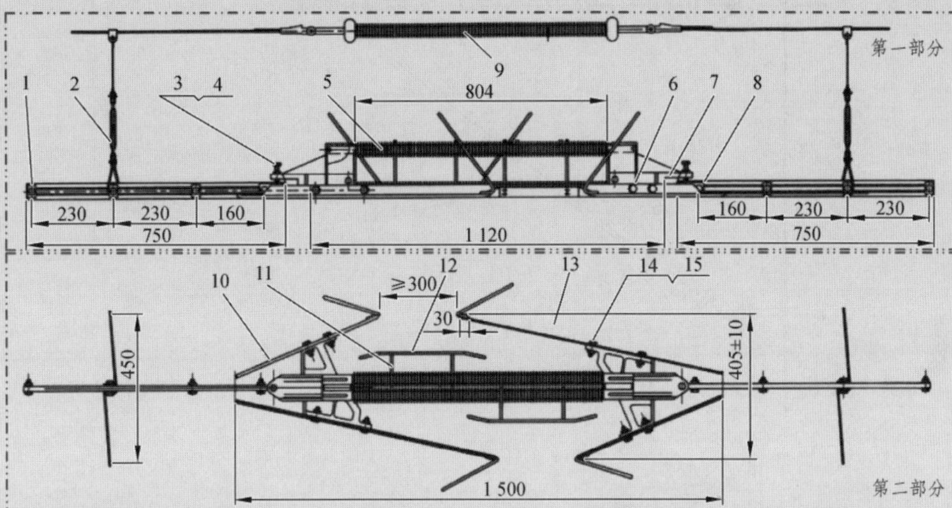

1—并沟线夹；2—吊弦装置；3—调整螺栓 M12×45；4—调整螺母 M12；5—硅橡胶绝缘子；6—定位销；7—锚头；8—接触线接头线夹；9—承力索绝缘子；10—短金属滑道；11—绝缘滑道托架；12—绝缘滑道；13—长金属滑道；14—螺栓 M10×20；15—螺母 M10。

图 14.4　吴江天龙分段绝缘器示意图

3. 中心锚结

（1）防窜型中心锚结。

图 14.5 所示为防窜型中心锚结示意图，图中圈出的Ⅰ和Ⅱ分别为防窜型中心锚结定位装置和中心锚结绳。Ⅰ和Ⅱ部分详图如图 14.6 所示。

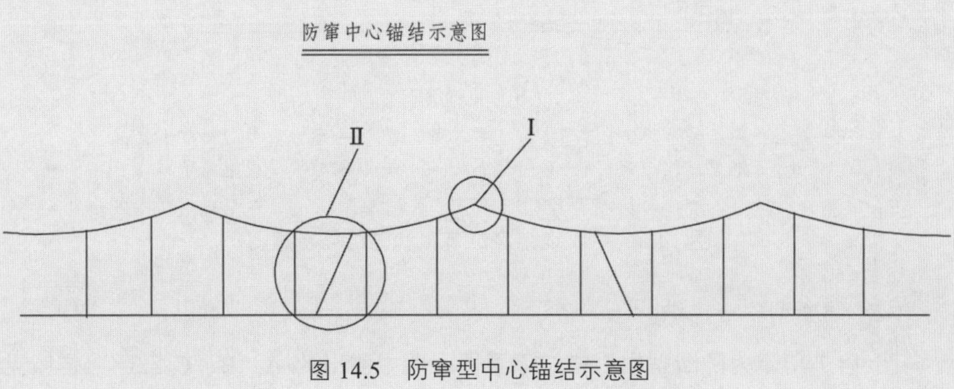

图 14.5　防窜型中心锚结示意图

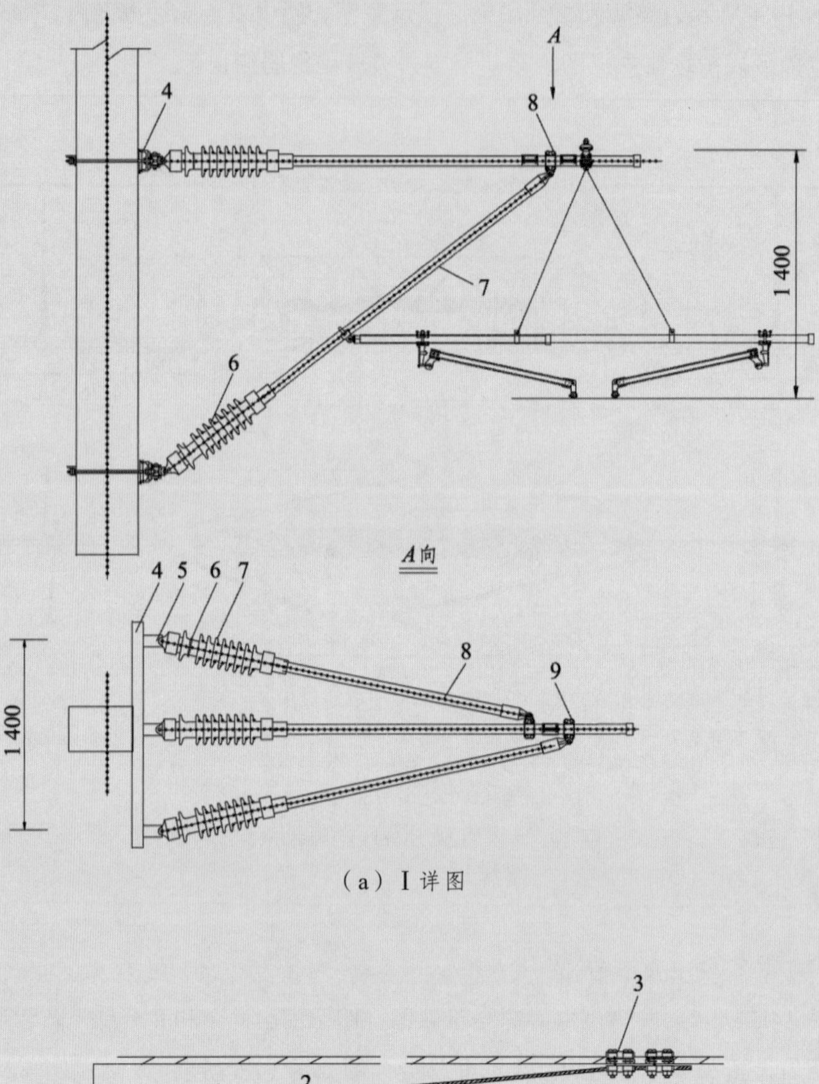

（a）Ⅰ详图

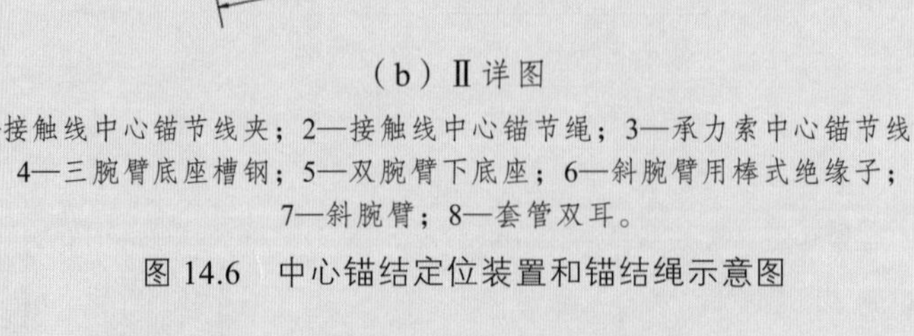

（b）Ⅱ详图

1—接触线中心锚节线夹；2—接触线中心锚节绳；3—承力索中心锚节线夹；
4—三腕臂底座槽钢；5—双腕臂下底座；6—斜腕臂用棒式绝缘子；
7—斜腕臂；8—套管双耳。

图 14.6　中心锚结定位装置和锚结绳示意图

（2）防断型中心锚结。

图 14.7 所示为防断型中心锚结示意图，图中圈出的 A、B、C 三部分详图见图 14.8 所示（图中数字和详图中的相同数字含义一致，将在详图中一并注释）。

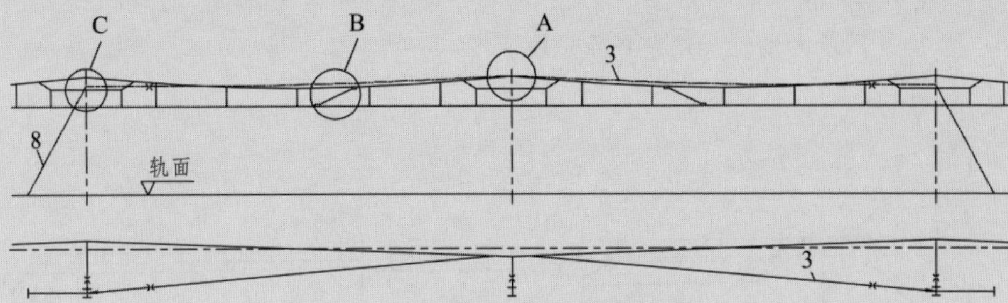

图 14.7　防断型中心锚结示意图

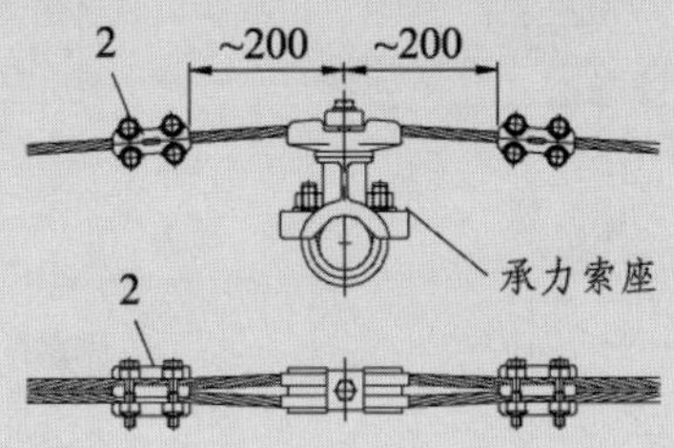

（a）A 详图

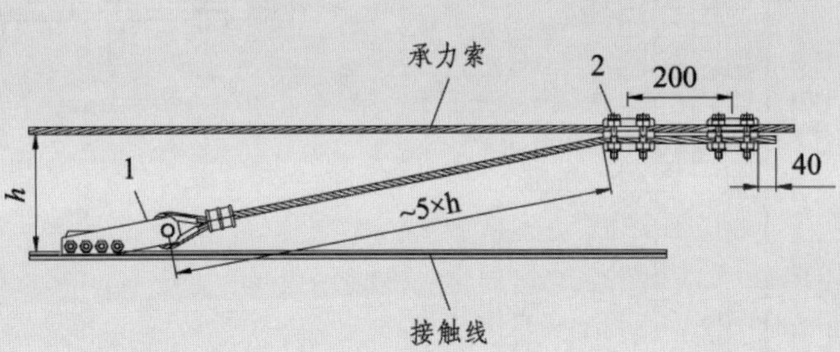

（b）B 详图

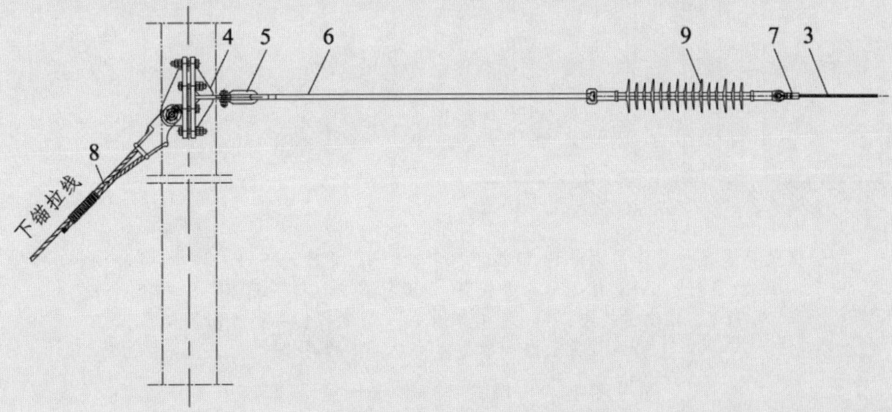

（c）C 详图

1—接触线中心锚结线夹；2—承力索中心锚结线夹；3—承力索中心锚结绳；4—下锚固定底座；
5—UL 型挂环；6—20 型杵环杆；7—承力索终端锚固线夹；
8—下锚拉线；9—悬式复合绝缘子。

图 14.8　防断型中心锚结关键部分详图

4. 补偿装置

（1）滑轮补偿装置。

图 14.9 所示为滑轮补偿装置示意图。

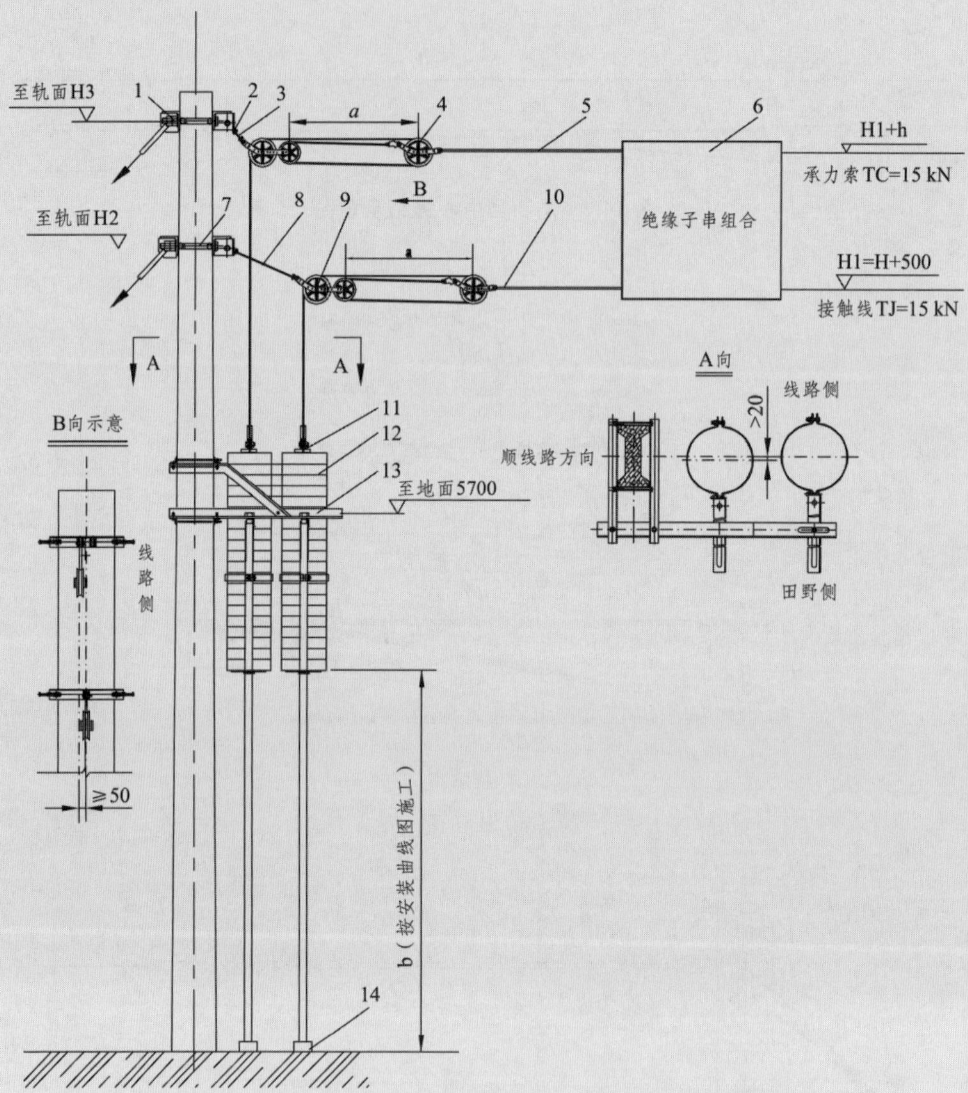

1—横腹杆式支柱承锚角钢；2—D 型连接器；3—双环杆；4—1∶3 补偿滑轮组；5，10—杵环杆；6—绝缘子串组合；7—横腹杆式支柱线锚角钢；8—双环杆；9—1∶2 补偿滑轮组；11—坠砣杆；12—坠砣；13—坠砣限制架；14—埋入式限制架底座；15—下锚拉线。

图 14.9　滑轮补偿装置示意图

图 14.10 所示为 1∶2 滑轮安装曲线。

（2）棘轮补偿装置。

图 14.11 所示为棘轮补偿下锚安装图。

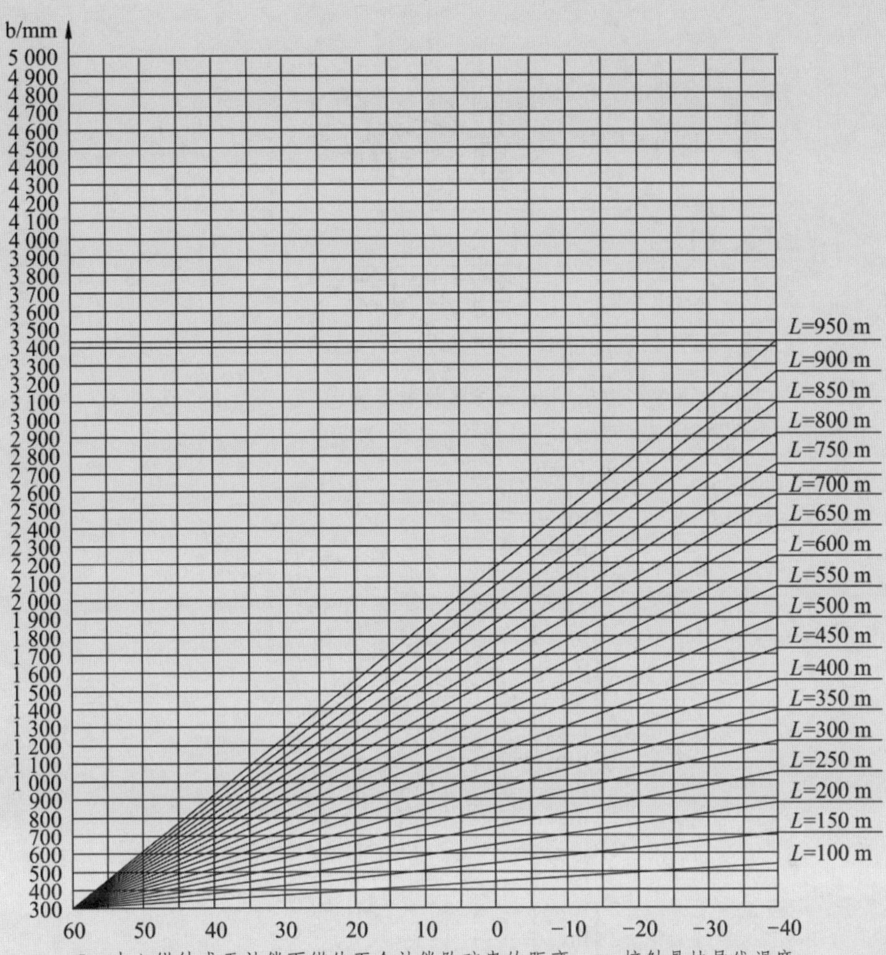

L—中心锚结或无补偿下锚处至全补偿坠砣串的距离；*t*—接触悬挂导线温度；
b—坠砣串底部至地面的距离。

图 14.10　1∶2 滑轮安装曲线

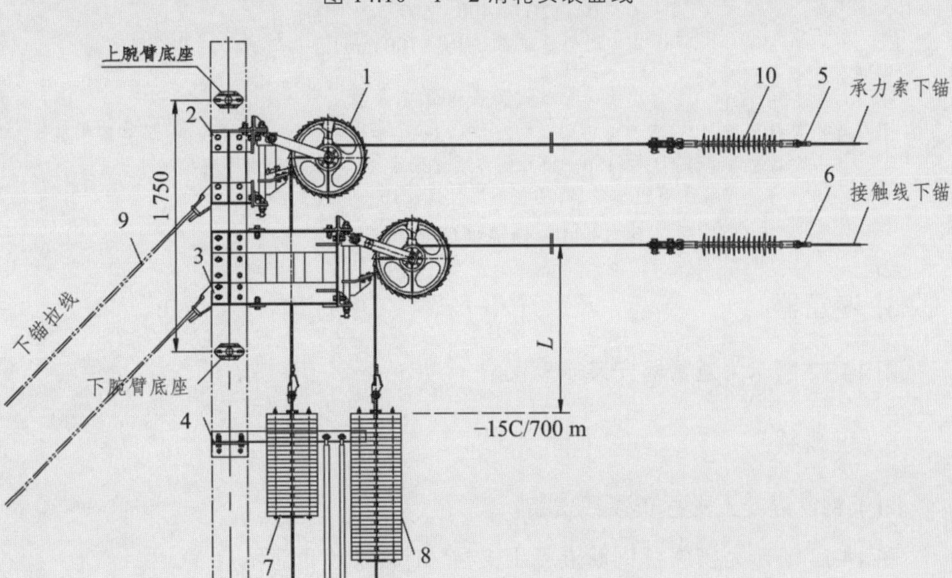

（a）棘轮补偿安装图

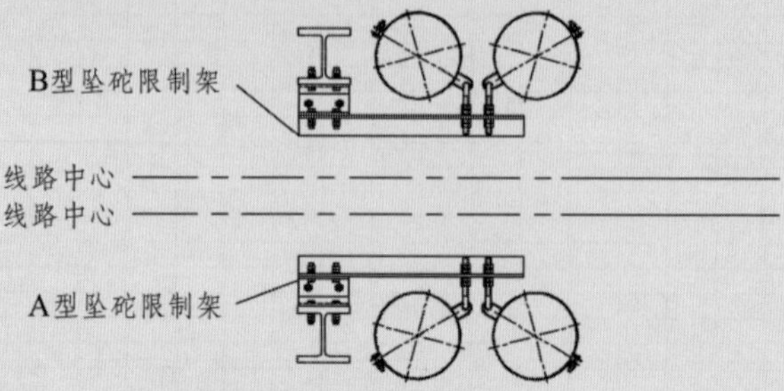

（b）坠坨限制架安装图

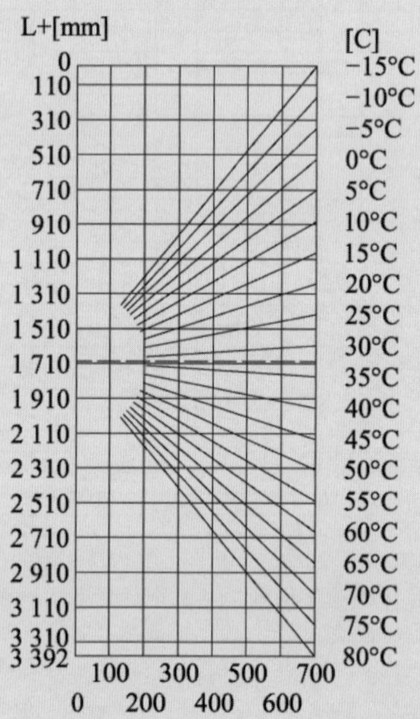

（c）坠砣安装位置调整表

1—棘轮张力补偿装置；2—承力索下锚棘轮底座；3—接触线下锚棘轮底座；4—坠砣限制架；5—承力索终端锚固线夹；6—接触线终端锚固线夹；7—承力索下锚坠砣串；8—接触线下锚坠砣串；9—下锚拉线；10—悬式复合绝缘子。

图 14.11　棘轮补偿装置示意图

5. 避雷器

图 14.12 所示为避雷器安装示意图。

6. 正馈线

（1）钢筋混凝土支柱正馈线安装。

图 14.13 所示为横腹杆钢筋混凝土支柱 AF 线安装示意图。

图 14.14 所示为横腹杆钢筋混凝土支柱对锚 AF 线安装示意图。

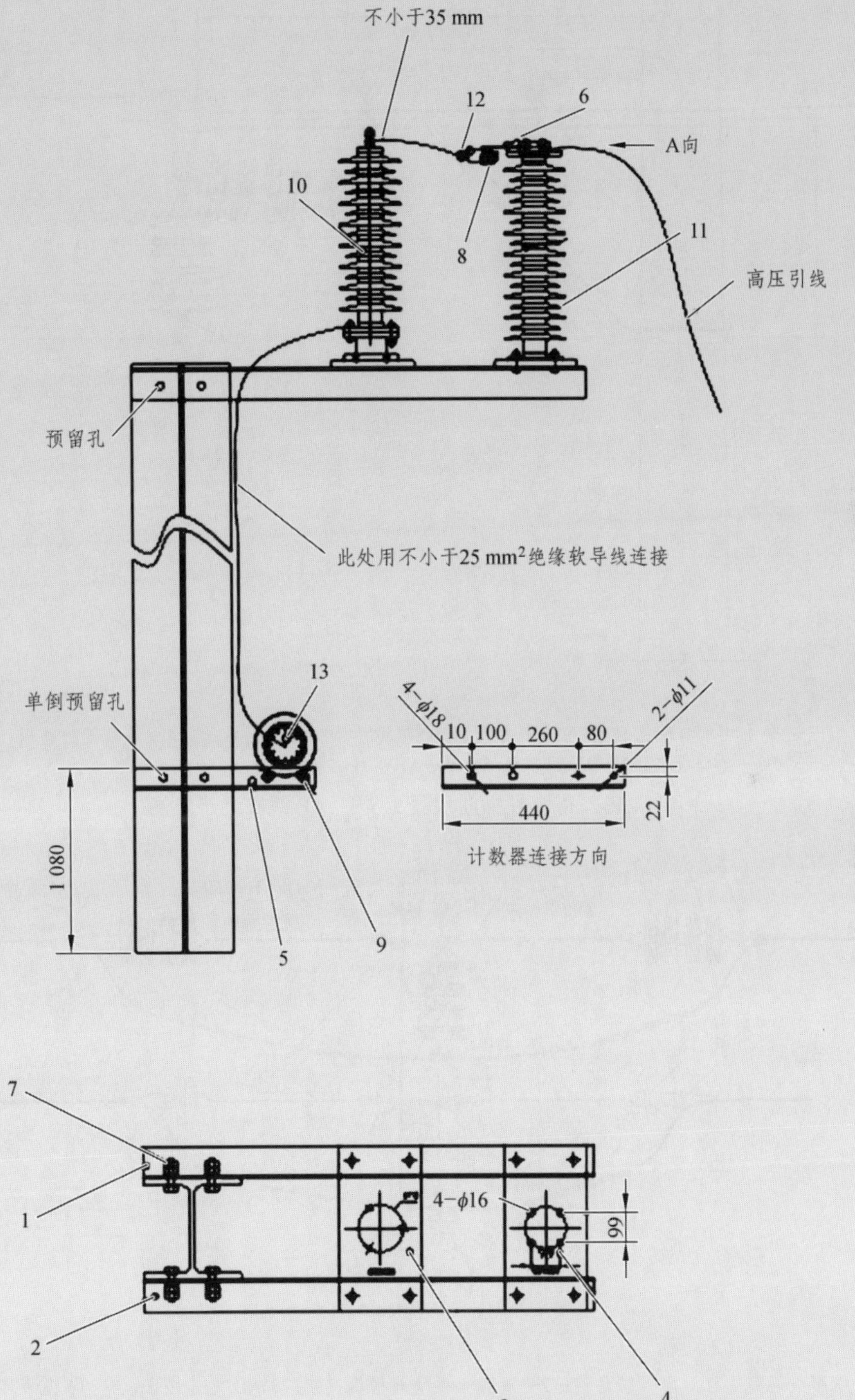

1—侧面角钢 1；2—侧面角钢 2；3—避雷器连接板；4—绝缘子连接板；5—计数器连接角钢；6—脱离器连接板；7—M16 螺栓组件；8—M12 螺栓组件；9—M10 螺栓组件；10—避雷器；11—绝缘子；12—脱离器；13—计数器。

图 14.12 避雷器安装示意图

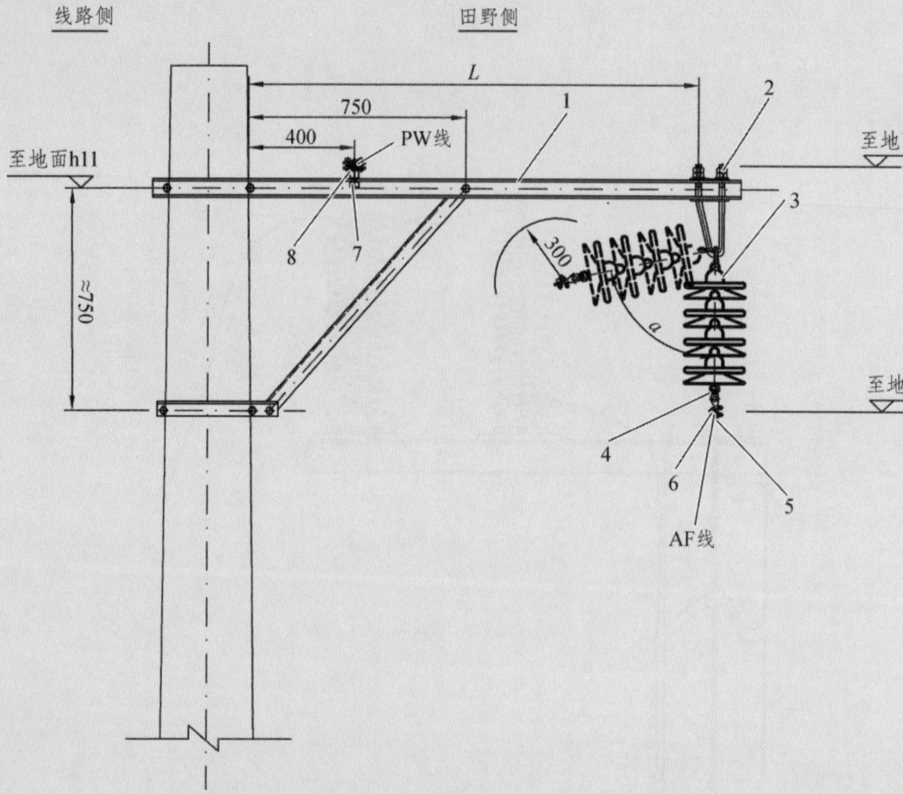

1—混凝土柱单肩槽钢肩架；2—长吊环；3—防污型杵头悬式绝缘子；4—单联碗头挂板；5—悬垂线夹；6—AF 线护线条；7—AEW 线支撑线夹；8—PW 线护线条。

图 14.13 横腹杆钢筋混凝土支柱 AF 线安装示意图

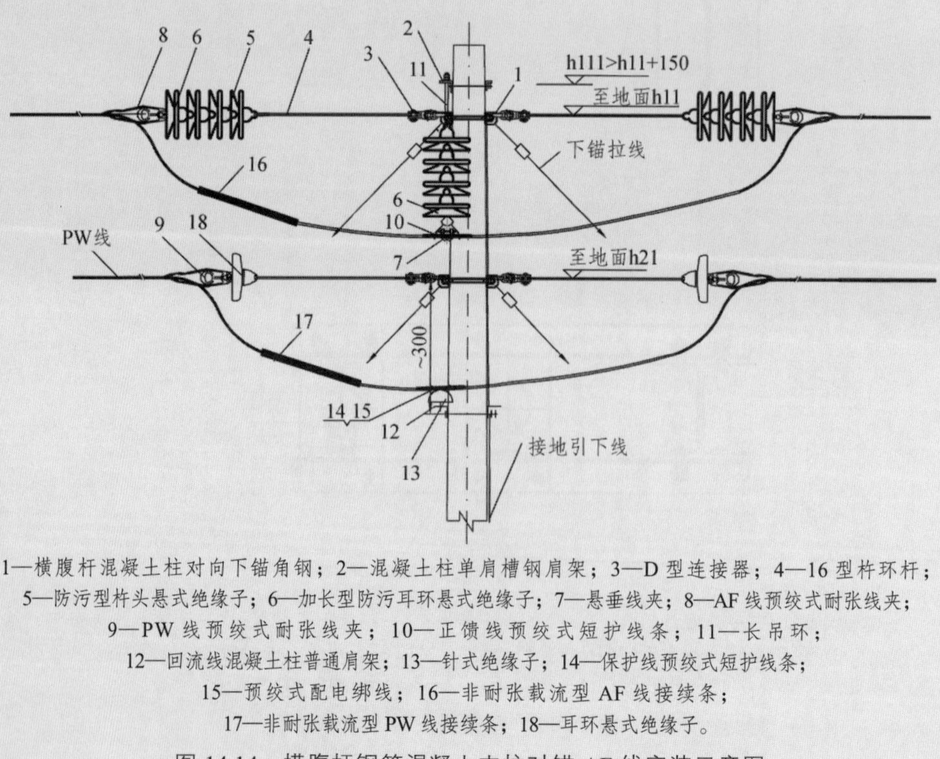

1—横腹杆混凝土柱对向下锚角钢；2—混凝土柱单肩槽钢肩架；3—D 型连接器；4—16 型杵环杆；5—防污型杵头悬式绝缘子；6—加长型防污耳环悬式绝缘子；7—悬垂线夹；8—AF 线预绞式耐张线夹；9—PW 线预绞式耐张线夹；10—正馈线预绞式短护线条；11—长吊环；12—回流线混凝土柱普通肩架；13—针式绝缘子；14—保护线预绞式短护线条；15—预绞式配电绑线；16—非耐张载流型 AF 线接续条；17—非耐张载流型 PW 线接续条；18—耳环悬式绝缘子。

图 14.14 横腹杆钢筋混凝土支柱对锚 AF 线安装示意图

（2）H 形钢柱正馈线安装。

图 14.15 所示为 H 形钢柱 AF 线安装示意图，其中“第一部分”为主视图，“第二部分”为左视图。

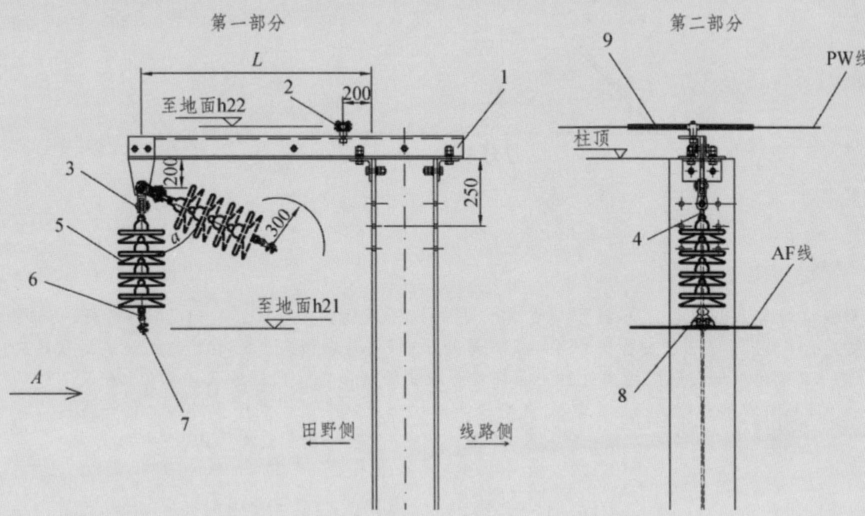

1—H 形钢柱柱顶槽钢平肩架；2—AEW 线支撑线夹；3—四腿直角挂板；4—球头挂环；
5—防污型杵头悬式绝缘子；6—单联碗头挂板；7—悬垂线夹；
8—正馈线预绞式短护线条；9—保护线预绞式短护线条。

图 14.15　H 形钢柱 AF 线安装示意图

图 14.16 所示为 H 形钢柱 AF 线安装示意图。

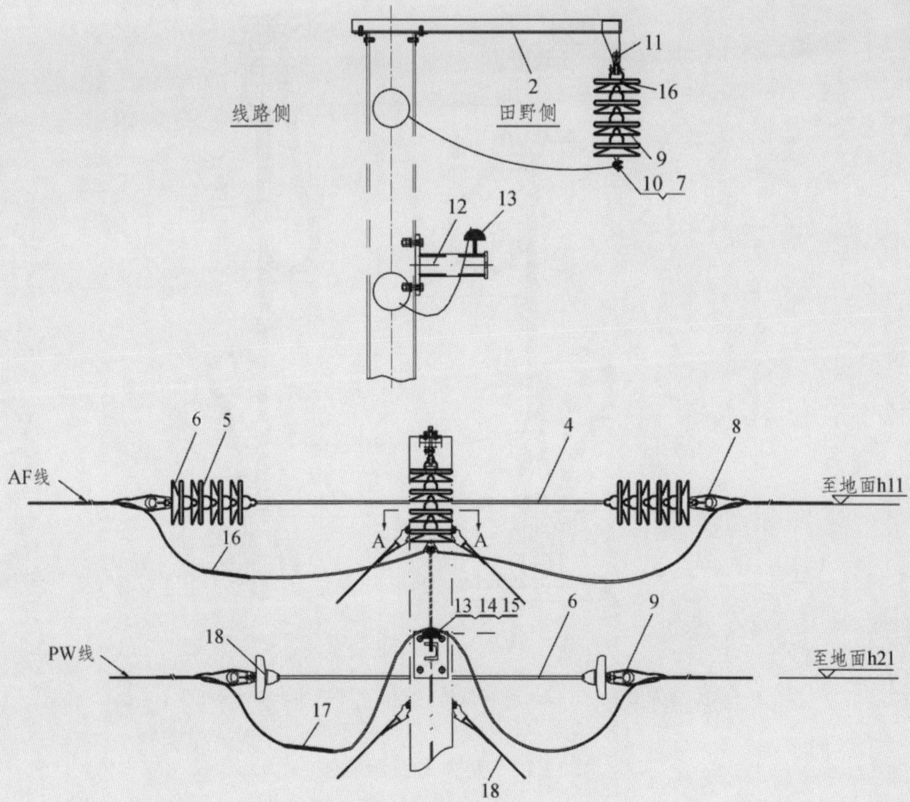

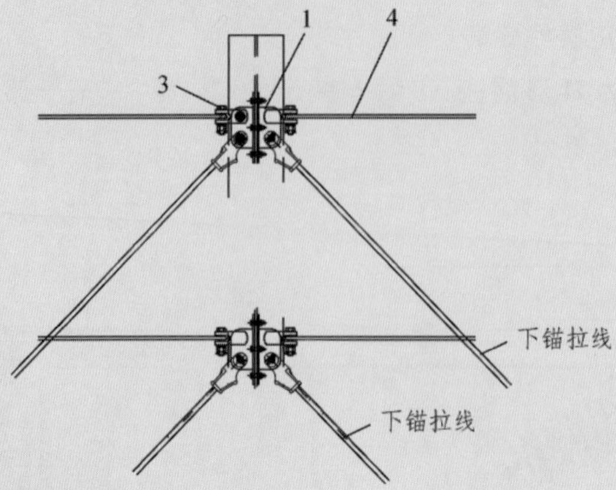

A-A

1—H 形钢柱对向下锚底座；2—H 形钢柱顶平肩架；3—四腿直角挂板；4—16 型杵环杆；5—防污型杵头悬式绝缘子；6—加长型防污耳环悬式绝缘子；7—悬垂线夹；8—AF 线预绞式耐张线夹；9—PW 线预绞式耐张线夹；10—正馈线预绞式短护线条；11—球头挂环；12—PW 线 H 钢柱单肩槽钢肩架；13—针式绝缘子；14—保护线预绞式短护线条；15—预绞式配电绑线；16—非耐张载流型 AF 线接续条；17—非耐张载流型 PW 线接续条；18—耳环悬式绝缘子。

图 14.16 H 型钢柱对锚 AF 线安装示意图

7. 吊 弦

图 14.17 所示为整体吊弦示意图。

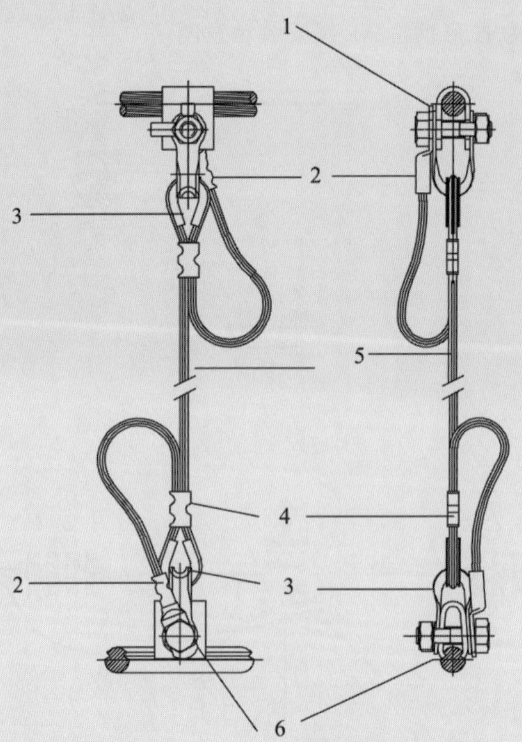

1—承力索吊弦线夹；2—连接线夹；3—心型护环；4—压接管；5—吊弦线；6—接触线吊弦线夹。

图 14.17 整体吊弦示意图

8. 下锚拉线

图 14.18 所示为下锚拉线示意图。

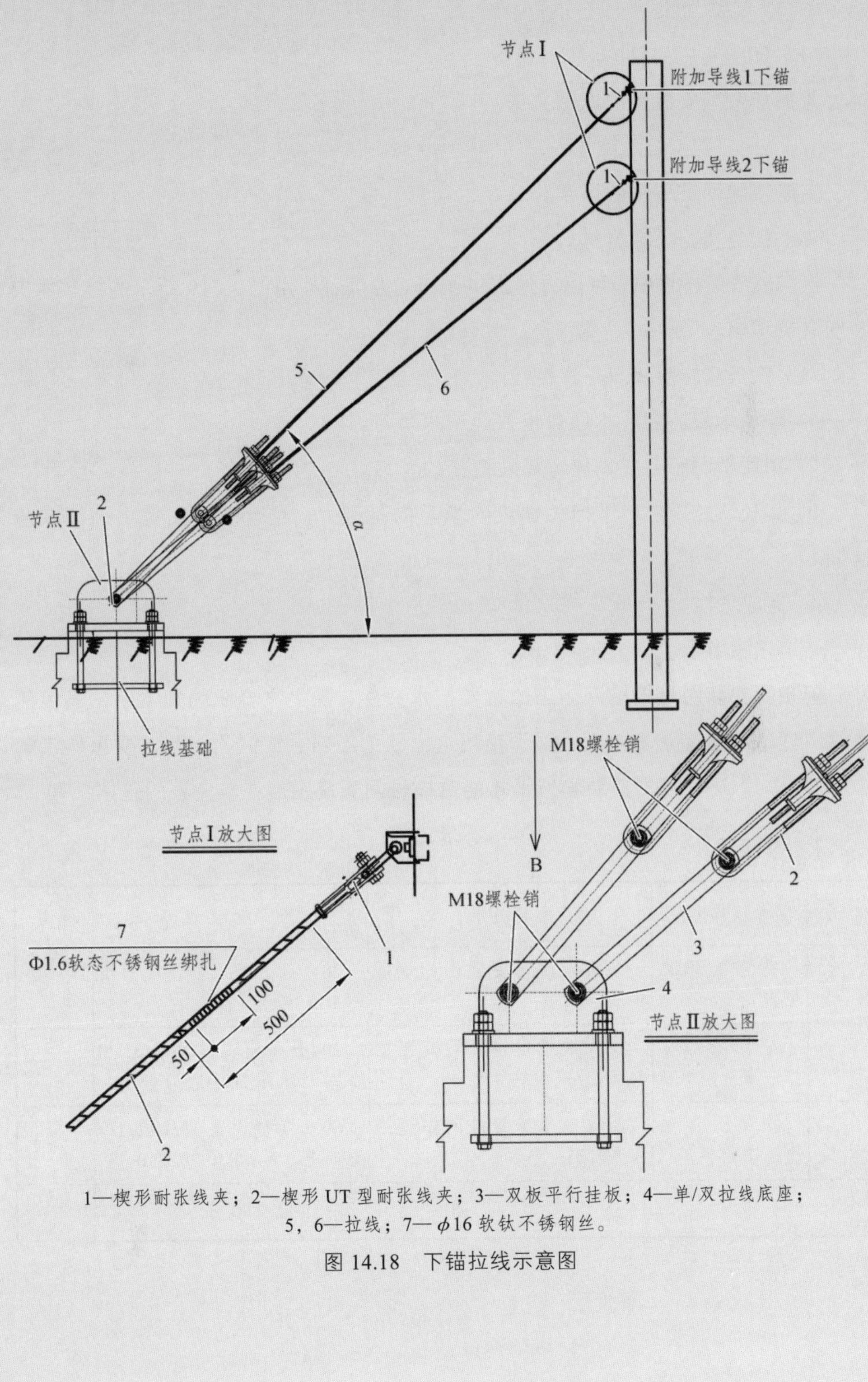

1—楔形耐张线夹；2—楔形 UT 型耐张线夹；3—双板平行挂板；4—单/双拉线底座；5，6—拉线；7—ϕ16 软钛不锈钢丝。

图 14.18　下锚拉线示意图

14.4 任务实施及考核

1. 任务实施

（1）任务实施的目的。

掌握接触网安装图的识图方法。

（2）任务实施准备工作。

完成接触网安装图的识读。

（3）任务实施场地器材。

接触网安装图图纸。可以另外提供图纸，也可以使用图 14.19 所示的接触网安装图进行考核。

（4）任务实施步骤。

① 理论学习。完成本任务相关理论的学习。

② 拓展学习。完成本任务拓展资料的学习。

③ 实物认知。在掌握相关理论的学习的基础上，结合安装图实物进行综合认知。

④ 完成考核。

（5）注意事项。

接触网安装图是接触网施工的重要技术文件，除上文介绍的几类外，还包括道岔、隧道下锚等众多内容，限于篇幅这里仅给出部分案例。因此，要想熟练掌握本部分知识还需自主拓展学习，才能对接触网安装图形成较完整的整体认知。

2. 考核表

序号	考核内容	考核标准	标准	得分
1	安装图识图步骤	能大致讲出安装图的识图步骤	20 分（根据具体情况酌情打分）	
2	安装图组成部分识别	能大致指出接触网安装图组成部分	20 分（能说出全部/3/1/0 个以上，得 20/10/5/0 分）	
3	安装图详细构成识读	能准确识读接触网安装图的各部件	60 分（能说出 15/10/5/1/0 个以上，得 60/40/20/10/0 分）	
总分			100 分	

序号	拉出值 a（mm）	定位器长度 L(m)	安装图号
1	0~99	1 300	叁化（2011）1181-Ⅰ-07-A
2	100~199	1 200	叁化（2011）1181-Ⅰ-07-B
3	200~299	1 100	叁化（2011）1181-Ⅰ-07-C
4	300	1 000	叁化（2011）1181-Ⅰ-07-D

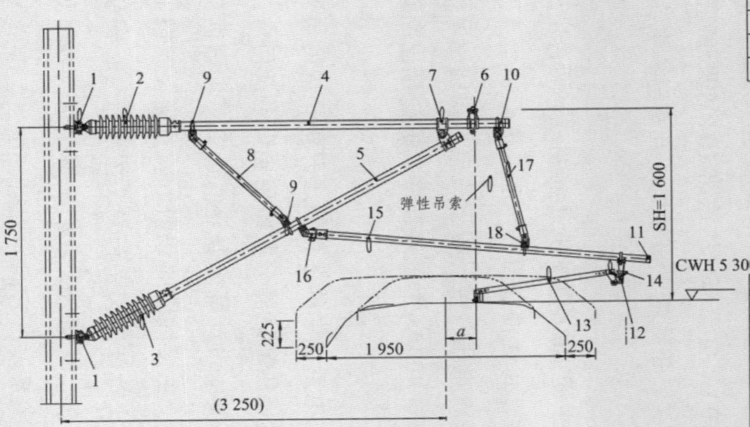

说明：
1.本图为直线反定位中间柱安装图
2.图中的单位以mm计。

序号	标准代号 代号	名称	材料	单位	数量	单重	附注
18	TB/T2075.1I(55)-10	55型套管单耳	A1Si7Mg0.3	套	1		
17	TB/T2075.1G(L)-10	定位管支撑	6082	套	1		
16	TB/T2075.3E-10	旋转双耳	A1Si7Mg0.6	套	1		
15	TB/T2075.3F(L55-L)-10	定位管	6082	套	1		
14	叁化(2011)1181-Ⅰ-20	定位器电连接跳线	T2	套	1		
13	TB/T2075.3A(L11)-10	铝合金定位器	6082	套	1		
12	TB/T2075.3B(L)-10	定位支座	A1Si7Mg0.6	套	1		
11	TB/T2075.1F(NB55)-10	55型管帽	PVC	件	1		
10	TB/T2075.1F(NB70)-10	70型管帽	PVC	件	2		
9	TB/T2075.1I(70)-10	70型套管单耳	A1Si7Mg0.3	套	4		
8	TB/T2075.1G(L)-10	腕臂支撑	6082	套	1		
7	TB/T 2075.1D(LA)-10	套管座	A1Si7Mg0.3	套	1		
6	TB/T 2075.1E(LA)-10	承方索座	A1Si7Mg0.6	套	1		
5	TB/T2075.1B(XL70×6)-10	斜腕臂	6082	根	1		
4	TB/T2075.1A(PZL70×6)-10	平腕臂	6082	根	1		
3	TB/T 3199.1-2008	棒形柱式绝缘子	瓷	套	1		平腕臂用
2	TB/T 3199.1-2008	棒形柱式绝缘子	瓷	套	1		平腕臂用
1	TB/T2075.2(C6)-10	单腕臂底座	Q235A	套	2		

设计		直线反定位安装图	图号	Ⅰ-07
复核			比例尺	1∶25
			日期	

图 14.19　接触网安装图

任务 15　电力箱变主接线图识读

任务 15 数字资源

15.1　任务描述

本任务主要介绍电力箱变主接线图相关规定，通过完成本任务，掌握接电力箱变主接线图识读能力，为后续任务的执行奠定基础。

15.2　任务资讯

1. 电力箱变系统概况

图 15.1 为所示的箱变 10/0.4 kV 变配电系统，分为如下三部分。

（1）10 kV 电源部分。电力箱变 10 kV 电源部分从铁路 10 kV 贯通高压电缆引入，开关设备由 10 kV 三工位负荷开关、母线槽、母线电压互感器、电流互感器、高压熔断管构成。

（2）变电系统。变电系统由两台主变 10/0.4 kV 变压器组成，两台主变的高压一次设备均由 10 kV 三工位负荷开关、母线槽、母线电压互感器、电流互感器、高压熔断管构成。主变二次输出 400 V 电压，经三相五线电力电缆引至低压柜，再经低压开关柜的断路器、隔离开关与 400 V 主母线连接，通过馈出断路器分配给用电设备及用户。

（3）0.4 kV 配电系统。0.4 kV 配电系统中的各种低压开关柜内的电源都经过低压开关与 0.4 kV 母线连接，并通过低压断路器分配给用电设备及用户。

电力箱变主接线图一般都由有资质的设计院或专业的设备厂家根据业主需求出具，所以本任务将重点放在电力箱变主接线图的识图上。首先要掌握电力箱变主接线图里常见的图例，然后掌握图上标注的文字符号、图形符号、安装图号、技术说明、电压等级、工程清单等信息，从而帮助我们了解整个电力箱变的基本组成，主要电气设备、元件等的连接关系以及它们的规格、型号、参数等，最终掌握该箱变的基本情况。

15.3　作业指导

1. 电力箱变主接线图图例介绍

图 15.1 所示为某电力箱变主接线图的一部分。

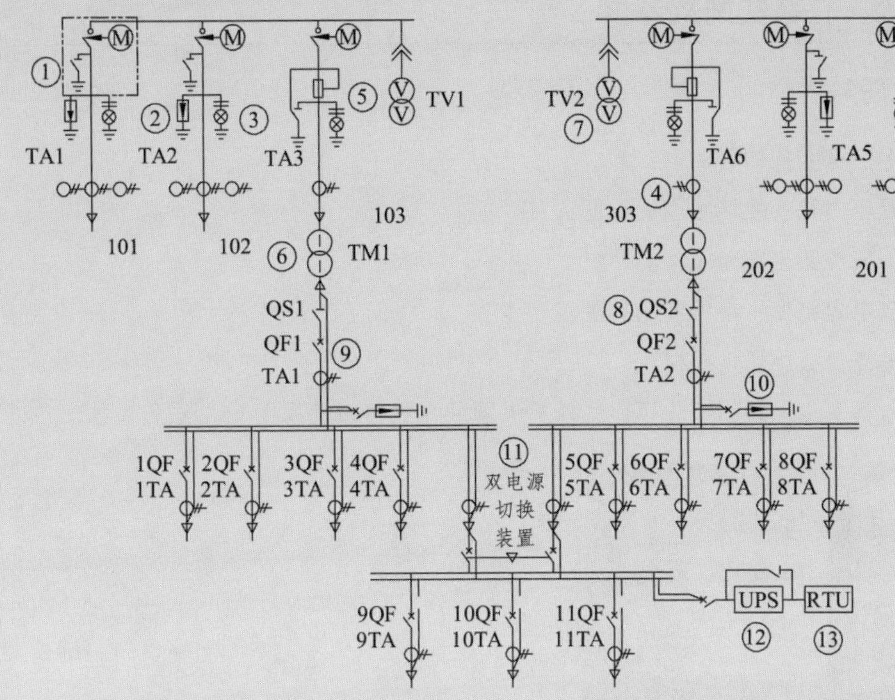

1—三工位电动负荷开关；2—插入式避雷器；3—高压带电指示器；4—电流互感器（TA）；
5—高压熔断管；6—电力变压器（TM）；7—电压互感器（TV）；8—隔离开关（QS）；
9—断路器（QF）；10—电压限制器；11—双电源切换开关；12—不间断电源（UPS）；
13—远程终端控制器（RTU）。

图 15.1　电力箱变主接线图

2. 识图内容

如图 15.1 所示，该电力箱变由两路 10 kV 贯通电缆分别从 101（一级贯通进线）、201（综合贯通进线）引入箱变。箱变高压开关选用的是三工位电动负荷开关（合闸、分闸、接地），进出线电缆及变压器馈出电缆均设置电流互感器，高压 10 kV 两端母线分别设置插入式电压互感器；102（一级贯通出线）、202（综合贯通出线）将箱变中的 10 kV 电源引至下一区间的 10 kV 贯通电缆中；103（一级变压器馈出）、203（综合变压器馈出）将 10 kV 电源引至电力变压器（10 kV/0.4 kV）中，为避免由于变压器或低压设备故障影响整个供电臂停电，在此馈线处加装高压熔断管保护。

电力变压器输出 400 V 的低压电源经低压隔离开关、低压断路器分别引至一级低压母线、综合低压母线，并在母线处分别加装电压限制器（低压浪涌保护器）；两侧低压母线经低压断路器分别供给用户用电，双电源切换装置两路进线电源也分别取自两侧低压母线，双电源切换开关出线只有一处，将该电源引至双电源开关汇流排中，箱变中较为重要的负荷从双电源汇流排经低压断路器供电；UPS 电源取自双电源汇流排，UPS 电源在该箱变中是满足箱变失电情况下箱变状态的监控（RTU）的供电，和对箱变高压开关的操作。

15.4 任务实施及考核

1. 任务实施

（1）任务实施的目的。

掌握电力箱变主接线图的识图方法。

（2）任务实施准备工作。

完成电力箱变主接线图的识图。

（3）任务实施场地器材。

电力箱变主接线图纸。可以另外提供图纸，也可以使用图 15.2 进行考核。

图 15.2　考核图

（4）任务实施步骤。

① 理论学习。完成本任务相关理论的学习。

② 拓展学习。完成本任务拓展资料的学习。

③ 实物认知。在掌握相关理论的学习的基础上，结合电气图实物进行综合认知。

④ 完成考核。

（5）注意事项

电力箱变主接线图设计和识图要点内容较多，受到本书篇幅限制，很多相关理论并没有详细展开讲解，任务实施时既要根据本书内容进行基础学习，更需要自主学习拓展资料，才能对电力箱变主接线图形成较完整的整体认知。

2. 考核表

序号	考核内容	考核标准	标准	得分
1	电力箱变主接线图图例识别	能指出电力箱变主接线图上图例的含义	70 分（能说出 15/10/5/1/0 个以上，得 70/50/40/20/0 分）	
2	电力箱变主接线图识别	能明确说出电力箱变主接线图上的接线方式及各个设备元件的工作方式	30 分（能说出 5/3/2/1/0 个以上，得 30/20/15/10/0 分）	
总分			100 分	

任务 16　电力箱变二次图的识读

任务 16 数字资源

16.1　任务描述

本任务主要介绍电力箱变交流原理图相关规定，通过完成本任务，掌握接电力箱变交流原理图识读能力，为后续任务的执行奠定基础。

16.2　任务资讯

1. 电力箱变交流原理图

在电力箱变供电主回路上，通过某些附属设备（电压互感器、电流互感器、电流表、电压表等）对供电主回路电流电压进行监测的图纸，称为交流原理图。

2. 电力箱变控制原理图

在电力箱变供电主回路上，想要实现生产时供电，检修时停电这一功能，供电设备上设置了各种各样的开关。为提高供电作业效率及安全，电力箱变供电回路上高、低压开关均设置可远动操作的具备电动、手动功能的开关。本任务主要讲述电力箱变高压负荷开关控制原理及低压壳式断路器控制原理。

（1）图例介绍。

图 16.1 和图 16.2 所示为某电力箱变控制原理图的一部分。

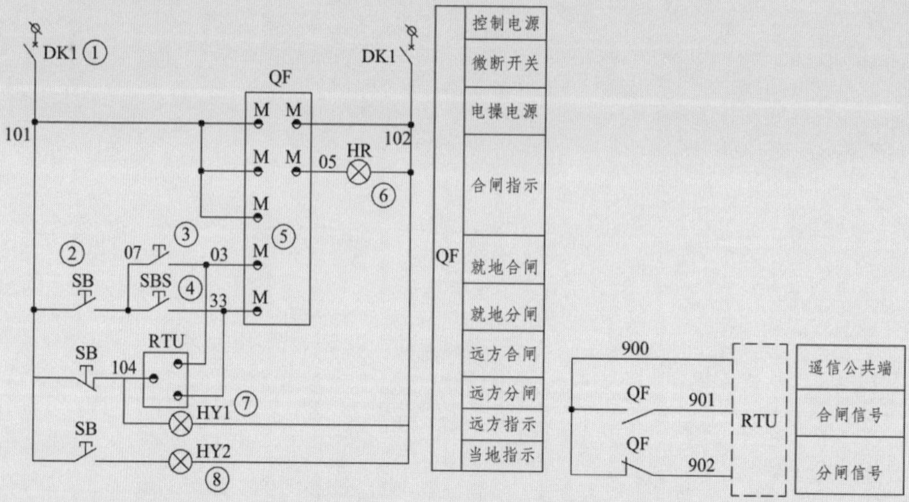

1—空气开关（DK）；2—远方/当地切换按钮（SB）；3—合闸按钮（SBC）；4—分闸按钮（SBS）；5—低压开关电动操作机构；6—合闸指示灯（红）（HR）；7—远方控制方式指示灯（HY1）；8—当地控制方式指示灯（HY2）。

图 16.1　电力箱变二次回路

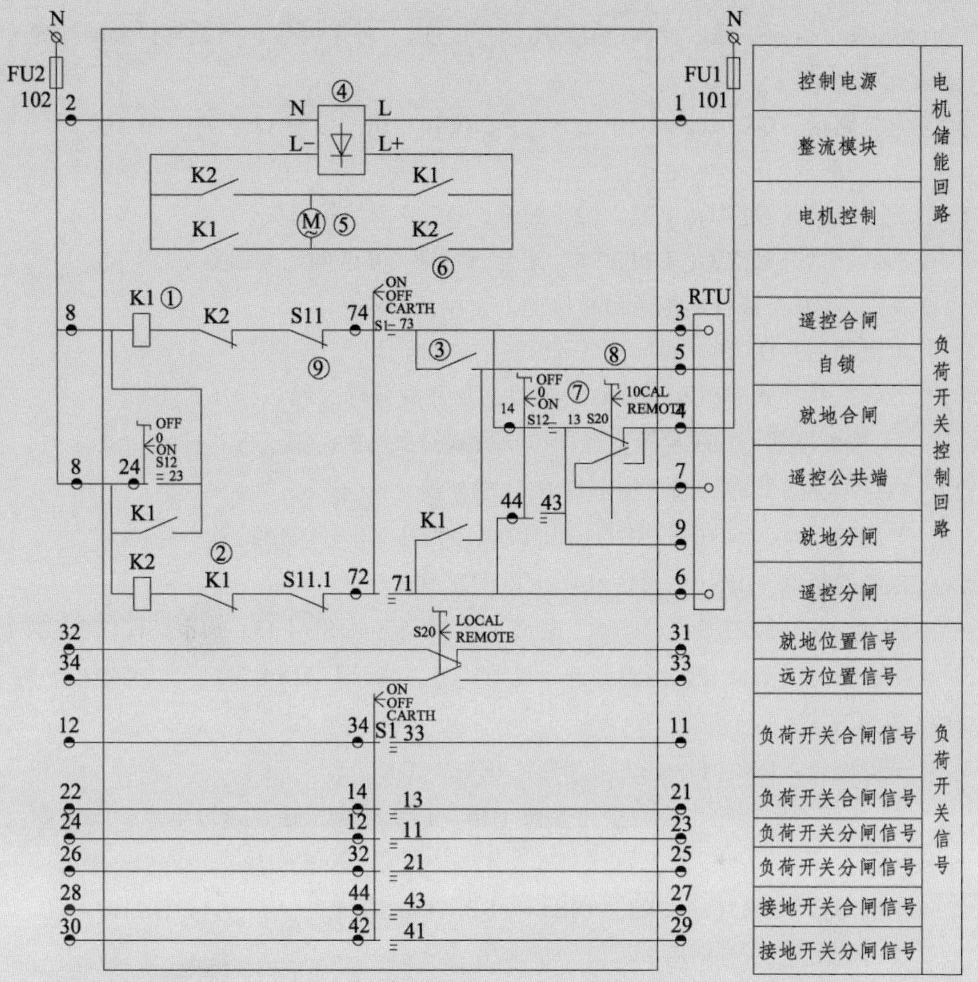

1—交流接触器（K、KM）；2—交流接触器常闭触点（K、KM）；3—交流接触器常开触点（K、KM）；4—整流模块；5—直流电机（M）；6—位置行程开关（合闸位、分闸位、接地位）；7—分/合闸转换开关；8—远方/当地转换开关；9—操作手柄挡片闭锁开关。

图 16.2　电力箱变控制回路

16.3　作业指导

结合图 16.1 和图 16.2，下面讲解电力箱变高低压开关是如何实现电动操作功能的。

（1）低压壳式断路器在分闸状态，控制开关合闸过程。

① 当断路器 QF 在分闸位置，控制方式开关 SB 在“远方”位置，SB（11，12）触点接通。此时，远方指示灯 HY1 黄灯亮。

电流路径：DK101→SB11→SB12－104→HY1→DK102。

② 控制开关 SB 切至“当地”位置时，控制开关 SB（13，14）、SB（23，24）触点接通，SB（11，12）触点断开。此时，远方指示灯 HY1 黄灯灭，当地指示灯 HY2 黄灯亮；

电流路径：DK101→SB23－SB24→HY2→DK102。

③ 按下合闸按钮，控制按钮 SBC（14，13）触点接通，通过电操合闸指令，电操执行合闸。

电流路径：DK101→SB13→SB14－SBC14→SBC13→A2→A1→DK102。

④ 断路器 QF 合闸后。

其一，常闭触点 QF（21，22）断开，QF 分闸信号消失。

其二，常开触点 QF（21，24）闭合，接通 QF 合闸信号回路。

其三，QF 电操合闸指示出口接通，合闸红灯亮。

电流路径：DK101→11→14→HR→DK102。

（2）低压壳式断路器在合闸状态，控制开关分闸过程。

① 当断路器 QF 在合闸位置，控制方式开关 SB 在“远方”位置，SB（11，12）触点接通。此时，远方指示灯 HY1 黄灯亮，合闸红灯亮。

电流路径 1：DK101→SB11→SB12－104→HY1→DK102。

电流路径 2：DK101→11→14→HR→DK102。

② 控制开关 SB 切至“当地”位置时，控制开关 SB（13，14）、SB（23，24）触点接通，SB（11，12）触点断开，此时，远方指示灯 HY1 黄灯灭，当地指示灯 HY2 黄灯亮。

电流路径：DK101→SB23－SB24→HY2→DK102。

③ 按下分闸按钮，控制按钮 SBS（14，13）触点接通，通过电操分闸指令，电操执行分闸。

电流路径：DK101→SB13→SB14－SBS14→SBS13→A4→A1→DK102。

④ 断路器 QF 分闸后。

其一，常开触点 QF（21，24）断开，QF 合闸信号消失。

其二，常闭触点 QF（21，22）闭合，接通 QF 分闸信号回路。

其三，QF 电操合闸指示出口断开，合闸红灯灭。

（3）高压负荷开关在分位，接地刀在分位，操作方式为就地操作，当地将负荷开关合闸过程。

① 当负荷开关在分闸位置，控制方式开关 S20 在“远方”位置。

其一，S20（44，43）触点接通。此时，远方位置信号接通，调度端显示开关在“远方”位置。

电流路径：FU2：2→34→S20：44－S20：43→33→FU1：2。

其二，S1（12，11）触点接通。此时，负荷开关分闸信号接通，调度端显示开关在“分闸”位置。

电流路径：FU2：2→24→S1：12－S1：11→23→FU1：2。

② 控制方式 S20 切至“当地”位置时，控制方式开关 S20（32，31）触点接通，此时，当地位置信号接通，调度端显示开关在“当地”位置。

电流路径：FU2：2→32→S20：32－S20：31→31→FU1：2。

③ 将开关选择方式打置“合闸”位置。

其一，选择开关 S12（14，13）触点接通。此时，根据条件，S1（74，73）触点接通，S20（22，21）触点接通，开关合闸回路接通，合闸交流接触器 K1 得电，常开触点 K1 闭合，常闭触点 K1 断开。

电流路径 1（合闸一瞬间）：FU2：2→8→K1：A2→K1：A1→K2：22→K2：21→S11：22→S11：21→S1：74→S1：73→S12：14→S12：13→S20：22→S20：21→4→FU1：2。

电流路径 2（合闸过程）：FU2：2→8→K1：A2→K1：A1→K2：22→K2：21→S11：22→S11：21→S1：74→S1：73→K1：14→K1：13→5→FU1：2。

电流路径 3（整流电源）：FU2：2→2→N→L→1→FU1：2。

电流路径 4（直流电机回路）：L+→K1：33→K1：34→M→K1：43→K1：44→L-。

其二，负荷开关处于合闸过程，当开关合闸到位时，S1（74，73）触点断开，合闸回路断开。

其三，K1 交流接触器失电，常开触点 K1 断开，常闭触点 K1 闭合，直流电机回路断开，电机停止转动。

其四，S1（14，13）触点接通。此时，负荷开关合闸信号接通，调度端显示开关在“合闸”位置。

电流路径：FU2：2→22→S1：14-S1：13→21→FU1：2。

（4）高压负荷开关在合位，接地刀在分位，操作方式为就地操作，当地将负荷开关分闸过程。

① 当负荷开关在合闸位置，控制方式开关 S20 在“远方”位置。

其一，S20（44，43）触点接通。此时，远方位置信号接通，调度端显示开关在“远方”位置。

电流路径：FU2：2→34→S20：44-S20：43→33→FU1：2。

其二，S1（14，13）触点接通，此时，负荷开关合闸信号接通，调度端显示开关在“合闸”位置。

电流路径：FU2：2→22→S1：14-S1：13→21→FU1：2。

② 控制方式 S20 切至“当地”位置时，控制方式开关 S20（32，31）触点接通，此时，当地位置信号接通，调度端显示开关在“当地”位置。

电流路径：FU2：2→32→S20：32-S20：31→31→FU1：2。

③ 将开关选择方式打置“分闸”位置。

其一，选择开关 S12（44，43）触点接通，此时，根据条件，S1（72，71）触点接通，S20（22，21）触点接通，开关分闸回路接通，分闸交流接触器 K2 得电，常开触点 K2 闭合，常闭触点 K2 断开。

电流路径 1（分闸一瞬间）：FU2：2→10→K2：A2→K2：A1→K1：62→K1：

61→S11.1：22→S11.1：21→S1：72→S1：71→S12：44→S12：43→S20：22→S20：21→4→FU1：2。

电流路径 2（分闸过程）：FU2：2→10→K2：A2→K2：A1→K1：62→K1：61→S11.1：22→S11.1：21→S1：72→S1：71→K2：14→K2：13→5→FU1：2。

电流路径 3（整流电源）：FU2：2→2→N→L→1→FU1：2。

电流路径 4（直流电机回路）：L+→K2：33→K2：34→M→K2：43→K2：44→L−。

其二，负荷开关处于分闸过程，当开关分闸到位时，S1（72，71）触点断开，分闸回路断开。

其三，K2 交流接触器失电，常开触点 K2 断开，常闭触点 K2 闭合，直流电机回路断开，电机停止转动。

其四，S1（12，11）触点接通，此时，负荷开关分闸信号接通，调度端显示开关在“分闸”位置。

电流路径：FU2：2→24→S1：12－S1：11→23→FU1：2。

（5）高压负荷开关在分位，接地刀在分位，操作方式为远方操作，远方将负荷开关合闸过程。

① 当负荷开关在分闸位置，控制方式开关 S20 在“远方”位置。

其一，S20（44，43）触点接通。此时，远方位置信号接通，调度端显示开关在“远方”位置。

电流路径：FU2：2→34→S20：44－S20：43→33→FU1：2。

其二，S1（12，11）触点接通。此时，负荷开关分闸信号接通，调度端显示开关在“分闸”位置。

电流路径：FU2：2→24→S1：12－S1：11→23→FU1：2。

② 远方给一合闸指令。

其一，选择开关 RTU（3，7）触点接通。此时，根据条件，S1（74，73）触点接通，S20（14，13）触点接通，开关合闸回路接通，合闸交流接触器 K1 得电，常开触点 K1 闭合，常闭触点 K1 断开。

电流路径 1（合闸一瞬间）：FU2：2→8→K1：A2→K1：A1→K2：22→K2：21→S11：22→S11：21→S1：74→S1：73→RTU：3→RTU：7→S20：14→S20：13→4→FU1：2。

电流路径 2（合闸过程）：FU2：2→8→K1：A2→K1：A1→K2：22→K2：21→S11：22→S11：21→S1：74→S1：73→K1：14→K1：13→5→FU1：2。

电流路径 3（整流电源）：FU2：2→2→N→L→1→FU1：2。

电流路径 4（直流电机回路）：L+→K1：33→K1：34→M→K1：43→K1：44→L−。

其二，负荷开关处于合闸过程，当开关合闸到位时，S1（74，73）触点断开，合闸回路断开。

其三，K1 交流接触器失电，常开触点 K1 断开，常闭触点 K1 闭合，直流电机回路断开，电机停止转动。

其四，S1（14，13）触点接通，此时，负荷开关合闸信号接通，调度端显示开关在“合闸”位置。

电流路径：FU2：2→22→S1：14－S1：13→21→FU1：2。

（6）高压负荷开关在合位，接地刀在分位，操作方式为远方操作，远方将负荷开关分闸过程。

① 当负荷开关在合闸位置，控制方式开关 S20 在“远方”位置。

其一，S20（44，43）触点接通。此时，远方位置信号接通，调度端显示开关在“远方”位置。

电流路径：FU2：2→34→S20：44－S20：43→33→FU1：2。

其二，S1（14，13）触点接通。此时，负荷开关合闸信号接通，调度端显示开关在“合闸”位置。

电流路径：FU2：2→22→S1：14－S1：13→21→FU1：2。

② 远方给一分闸指令。

其一，选择开关 S12（44，43）触点接通。此时，根据条件，S1（72，71）触点接通，S20（22，21）触点接通，开关分闸回路接通，分闸交流接触器 K2 得电，常开触点 K2 闭合，常闭触点 K2 断开。

电流路径 1（分闸一瞬间）：FU2：2→10→K2：A2→K2：A1→K1：62→K1：61→S11.1：22→S11.1：21→S1：72→S1：71→RTU：6→RTU：7→S20：14→S20：13→4→FU1：2。

电流路径 2（分闸过程）：FU2：2→10→K2：A2→K2：A1→K1：62→K1：61→S11.1：22→S11.1：21→S1：72→S1：71→K2：14→K2：13→5→FU1：2。

电流路径 3（整流电源）：FU2：2→2→N→L→1→FU1：2。

电流路径 4（直流电机回路）：L＋→K2：33→K2：34→M→K2：43→K2：44→L－。

其二，负荷开关处于分闸过程，当开关分闸到位时，S1（72，71）触点断开，分闸回路断开。

其三，K2 交流接触器失电，常开触点 K2 断开，常闭触点 K2 闭合，直流电机回路断开，电机停止转动。

其四，S1（12，11）触点接通。此时，负荷开关分闸信号接通，调度端显示开关在“分闸”位置。

电流路径：FU2：2→24→S1：12－S1：11→23→FU1：2。

16.4 任务实施及考核

1. 任务实施

（1）任务实施目的。

掌握电力箱变控制图的识图方法。

（2）任务实施准备工作。

熟悉电力箱变控制图、图例、回路工作原理。

（3）任务实施场地器材。

电力箱变控制原理图图纸（图 16.1、图 16.2）。

（4）任务实施步骤。

① 理论学习。完成本任务相关理论的学习。

② 拓展学习。完成本任务拓展资料的学习。

③ 实物认知。在掌握相关理论的学习的基础上，结合电气图实物进行综合认知。

④ 完成考核。

（5）注意事项。

电力箱变控制原理图设计和识图要点内容较多，受本书篇幅限制，很多相关理论并没有详细展开讲解，任务实施时既要根据本书内容进行基础学习，更需要自主学习拓展资料，才能对电力箱变控制原理图形成较完整的整体认知。

2. 考核表

序号	考核内容	考核标准	标准	得分
1	指定操作，标出电流路径	能正确标出电力箱变控制原理图电流路径	70 分（正确标出控制原理图电流路径 70 分，缺少步骤错一处扣 10 分）	
2	解释元器件的功能	能正确解释元器件的功能	30 分（正确解释 30 分，解释错一处扣 5 分）	
总分			100 分	

参考文献

[1] 国家市场监督管理总局，中国国家标准化管理委员会. 电气简图用图形符号：第 3 部分：导体和连接件：GB/T 4728.6—2018[S].北京：中国标准出版社，2018.

[2] 国家市场监督管理总局，中国国家标准化管理委员会. 电气工程 CAD 制图规则：GB/T 18135—2008[S]. 北京：中国标准出版社，2011.

[3] 国家铁路局. 铁路工程制图标准：TB/T 10058—2015[S]. 北京：中国铁道出版社，2015.

[4] 国家铁路局. 铁路工程图形符号标准：TB/T 10059—2015[S]. 北京：中国铁道出版社，2015.

[5] 郑新才，蒋剑. 怎样看 110 kV 变电站典型二次回路图[M]. 北京：中国电力出版社，2009.

[6] 崔玉辉，电气工程识图精讲 100 例[M]. 北京：中国计划出版社，2016；

[7] 兰州铁路局职教处，人事处，供电处. 牵引变电所二次回路动画教程[M]. 北京：中国铁道出版社，2015.

[8] 刘柳，孙琳. 轨道工程制图与识图[M]. 北京：人民交通出版社，2019.

[9] 张俊宾，陆广华.城市轨道交通工程识图[M]. 北京：中国计划出版社，2017.

[10] 赵灼辉. 电力工程制图与 CAD[M]. 北京：中国电力出版社，2007.

附 录

插页 1　某城轨供电系统

插页 2　交流二次原理

插页 3　高速接触网平面布置图

插页 4　站场接触网平面布置图（一）

插页 5　某接触网实训站场平面图

插页 6　站场接触网平面布置图（二）

插页 7　高速铁路供电示意图

插页 8　供电示意图识图案例

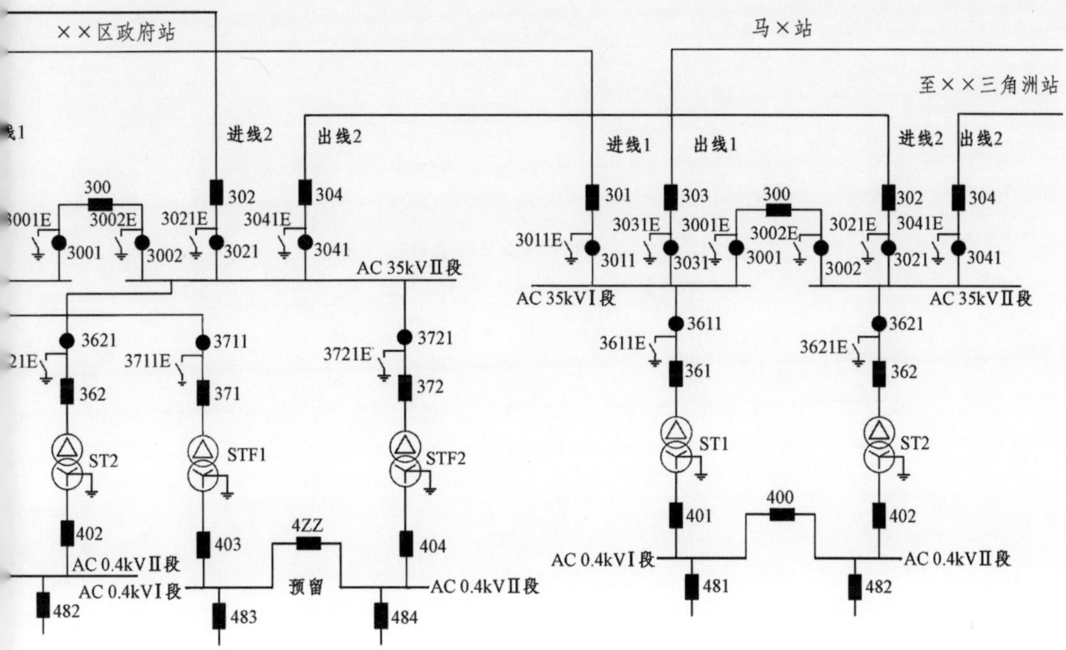
××区政府站
马×站
至××三角洲站
进线2
出线2
进线1
出线1
进线2
出线2
300
302
304
3001E
3002E
3021E
3041E
3001
3002
3021
3041
AC 35kVⅡ段
3621
3711
3721
3711E
3721E
362
371
372
ST2
STF1
STF2
402
403
404
4ZZ
预留
AC 0.4kVⅡ段
AC 0.4kVⅠ段
AC 0.4kVⅡ段
482
483
484
301
303
300
302
304
3011E
3031E
3001E
3002E
3021E
3041E
3011
3031
3001
3002
3021
3041
AC 35kVⅠ段
AC 35kVⅡ段
3611
3621
3611E
3621E
361
362
ST1
ST2
400
401
402
AC 0.4kVⅠ段
AC 0.4kVⅡ段
481
482

1B9

1A9

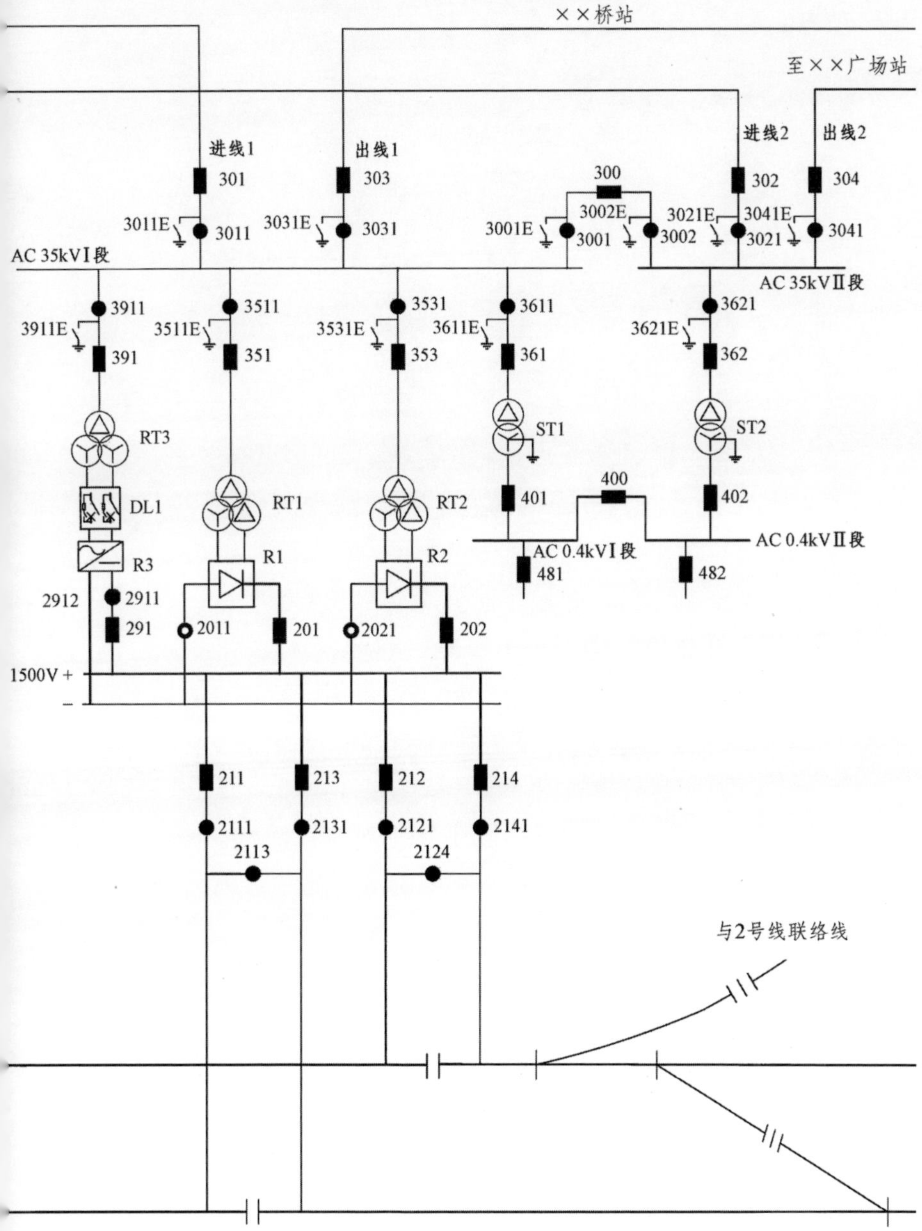
××桥站
至××广场站
进线1
出线1
进线2
出线2
301
303
300
302
304
3011E
3011
3031E
3031
3001E
3001
3002E
3002
3021E
3021
3041E
3041
AC 35kVⅠ段
AC 35kVⅡ段
3911
3911E
391
3511
3511E
351
3531
3531E
353
3611
3611E
361
3621
3621E
362
RT3
DL1
R3
RT1
R1
RT2
R2
ST1
ST2
400
401
402
AC 0.4kVⅠ段
AC 0.4kVⅡ段
481
482
2912
2911
291
2011
201
2021
202
1500V +
−
211
213
212
214
2111
2131
2121
2141
2113
2124
与2号线联络线

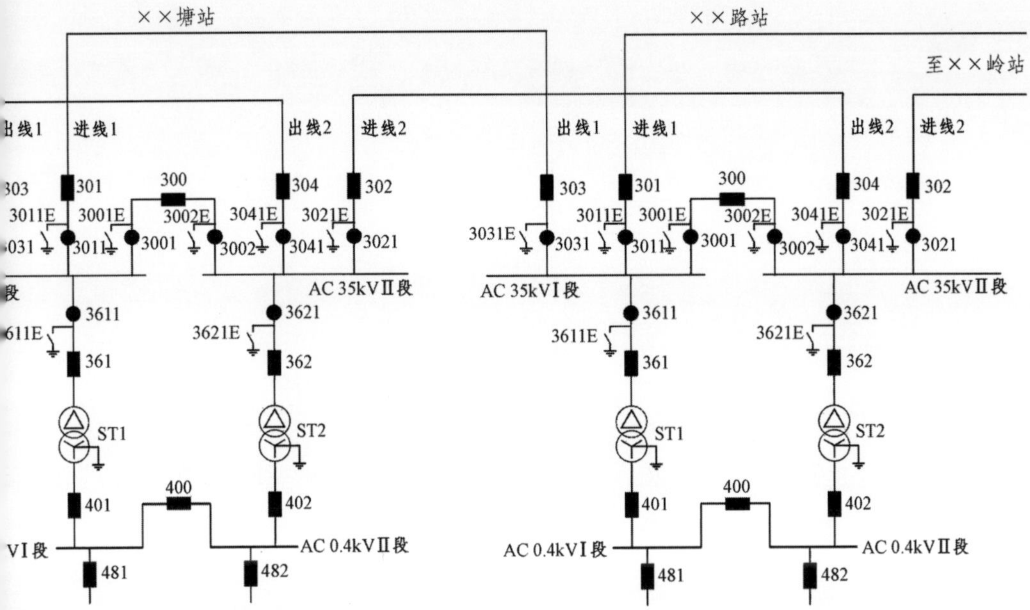
××塘站
××路站
至××岭站
出线1
进线1
出线2
进线2
300
301
302
303
304
3011E
3001E
3002E
3041E
3021E
3031E
3011
3001
3002
3041
3021
3031
AC 35kVⅠ段
AC 35kVⅡ段
3611
3621
3611E
3621E
361
362
ST1
ST2
400
401
402
AC 0.4kVⅠ段
AC 0.4kVⅡ段
481
482

1B6

1A6